PALTO

hepimiz gogol'ün palto'sundan çıktık!

www.paltokitap.com

Palto Yayınevi 14
Mektup Dizisi 1

Mach One'dan Mektuplar
Sevim Burak

5. Basım: Temmuz 2014

ISBN: 978-605-85275-7-7

Sertifika No: 29903

Genel Yayın Yönetmeni: V. Hüseyin Kaya
Dizi Editörü: Serkan Ozan Özağaç
Hazırlayan: A. Karaca Borar
Kapak Tasarım: Hüseyin Özkan
Mizanpaj: Burhan Maden

Palto Yayınevi
mimar sinan mah. selami ali efendi cad.
üsküdar kapalı çarşısı no: 30/59
Üsküdar / İstanbul
Tel/Fax: (216) 342 00 99

www.paltokitap.com
bilgi@paltokitap.com
facebook.com/PaltoYaynevi
twitter.com/PaltoYaynevi

Baskı ve Cilt
Ana Basın Yayın Gıda İnş. Tic. A.Ş.
Adnan Kahveci Mah. Avrupa Cad.
No. 62/A2 Blok Kat: 1
Beylikdüzü/ İstanbul
Tel: 0212 422 79 29

Mach One'dan Mektuplar

Sevim Burak

PALTO

Sevim Burak

29 Haziran 1931'de İstanbul'da doğdu. Alman Lisesi'nin orta bölümünden sonra çalışmaya başladı. Mankenlik yaptı, kendi açtığı modaevini yönetti. İki kez evlenip ayrıldı; ilk evliliğini yaptığı viyolonist Orhan Borar'dan oğlu A. Karaca oldu. Ömer Uluç'la birlikte bir süre Nijerya'da yaşadı. İleri derecede seyreden kalp rahatsızlığı nedeniyle yattığı Haseki Hastanesi'nde (30 Aralık 1983) öldü. Yeni İstanbul gazetesinde ilk kez hikâyesi yayımlandı. Daha sonra bazı hikâyeleri Yenilik, Türk Dili dergilerinde, Ulus ve Milliyet gazetelerinde yayımlandı.

ANNE, SENİ ÖZLEDİM, ÖZLEDİM...

Annemin, Ankara'da kendisine teslim ettiği üç adet öyküyü kalbine yakın bir yerde kıskançlıkla saklayarak Türkiye'ye dönüşümde bana teslim eden, yakınlığını esirgemeyen Murathan Mungan'a;

Bir sabah vakti buluştuğumuzda heyecanımı bastırarak; Sevim Burak'ın Kuzguncuk'ta bir heykelinin dikilmesini öneren, "Bakışsız Kedi Kara'sına, ağabeyliğine baş eğdiğim Ece Ayhan'a;

Her zaman ağabeyim Ali Poyrazoğlu'na;
Devamlı ilgili dost Selim İleri'ye;

2009 yılında kaybettiğim Teyzem Nezahat Çelik'e;
Yıldırım Türker'e;

Beni, bana rağmen sevmeye devam eden karım Funda Namal'a;

Aynı sıcaklık, saygı ve sevgi ile teşekkür ederim.

1. Baskıya Önsöz

Sevim Burak annem, 1983'ün son günlerinde bir hastane yatağında kalleş ve yenilmez ölümü tekmeleyerek, onunla boğuşarak öldü.

Haberi New York'ta aldığımda, cenazede, babamın, kalabalığın arasında öksüzdüm.

Annem öldüğünde başucunda teyzem Nezahat Çelik ve arkadaşım Oya vardı (Mektuplarda çok sık adı geçecek, Oya, New York City'de uzun yıllarımı paylaştığım arkadaşımdı. Annemin ölümünden sonra beş yıl daha birlikte olduk). Sevim Burak'ın kefeni, senelerce hain bir inatla işlenmiş -sonradan masalara serilip üzerinde ağlanmak üzere- son çiçekleri hastane günlerinde gergeflenmiştir.

Keder ve üzüntü öğreticidir, çünkü gerçekten sevilen şeylerin, acıların yüreğe işlenişlerinde görkem ve unutulmazlık vardır. Sevim Burak ve benim için de böyledir. Bu iddianın altını çizerken, bir eylül ayına ait (senesi belli değil) elimde olan -kitapta yer almayan-çok karalanıp yazılmış, acı dolu mektuptan bir iki bölüm.

Elfe'nin okula başlaması hepimize hüzün verdi, ağlaşarak oldu. "Babasız kız olmak istemiyorum ben[1] diye ağlamaya başladı. Pazar günü telefonda -babamın sesini duyacağım diye- çok bekledi. Telefon çalmayınca çok ağladı. Sonunda "Karaca Ağabeyim beni okul merasimine götürsün, 'babam zannederler" diye okula Karacayla gitti, iste, her üzüntünün de bir çaresi bulunuyor sonunda.

Sana altı ay sonra her şeyi son kez açıklıyorum. Bunu sen de bilirsin 43 bin TL ile daire değil deniz motoru alınamaz. Şu yedi aydır hastahane ve doktor ve de ev kirası bile belki daha fazla paraya mal olmuştur... Biraz daha sıkarsan hayat bahasına olacak... Bu mektubu yazarken bir kilo terledim... 2 saattir hurdayım 5 bardak koyu çay içtim.

Bu mektubu eline aldığın zaman dilerim ki bu beklemem boşa gitmemiş olur. Bu gerçek trajedidram biçimindeki duruşum, üzüntüm, acıklı bakışlarım, boşa gitmemiş, horlanmamış olur. (Üstü çizilmiş)

Yalvarmıyorum, ağlamıyorum, kızının okuldan dönmesini bekliyorum, dilerim ki bu beklemem boşa gitmemiş olsun.

Her Zamanki Gibi Sevim.

Burada altı çizilecek sözler: "Biraz daha sıkarsan hayat bahasına olacak"tır, "Yalvarmıyorum, ağlamıyorum"dur...

Çeşitli mektuplarda görülecek; inatla seven, kişilik ve karakter olarak karşısındakine hayret verici üstünlük sağlayan bir kadının kendi sağlığı, dolayısı ile ölüm pahasına çocukları, kendisi için sürdürdüğü bir aşk vardır.

Sevim Burak annem ile ayrı yalnızlıklar yaşadığımız halde birbirimizin gerçeklerine mektupla, düşünce ve derin duygularla dokunabildik. Bugün bu ilişki daha hızlı ve derinden sürüyor yüreğimde. Ve hafta sonları Nakkaştepe'de.

Benim ihtiyacım, beni beslediği eşsiz kaynaktan gelen, beni, bana akıl almaz rahatlıkta ve sevgi ile anlatıp yönlendiren kendisine, sanatçı kişiliğinedir. Beni ne denli okuduğumu zamanla -kimi zaman ondan yoksun olmamın verdiği dehşetle- anlıyorum. Ancak her şeyi fazlası ile anlamak ne olursa olsun rahatsız edici. Gerçekler zaman zaman tam manası ile bir hastalık olmakta Sevim Burak'ın eksikliğinde.

Küçüklüğümde anneme ait değişik bir şeyler olduğunu, başka annelere benzemediğini suskun bir şaşkınlık ve o yaşımın üstü bir olgunlukla karşılayıp, kabul ettim.

Ölümünden bir müddet sonra, New York'ta annemin yaşamımdaki kuvvetli pençesi gittikçe sıkılaştı özlemden de kaynaklanan bir ruh hali hatıralarla, Kuzguncuk, antika merakı ve gittikçe hayatımda büyüyen huzursuzlukla -ne sebeple olursa olsun- beni, önce Karayib adalarına sonra tekrar Türkiye'ye çekti.

Ölümünden sonra hayatım üzerindeki etkisi daha çok belirginleşen annem için, John Berger'in *Ways of Seeing indtn* (Görme Biçimleri) bir alıntı yapmak istiyorum.

"Geçmiş hiçbir zaman olduğu yerde durup yeniden keşfedilmeyi, aynıyla, olduğu gibi tanınmayı beklemez. Tarih her zaman belli bir şimdiyle onun geçmişi arasındaki ilişkiyi kurar. "(1)

Geçmişte yaşanan bir hayat vardır! Sevim Burak'ın olduğu gibi, acısı, sevinci, heyecanı ile. O geçmiş, bu günün öğelerini taşımakta. O hayatı mutlu, mutsuz, sevinçli yapanların, o hayata isteyerek/istemeyerek seyirci kalanların çoğu, bugün bu hayatta. Sevim Burak mektuplarında "Zaten hiç müsvedde yapmadığımı bilirsin. Onun için, art düşüncemi yazmış olamam" diyerek, nasıl tarif edecekseniz edin, kızarak, severek, yaşayarak tekrar ziyaretimize geliyor.

"En önemli işlerliğin yaşam olduğunu kabul ettim. Sağlığım için yaşamak bile yeter. Kör, kambur, topal olmaya razıyım, yeter ki ölmeyeyim" diyen Sevim Burak, yeni bir model sermiştir önüme. Sevim Burak özelinde olduğu gibi, kişiliklerimizin nitelikleri ve kaliteleri, kendimize özgü modellerin varlıklarında yatar. Bütün hareket ve düşüncelerimiz bu model doğrultusundadır. Ancak Sevim Burak modeli, çok özgündür. Türkiye bazındaki genellemede yazar ve anne modeli, onunla kıyaslanamaz.

Türkiye dönüşü, annemin mektupları koltuğumun altında Adam Yayınevi'ne Memet Fuat'a koştum. Mektupları kızararak, kalkıp oturarak okudu. Mektupları, yayınlanmak üzere onun inisiyatifine bırakamadım. Çünkü, Memet Fuat'ın altın süzgecine, kendi plastik leğenimi yeğledim.

---

1 John Berger *Görme Biçimleri*, çev. Yurdanur Salman.

Sevim Burak annemi hissediyorum, "Ne kadar sevildiğin yetmez mi? İlle aynı sevgi ile karşılık vermen gerekmez. Bana, annene bile" diyen mektubunu anımsıyorum.

Ve susuyorum...

A. Karaca Borar

2. Baskıya Önsöz

Seneler hızla geçiyor. Birinci baskının ön sayfasına "Sic transit gloria mundi" yazısını iliştirirken kimi zaman hepimiz için bu ürkütücü "Hızlı zaman" akışının ne denli yıpratıcı olduğunu bilir gibi idim.

Şu anda bilgilerim tamamlandı. Bir yandan Sevim Burak'tan -annemden- yılları, anıları ve özlemleri aramıza koyarak hızla uzaklaşmakta; diğer taraftan ona, bilinmeyen karanlık rüyalarda yaklaşmaktayım.

Sevim Burak'ın mektuplarının 2. baskısını yapabilmek benim, ısrarla, ümitle ve inatla çırpındığım -yine zamana karşı savaştığım-yapmam gereken, yapılması gerekli yarı kutsal bir ibadet idi. Bunu neden böyle söylediğimi okuyanlar, kitabı bitirdikten sonra -kitabın içeriğindeki hayat, acı, sevgi, fedakârlık, hainlik derslerinin buruk ve olağanüstü anlatımları ile- biraz da zorlanarak ancak daha zengin bir ruh haleti içinde hissedeceklerdir.

İkinci baskının belki de en önemli eki, Işıl Sabuncuyan'a yazılıp, yollanmamış bir mektuptur...

Sevim Burak'ın, geçirdiği kalp kapakçığı ameliyatı sonrası, kış aylarında sıhhatini koruyabilmesi için sıcağa ve stresten arınmış bir hayata ihtiyacı vardı. Dönemin Türkiye'sinde mazot darlığı ve diğer ekonomik sıkıntılar nedeni ile o zaman Erenköy'deki evde kaloriferler yanmıyor idi. Karnı şişmeye ve sancılanmaya başlayan Sevim Burak, son çare ablası Nezahat Çelik ve kızı Elfe ile kocasının -Ömer Uluç- Elmadağ'da kullanılmayan ama sıcak dairesine giderler.

Mektubu okuyacaksınız. Bu daireden polis zoru ile atılan Sevim Burak'ın sağlığı, yaşanan olayda bozulmuş ve gittikçe kötüleşmiştir.

Mektuplarla ilgili çalışmalara birlikte başladığım Yıldırım Türker, bu mektupta yer alan "Bu mektubumu çocukların erişebileceği yerden uzak bir yere koyun" cümlesini kitabın adı olarak kullanmamızı önermişti. Ben daha sonra Mach One'da karar kıldım.

Bu mektubun sonlarında şöyle bir ifade var: "Romanlarımı bitiremezsem bu mektubun yayınlanmasını istemiyorum." Bundan ben şunu çıkarıyorum: Sevim Burak öteden beri her yazdığı mektubun bir gün yayınlanacağını düşünüyor -tahmin ediyor- istiyordu. Bu doğrultuda, mektup 1981'de yazıldığına ve o tarihten sonra iki kitabı çıktığına göre benim bu mektupları -onlardan çok ürken bir kalabalığa rağmen- yayınlamam Sevim Burak'ın dileklerine ters düşmemekte.

Hayatımın her döneminde, olayında, beni ne kadar iyi tanıdığını ve sevdiğini özlediğim, varlığına giderek daha fazla ihtiyaç duyduğum annem, Sevim Burak anısına çok sevgi ile.

A. Karaca Borar
Kasım 2003, Cihangir

5. Baskıya Önsöz[1]

Sevim Burak çok genç yaşta bir evlilik yaptı. Kendisinden büyük olmasına rağmen dönemin popüler, yakışıklı violonist/virtüözlerinden, Cumhurbaşkanlığı Senfoni Orkestrası 2.kemanı, İstanbul radyosu tonmaysteri ve küçük orkestra şefi Orhan Borar ile evlendi. İşte bu kısa ama yoğun evlilikten olan tek çocuk benim: Adım Karaca Borar.

Sevim Burak her zaman az ama öz bir kitle tarafından sevilip, okunmuştur. Popülizmin en uzağında bulunan bir *Yanık Saray*'da kendi deyimi ile: " *Çocukluğundan beri dünyaya bir giz taşımak ödevi ile geldiğine inanarak*" yaşamış ve ölmüştür.

Sevim Burak yokken yapılacak işler 1983 senesinin o soğuk kış günü Kuzguncuk'ta denizin tam yanında ama deniz görmeyen bir yerde uzandığında onu göremediğimde başlamıştı. *Yanık Saray*'ından erken ama çok erken bir zamanda kalkıp gittiğinde ben/bizler onun 'uğraş düzeninin koridorlarındaydık...

O yokken işler onu özlemekle başlıyor. Ani, buram buram bir özlem sonra keskince saplanan bir acı... Bunları yaşamak yapılacak ilk işlerdi... En önemlisi o yokken onun anısına sarılarak Sevim Burak gibi olmaya çalışmak; hırstan, paradan, kötülük ve bencillikten korkmak, kendi hastalıklı ruh boşluklarında başıboş dolaşan tehlikeli insanlardan ürküntü ile uzak durmaya çalışmak, onun size verdiği karşılıksız / beklentisiz sevgiyi etrafa yansıtabilmek, gülümseyebilmek kendi dünyanıza ve başka dünyalara...

Sevim Burak yokken genetik dürtülerle her yazdığınızı parçalara ayırır, darmadağın çalışırsınız... Sokakta köpekler

---

1 23 Aralık 2013'te Mimar Sinan Güzel Sanatlar Üniversitesi'nde gerçekleştirilen *Ölümünün 30. Yılında Sevim Burak Sempozyumu*'nun açılış konuşması metni.

selamlaştığınız, kediler de her daim konuştuğunuz aşinalarınız olur... Eskicilikten, eskiden kopamaz, eski giyer, eski konuşur döner dolaşır eskiler toplar, eskilerin arasında oturursunuz...

O yokken çağdaş, pırıl pırıl kızlı-erkekli gençlerin coşkularına katılır, ülke haline dertlenir gözyaşlarınızı tutamaz, Gezi Parkı'nda, Beyoğlu Olivo Pasajı Sokağı'nda biber gazı solur, gözleriniz yangın içinde çocukluğunuzda sarktığınız pencereleri ararsınız...

Sevim Burak yokken genç yaşta ölen insanlara duyulan kahredici ortak üzüntünün içerisinde olursunuz, bugün sizi eski mektuplarında size anlattığını, esvaplarınızdan, sevgililerinize kadar nasıl sizi düşünmüş, nasıl sevmiş olduğunu görürsünüz.

Artık hayatınızda tek ve çok değerli onun anılarını kaybetmemek için hayatınızda gizli -kimse ile paylaşamadığınız- sıkıntılar çekersiniz. Bazen ne olursa olsun yalnız, çok yalnız hissedip hiçbir sevgi denizi kıyısında oturmak istemez ama gözyaşlarınızla hayatın en beklenmedik anlarında onun özlemi ile haykırır, ağlarsınız... Onun deyişi ile "o yokken" ölümden korkmayacak kadar yalnız hissedersiniz...

A. Karaca Borar

Sevim Burak'ın Okumadığım Mektupları Üzerine

Yanık Sarayları okuduğumu ileri sürebilir miyim? Bir gizler kitabıydı Yanık Saraylar. Memet Fuat'ın De Yayınevi'nde sıra sıra dururdu. Bir gün edinmiş; daha ilk öyküden gizlere, bilinmezliklere karışmıştım. Aslında hiçbir zaman çözemedim; ezberlediğim bölümler, belirip kaybolan kişiler, uçuşan sözcükler ve Üsküdar-Kısıklı tramvayı. O zamanlar Üsküdar-Kısıklı tramvayı, şu söz, birdenbire çocukluğumun artık unuttuğum bazı günlerini geri getirmişti.

Sevim Burak İstanbul'un gölgeli semtler yazarıydı, ama gölgelere beklenmedik bir anda ışık veriyor, sahneyi aydınlatıyordu. İşte Baş İşte Gövde İşte Kanatlar'da Çamlıca'ya pikniğe gidilir; oyunun kahramanlarıyla birlikte, siz de çocukluğunuzda birkaç gün gitmiş olduğunuz gibi, Çamlıca'ya çıkarsınız. Ama o Çamlıca bugünkü Çamlıca değildir. Birtakım şiir taslakları, Sevim Burak'ın belki de tek esin kaynağıydı. Gölgeli semtleri yarım dizelerde, bulanık söz dizilerinde, kopuk kopuk tümcelerde aradı. Edebiyatımızın bu sayfalarında Sevim Burak bir kuyruklu yıldız gibi parlayıp duruyor. Kimileyin görüş alanımızın dışına çıkıyor ama, gökyüzünde yine görüneceğini, mutlaka görüneceğini biliyoruz.

Bununla birlikte Sevim Burak o görkemli renk ve ışık yelpazesiyle yetinememiş olmalı. Bir dergide mektuplarından seçmeler okudum: Üzgün, ölümcül bir öfkeyle konuşuyordu. Oğluna yazmıştı, aldatılmış olduğunu ihsas ediyordu.

Kırılganlık meğerse bir özelliğiymiş. Oysa Sevim Burak'ı tanıma fırsatı bulanlar, delidolu, çok canlı, elleri ve iri gözleri de konuşan, o kadar egzantrik bir kadını hatırlıyorlar.

Bu mektup örneklerinde büyük bir küskünlük duyumsanıyor, çocuksu heyecanların tersine. Umduklarını bulamamış olmanın tedirginliği, dahası korku, yok edilmek, yazıda çizide soykırıma uğramak korkusu, dehşet verici bir endişe. Sayıklamayı andırır sözler, Venedik Taciri'nde Schallock'un isyankâr çığlığını çağrıştırıyor nedense: Sevim Burak da gözlerini, ellerini yok sayanlardan öç alabileceğini söylüyor. Kâğıt üzerinde, çarçabuk yazılmış olmalı, iç dökercesine.

Gerisini okumadığım mektuplar, söylentilere bakılırsa, suçlamalar, sövgüler, ithamlarla yüklüymüş. Yayınlanmaması daha doğruymuş... Böyle düşünmüyorum. Çünkü bu mektuplarda Sevim Burak'ın kimler için neler söylemiş olduğunu okumayacağım. Yalnızca sözcükler, gizemli, puslu, erinçsiz sözcükler gönlümü çeliyor. Sürüp gitmiş karabasan, biz okurlara, kendi azap kapılarımız için bir kılavuz olamaz mı?

Şimdi sayfayı çeviriyorum ve yaralanmış yazıyı okumaya başlıyorum:

Selim İleri

20 Ocak 1967 SALACAK

Sevgili Güzin

Nazım Hikmet'in sizin için yazdığı o içten şiirde kulağımda kaldığı gibi "Güzin" diye başlıyorum mektubuma. Bu mektubumu, bana, bu şiiri kendinizin okuduğunuz akşamı anımsayarak, kısa dostluğumuzu aşan özlemlerle, çok uzun günler önce yazmaya başlamıştım. Sizlerden ayrıklı uzun bir süre -bir yıla yakın- olduğu halde (ufak tefek şeyler unutulmaya başlandı henüz -size duyduğumuz sevgi olduğu gibi duruyor- Sevginiz Paris'te olduğu gibi İstanbul'da her gittiğimiz yerde bizimle beraber. Sevginiz her zaman yüceltti bizi) mektup yollayamamıştım. Mektuplarımın gecikmelerini -bir dereceye kadar- açıklamaya çalışacağım, kendimce gerekli buluyorum, bu yüzden, bu mektubun kendimle sizin aranızda bir arabulucu gibi oluşunu (eğer öyle gelirse) bağışlayın...

Sevgili Güzin Hanım, sizlere İstanbul'a döndükten sonra iki kez Kuzguncuk'tan bir kez de sonra taşınmış olduğumuz Salacak'tan (Sizin Londra'da olduğunuz haberleri üzerine sevinçle) mektup yazmıştım. Fakat göndermedim... Zarfı kapattıktan sonra, tıpkı hikâyelerimi bitirdikten sonra olduğu gibi bir kere daha açıp okudum ve onu yeterli bulmadım size gönderebilmek için. (Hikâyeleri de bir türlü baskıya veremem. Daha içtenini yazabileceğimi kendi kendime inandırmak isterim. Böylece hikâyeler bitmez, bir yenisi, daima bir yenisi başlar. Bir hikâye yüz hikâye demektir benim için. Yüz hikâye de bir yılda biter. Bazen de bitmez. Benim için yazmanın ve yazar olmanın güçlüğü burada. Bu yüzden umutlu değilim gelecekten) Size de tıpkı baskıya verirmiş gibi bir mektup gerçek bir hikâye göndermek istiyordum. Bu kez de olmadı bu hikâye biliyorum. Serko bilir, bu mektup meselesinin bir numaralı tanığıdır o. Onlara yazdığım mektubu da zarfa koyduktan sonra gönderememiştim bir türlü bu gelişlerinde gösterdim onlara (sırf sevgim yüzünden gönderemediğimi) çok takılmışlardı bana. "O mektubu biz Paris'e gittikten sonra gönder" dediler. Tabii, iş ciddiyetinden çıktı biraz, oyun haline geldi, ben de göndereceğim yeni yazdığım mektupla birlikte o eski mektubu onlara. Bu yüzden mektuplaşamadım onlarla da. Onlar Ömer'in mektuplarında bir iki satır bir şey yazıyorlar. Ben de onlara Ömer'in mektuplarında bir iki şeyle cevap veriyorum. Özellikle içten bağlar kurduklarıma, inandıklarıma, sevdiklerime yazdığım mektuplar elimde kalır (sonradan zaman geçtikçe daha içten olurlar, daha gerçek olurlar. Zaman, onları doğrulaştırır zaten) Bazen de göndermeden bir yıl geçiyor, sevdiğim insan kendi geliyor, karşılaşıyoruz zaten. (Ömer'le öyle oldu. Sırf bu titizliğim yüzünden tam altı ay mektuplaşamadık. O da bana darıldı. Hiç sebep yokken uzaklaştık birbirimizden... Sonra, İstanbul'da eve döndüğümüzde okuduydu ona yazdığım mektupları. Tam bir yıl sonra.) Ne var ki, bazen iki satırlık bir mektup -şöyle acele yazılıp postalanmış- daha güven verebilir insana. Belki bu yolu denerim bundan sonra -belki bundan sonra daha sık yazabilirim- siz cevap verirseniz. Şimdi, bu mektubun devamı olarak Abidin Beye de yazdım. (Bir yıla yakın bir zamandır sizlerden Serko ve Işıl vasıtasıyla haberler aldım. Sizlerden her mektuplarında bir iki satırla bile olsun mutlaka bahsederler. Bir de Londra seyahatinizi kapsayan o güzel haberleri, resimleri gazetelerde gördüm. Hürriyet gazetesinde vardı bir resim ve resim altyazısı... İnanılmaz derecede de güzel göründü bana bu resim ve yazı... Malum, burası İstanbul, insan inanılmaz şeylere sevinebiliyor ancak... Hiçbir şey inanılır gibi değil artık, gittikçe bir rüya alemine dalıyoruz, gittikçe uzaklaşıyoruz gerçekten. Sizden aldığımız haberler, bizi çok sevindiriyor ama yeterli değil. Bu yüzden, gerek size yazdığım gerekse Abidin Beye yazdığım mektuplarda daha çok kendi sorunlarımdan söz açtım.) Sevgili Güzin

Yakınlarınız arasında benim gibi duygusal birine daha rastladım Münih'te.. Ziya Sav'a... Verdiğiniz adreste, tıpkı sizin anlattığınız gibi iyi yürekli güzelce bir adam bulduk. Siyah uzun bir palto, siyah öne eğik bir şapkası vardı. Münih'te o kısa pantolonlu, tombul bacaklı, yeşil tüylü şapkalı, çocuksu, pembe yanaklı Alamanların arasında bu siyah palto, o siyah öne eğik şapkayla ister istemez çok ciddi, hatta matemli biri gibi geldi bana ama biraz konuşunca içten, neş'eli, coşkun bir adam belirdi bu görünümün altında... Hatta biraz da çakır keyifli biri belirdi. Bu siyah, matemli paltonun, öne eğik ciddi siyah şapkanın altında... Abidin'in söylediği aklıma geldi. Ömer'e bayılır demişti. Öyle oldu hemen meyhaneye gittik. Devam ettirdik içkileri. Alman meyhaneleri keyifli... Abidin, dedikçe, sizlerden bahsederken ağlıyordu. Başımı çevirir gibi yaptım, görmezlikten gelir gibi yaptım olmadı, sonunda ağlamaya başladım ben de... Çevremizde yiyip içen Alamanlar çok şaştı bu gülüp söyleyen üç kişinin (Hayır iki kişinin. Ömer ağlamadı. Ziya Sav, onu azarladı hafiften, Abidin Bey'in bazı benimle bir olup Ömer'e takıldığı cinsten. Senin kocan böyle şeylerden anlamaz kötünün biri o diye.) sonunda her cümleye, her kelimeye ağlamalarına... Tabir yerindeyse cümle cümle, kelime kelime ağlamaktı bu. Sevgili Güzin

İstanbul'a geldiğimizden beri, Ömer bir yandan resim yapmaya, ben bir yandan hikâye yazmaya çabalayıp duruyoruz. Bir yanıyla gerçekçi olmaya çırpınıyoruz öbür yanıyla da her işi Allah'a kalmış İstanbullu vatandaşlarınız olarak günlerimizi dolduruyoruz. Hiçbir şey tam değil... Yarı iyi, yarı kötü, yarı gerçek, yarı düş, yarı duygusal, yarı ciddi... Yarı düzen, yarı düzensizlik... her şeyin ölçüsü yarı yarıya... Tabii bir adım ileri bir adım geri. Herkes birbirine bağırıyor, kimse kimseyi işitmiyor. Bu bocalamada Ömer karaciğerinden rahatsızlandı. (Ne yazık ki tam değil, yarı içebiliyor) Yarı hasta yarı dolaşabiliyor. İşinden arta kalan zamanlarda resim yaptı. 15 gün sonra Alman Galerisinde sergisi var.

Sevgili Güzin Hanım, Serko'yla Işıl'ın Ömer'e yazdıkları mektupların hepsinde de sizden haberler aldık. Her zaman güzel şeyler yazdılar, bu aydın, sanatçı, iki sevgili dost bize sizin özlemlerinizi unutturmaya böylelikle çalıştılar, ama yeterli değil. Kısa dostluğumuzu ve beraberliğimizi aşan bir özlem içindeyiz (İstanbul'da unutmadık, daha çok düşündük sizi). Sizden mektup alamadığımız için -daima böyle bir umut var- gerek size yazdığım bu mektubumda gerekse, Abidin Bey'e yazdığım mektubumda daha çok kendi sorunlarımdan söz açtım. Bir yıl geçtikten sonra Serkolara da bir mektupla benim oyunumu gönderiyorum. Oyunu sizin eve onlar getirecekler. (Yazın onlar giderken yetiştirip ellerine veririm diye uğraştımsa da yetiştiremedim) Paris'ten döndükten sonra, Abidin Bey'in ve sizin ilgilerinizi düşünerek epeyce gayretli çalışmaya başladım. Fakat, bu hikâyeye falan benzemiyordu. Bütünüyle düşünmeye kalkacak olsam korkuyordum -çok zorluk çektim- Konuşmaları geri çevirmek için bir yıl uğraştım. Piyesteki Melek Hanım tanıdığım biriydi. Hep onun yerine geçtim. Hep Ziya Bey i hatırlayarak konuştum piyeste. Sanki Ziya Bey ölmüş gibi düşündüm iyice geriye gitmek için. Bütün bildiklerimi yazsam da piyes ilerlemiyordu, çünkü hikâye gibi değildi soyutlamalar kısıtlıydı. Sinirlerim bozuldu. Her gün aynı konuşmaları yapa yapa ZİYA BEY BU AKŞAM MİSAFİR, BEN BU KOLTUKTA O, O YATAKTA.

Bir türlü yataktan kalkamıyordu Ziya Bey, nereye gider bu piyes böyle diye işin içinden kurtulmaya bakıyordum.

Hemen başında öldürmeyi bile tasarladım Ziya Beyi... (Zaten bütün Piyesi bunun için yazmıştım. Bu piyesten önce aynı piyesi bir kere daha yazdım. Sonra, yeniden bunu yazdım. Paris'te size söylediğim tasarlanmış oyun oydu) Sonunda piyesi yazamayacağımı anlayarak çok fena halde bir üç ay geçirdim. Ömer de vazgeç bu işten, zorla piyes yazarlığı olmaz, sen hikâyelerini yaz daha iyi dedi. Bir gün, çok sinirli ve hasta, oturdum okudum aynı cümleyi; ZİYA BEY BU AKŞAM MİSAFİR. BEN BU KOLTUKTA O, O YATAKTA. Bu cümleyi zorlaya, zorlaya artık korkacak bir tarafı kalmamıştı benim için. Kolaylıkla o cümleyi de geçtim ve oyun böyle cümle, cümle açıldı. Bütün cümleler benim için sembolik anlamlar olarak yol gösterdiler. Güzin Hanım'a yazdım. O kelimelerin her birinin, her cümlenin kendi anlattığı anlamdan başka anlama geldiğini keşfettim. Bunu Türkçeyi her iyi kullanan keşfetmiştir belki. Yani, benim, bekleme dediğim, değişme, çürüme, kelimelerin içinde kendiliğinden zaten vardı. Yalnız bunu görmek için, bu çifte anlamı kavrayabilmek için -gerçekten yorgun- hayli zamandır yorgun ve sinirli bir duruma gelmem gerekiyormuş.

Sevgili Abidin Dino, çektiğim sıkıntıları size yazarsam açılıyorum, üstelik bu piyesten hâlâ o kadar korkuyorum ki, belki bana cesaret verirsiniz diye yazıyorum. Bu piyesi değerlendirebilirseniz gerçekten, ben de buna inanırım. Hikâye kitabımı yazdığım zaman sizi tanımıyordum. Piyesi yazarken sizin hikâyelerim üstündeki -neredeyse içinde olacak kadar yakından gözlemlerinizi- yargılarınızı düşünerek, piyesi sizin okuyacağınızı bilerek bitirmeye gayret sarf ettim. Bu zorlu macerayı, ille geçip, size ulaştırmak istedim. Söz verdim, tuttum. Paris'teyken, piyes yazdım, çizdim, dediğime bakmayın, o, karyolanın altında sakladığım piyes, bir şey değildi, (İstanbul'a geldiğimde anladım, Ömer'e de okudum. Şaşırdı.

"Ben de piyes yazdığını sandım, Abidin Beye nasıl, söyledin bunu?" dedi... İşte, bunları size yazıyorum, Piyesten bahsediyorum, bir yıldır, hep bu bende. Bir de bu arada bir öykü istedi Memet Fuat, daha geldiğimde. 27 Mayıs'ı yazayım dedim. (Bayrakların altında dolaşmıştım, ihtilal yürüyüşlerine katılmıştım, yaşamıştım. Bizim Karaca 5 yaşındaydı onu da götürmüştüm. Hep bunları yazacaktım). Fakat bir türlü yazamadım. Gereği kadar eskimedi olaylar çünkü. Tam altı yıl geçti. Fakat bana dünmüş gibi geliyor. Bundan dolayı -gereği kadar eskimemiş olduğu için- daha eski bir ihtilali Kurtuluş Savaşı'nı da karıştırıyorum. Babaannemin büyük babamı götürdükleri hikâyesini kaç kere anlatmıştı. Onu karıştırıyorum eskitiyorum olayı... (Bugünlerde hikâyemle paralel, yeni olaylardan korkar oldum. Yeni bir olay patlak verebilir bütün gazetelerin yazdığına bakılırsa) hem de artık hiç yazamayacak bir olay olur bu... Allah hepimizi, böyle bir daha hatırlamayacak biçimde gelecek olaylardan, böyle bir sondan korusun...

Bu dünyayı izleyenlere bir halt yok. Açıkgözler için hiçbir şey yazmayacağım. Dünyalarını kaybetmişler için... Kendim için yazacağım. Erken bunamışlara, hayalperestlere, çok acıklılara, bu dünyadan gitmek üzere hazırlık yapanlara yazacağım. Yalnız aklını kaybetmişlerle bu dünyayı paylaşacağım. Aşktan aklını oynatanlara, şizofrenlere, aşırı romantiklere ve aşırı sadistlere. Delilere yazacağım. Aptallara da sevgim var. Ama delileri yaratıcı buluyorum... O Kurt hikâyesi olmasaydı anlamayacaktım şu dünyayı.

Ne mutlu bir gün, ne uğurlu bir insansın. Nasıl gördün o kurt hikâyesini, gelip bana sanatı öğrettin o delinin yüzünden... O günden sonra yalnız kendi sesimi duymaya başladım. Gölgeler görmeye başladım, (okunmuyor-y.n.) beni gördüklerim beni eziyor diye itiraf etmeye başladım. Birini ısırmayı düşünemezdim oysa (okunmuyor-y.n.) kendime aslan gibi ziyafet çekmek, kendi kendime aslan gibi konuşmak... Kadın mıyım erkek miyim, kurt muyum ağaç mıyım diye rahatça düşünmek. Ne olursan ol dişlerini bile... Bu mektubu yanındaki arkadaşına göster de (okunmuyor-y.n.) eti daha tatlı gelir. Artık insanları ısırmak zamanı gelmedi mi? Geldi. Geldi. Dinle beni benim gücüm kendi kendimi yeme ama sen başkalarını yersen sana yardım ederim. Senin başkalarını yemeni istiyorum. Belki, hiçbir zaman yazamayacağım bunları. Belki, ellerim kollarım bağlı oturacağım ömrümün sonuna kadar. Çok ıstırap çekiyorum bilemezsin. Yazamayacağım diye. Nefret ediyorum Dostoyevski ve Beket ve Kafka ve Joyce'dan gayrisinden. Asıl Tevrat'a âşığım. Tevrat dünyanın başı ve sonunu bir arada veriyor. Bir deli işi onu tefsir etmek. Bu da bana düşer. Tevrat'ı oturup yeniden yazacağım, karar verdim. Tabii, beni ekmek ve suyla ölünceye kadar bir besleyen olacak... Başucumda bir nöbetçi isterim, seneleri bekleyecek... Yeniden yaratırız şu insanları, ne dersin... O zamana kadar da ben ölürüm. Çok sıkılıyorum bilemezsin, şimdi yırtacağım bu mektubu. Güçsüzlüğümü anlatmaya başladım birden. Tevrat gibi büyük bir eser ve ben. Gecenin bu saatinde Tevrat'ı tefsir etmek isteyerek küçültüyorum kendimi. Güçlüyüm, derken güçsüzlüğümü anlatmaya başladım birden. Güçlüyüm derken... Ah, işte hep böyle oluyor. Bir ayarda duramıyorum, düşüyorum. Kaymaya başladım, gene. Binle kayıyorum... Dinle bak senin mektuplarını okudum gene. Yanılmıyorsam, sevinçli değilsin kafi derecede. Son mektubunda bile başarının içinde eksik bir şey var sanki. Elbet böyle (okunmuyor-y.n.) (Ama kısa bir zaman için fena başarı da sayılmaz hani. Hiç değilse Türkiye için büyük bir şey sayılır).

Sevgili Abidin Bey, bir yıla yakın bir zaman içinde size mektup yazmak için, sık sık kâğıtları, öbür edebiyat kâğıtlarını ittiğim oldu. Ama, (bunu yapmamalıydım) yazacaklarımın gene onların arasından çıkacağını bilmeliydim. (Mektup boyunca hep piyesimden bahsettim) size, Serko'nun son mektubunu almadan önce mektup yazmaya başladım.

(Bir yıl önce başlanmış olanlar da var) Ben, size mektup gönderene kadar olaylar da birbiri üzerine yığıldı (Tıpkı hikâyelerde olduğu gibi oldu hayatta da). Ben, sizin Londra seyahatinizi (o güzel olayı -başarı haberlerinizi- biraz sonra İstanbul'daki yankılarıyla beraber) Güzin Hanımın Londra'ya gidişini, Paris'e dönüşünüzü daha sonra, üst üste duymuş size henüz yazamamış olduğum mektubumda, bu olayları kendime göre sıraya koymuştum. Hep bir öncekine eklenerek büyüyen bir mektup düşünün, yüzlerce parçadan ortaya çıkan yamalı bir bohça gibi. Bir gün nasıl olsa, bu bohçanın bir ucundan gelip sizi bulacağını biliyordum. Bir yazar olarak mektup yazmak böyle ama günlük ömrünü dolduran bir insan olarak, bu sıralama, bitiştirme, ekleme işinin, hayatımızın çok uzun bir parçasını hem de yazık yere aldığını düşünüyorum. Daha çabuk yaşamalı insan, daha çabuk yazmalı, daha çabuk düşünmeli. LSD kullananlar farkındalar bu işin... Sevgili Dino, bana öyle geliyor ki hep yazmak istediğim çok önemli bir şey var da onu yazamıyorum size. Her satırda bunun için hitap ediyorum adınızla. (Ama Piyesi gönderiyorum kocaman bir mektup gibi size, orada belki vardır size yazmak istediğim, yazamadığım o önemli şey... Bakalım cevap verecek misiniz bana... VAR... Sizlerden ayrıldıktan sonra, sizi hiç kaybetmeyeceğimi, günlerinizin, saatlerinizin hiçbirini kaçırmadan yakalayabileceğimi (gene öyle oldu Serko ve Işıl haberler verdiler, hiç ummadığım bir yerde, Hürriyet gazetesinde karşıma çıktınız hem de çok güzel tanımlı bir altyazıyla) sevinçlerinizi eksiltmeden toplayabileceğimi kuruyordum. Bu arada bende de toplananlar oldu, onları da sonunda ben size gönderecektim (Bir tanesi hariç PİYESİN BİTMESİ öyle çok güzel olaylar değil). Bir de size Yahudi mezarlığına sık sık gitmiş olduğumu ve orada yaşadıklarımı yazmak istiyordum.

Bu Salacak'taki eve taşınmadan önce dört ay Kuzguncuk'taki evde oturduk. O zaman gördüm ki bizim eski Yahudi komşular -annemin ahbapları- hâlâ oradalar. Bir kısmını Filistin'e gitmiş biliyordum. Ya gittiler de geri döndüler ya da orada gizlendiler, yıllarca ortaya çıkmadılar da ben göremedim. Bu sefer Kuzguncuk'ta kalışımda her gün ihtiyar bir eskici vardı onu gördüm. Kapının önünden geçti, evi aşağıdaydı, merak ettim, dere içine gittim. Yeni evler arasında saklanmış eskicinin evini gördüm. Karısını da. Küçücük bir gecekondu -eskiden gecekondu demezdik- Yahudilerin evi derdik... Küçücük ve bahçe içinde olduğunu ve fakirliği anlatırdı... Zengin Yahudiler daha yirmi yıl önce bıraktılar Kuzguncuk'u bu fakir akrabalarına. O gidenleri hatırlamıyorum, ben Kuzguncuk'ta kalanlardan sayıyorum kendimi. Onlar da beni tanıyorlar. Annem öleli yirmi yıl oldu, babamın soyu hâlâ ortada. Onlar bana gene "Madam Mari'nin kızı" diyorlar.

Niye yazıyorum bunları size biliyor musunuz? Küçücük bir kızken burnum çok havadaydı, şimdi yerlere, yerin dibine indi. Yahudilerden, annemden utanırdım, nefretle karışık... Annem hep bir gün anlayacaksın der, ağlardı... İşte, şimdi bu bir avuç Yahudi, iki tanecik ev, bana anamdan kalanlar... Onun için yazdım Yehova'yı... Gerçek olduğu için gün geçtikçe daha da anlamlar kazanıyor... Sevgili Abidin Bey, sizinle şu meşhur Pierre Fou Fou filmine gitmeden önce bir kahvede oturmuştuk. Ben size eskilerden sormuştum. O dakika tam bir yazar gibi hissediyordum kendimi. Siz de unutalım şu aile meselelerini demiştiniz (tamamen başka bir anlamda söylemiştiniz). Filme gittik, o da tam ilerici bir filmdi. Filmlerde etkilenir hemen kendim içine girerdim. Film devam ettikçe filmin içine giremedim (ayrıca çok fazla ileri filmdi de) bütün cesaretim kırıldı Film boyunca, bizim Kuzguncuk'taki Yahudileri düşündüm, kendimi onların yerine koydum öylece seyrettim. Filmden buruk, birtakım anılarla ayrıldım. Ne zaman cesaretim kırılsa, ne zaman lüks bir salona girsem, ne zaman bir şeyi, bir yeri değişmiş görsem, ne zaman bir konferansa gitsem de çok önemli, çok hayati lakırdılar duysam, aklıma, hep bizim dere içindeki evde oturan Yahudileri getiririm.

Geçen gün Yahudi mezarlığına çıktım. Bizim yukarıda tepede, Bağlarbaşı'na giderken. Hiç değişmeyen yer burası. Kocaman, aşağılara kadar sarkan beyaz taşlar. Etrafı siyah, eski parmaklıkla çevrili intihar etmişlerin kafesleri. Bir iki tanesinin üstündeki İbranice yazıyı kopya etmeye çalıştım. Sözde bizim çarşıdaki Hahama uğrayacağım da yazının manasını anlayacağım. Bu yazıda müthiş bir sır var (define adresi gibi bir şey yazılı sanıyorum). Nitekim, her Kuzguncuk'a gidişte, bekar amcam, Karaca ve bir yaşlı kadın oturuyor bizim evde. Caddeden geçerken iki yerde adımlarım yavaşlıyor. Caddenin altında ve üstünde iki Havra var. Sonra eve çıkıyorum tepeye, Karaca nın bir haftalık okul derslerinin raporunu alıyorum. Dersleri iyi değil. Sonra akşam amcam geliyor, Ömer daha geç 9'da falan geliyor. Ortadaki taşlıkta masaya oturuyoruz, hem rakı, votka içiyoruz hem de siyasetten konuşuyoruz. Amcam her hafta titizlikle bekliyor bizi. Dergiler açılıyor, yorumlar, yorumlar... Haftada bir gün, Kuzguncuk'ta aile hayatı geçiriyoruz. Böyle haftadan haftaya olan yorumların değer ölçüsü amcamın elinde tabii. Onun dediğinden çıkamıyoruz. Velhasıl, İstanbul'da hâlâ böyle ölçülü bicili eski amcalar yaşıyor. Ömer her gün, gün aşırı evine uğruyor. O'na bakılırsa babası hiç kimseyle mukayese edilmezmiş. Onunla konuşulamazmış, hemen bağırıp çağırırmış. Mektubumu gündelik olaylara kadar indiriyorum ve İstanbul'da, Anadolu yakasında, sıkışıp kalmış bazı günleri anlatıyorum. Karşı tarafa geçince, işler hemen değişiyor. Hızlı, hareketli, bereketli bir hayat başlıyor. Bu iki tarafta ne birleşme var ne de yakınlaşma. Her şeye rağmen -bütün düzensizliğe rağmen- fikirler ileri doğru. Hem de hızlı bir ilerleyiş içinde. Bu hissediliyor. Gazeteler, bugünlerde, her günkünden başka şeyler yazmaya başladılar, bu da işin kötü tarafı. Tam biraz batılılaşmıştık, tam biraz soluk alıyorduk bugünlerde ki, gene ortalık karıştı... Daha doğrusu karışmış bile de bilmiyormuşuz. Hiçbir şeyi bilmiyoruz zaten. Sanatımızda o bilinmeyene koşmak. Tabii bir farkla. Sanatta bilinçle bilinmeyene koşuyoruz. Burada ise bilinçsiz koşturuyorlar... Bu yıl edebiyatta şiirin sözü edildi genellikle... Ece Ayhan diye biri var (Kınar Hanımın Denizleri, Bir kedi kara) diye şiir kitapları çıktı umut ediyorum ki bunları okudunuz; okumadıysanız size göndereyim. Bu Ece Ayhan ben yaşta biri. Durmadan eski kadınlardan, aşklardan, homoseksüellikten, eski kılıçlardan, şamdanlardan bahsediyor. Özel hayatında da, iblisçe iyiliklerden, insanı katil eden sevgilerden, kırmızı saplı bıçaklardan, ablasının dolaştığı paytonlardan, şimdi çevremizde olmayan görüntülerden, duygulardan söz açıyor. Aşağı yukarı, yazdıklarıyla bir paralellik kurmaya çalışıyor. (Bana öyle geliyor ki çok dışarıdan, kitaptan, kulaktan edinilen haberler bu yaşantılar. Yani, kendisi yaşamamış da sonradan sahip çıkıyor. Bana göre bir kusur değil bu, ayrıca şairler arasında benim için en özellik taşıyanı da o.) Memet Fuat, ikimizi aynı açıdan değilse bile, birbirine benzer yazarlar olarak görmeye çalışıyor. Her ne kadar durum hiç öyle değilse de Ece Ayhan'la bir araya geldiğimizde Memet Fuat'ın düşündüğü oluyor. Ece bana birisinden duyduğu, ya da okuduğu bilmem ne hanımı anlatıyor. Tahtırevanla Beyoğlu'nda dolaşan bir kadın varmış eskiden. Ben de Ece'ye Abidin Paşayı anlattım (Benim büyük babamdı dedim, hiç zorlamadan kendimi, kendiliğinden bir yaratmayla). Paytondan ellerini sarkıtırdı dedim. Elleri güzeldi, kadınlar onun paytonla geçerken ellerini görebilmek için pencerelerde beklerdi dedim... Her şeyin, her olayın eskisini bulup yararlanıyor, oysa, mesele eski olaylardan yararlanmak değil. Her şeyi eskitebilmek. Her şey yazılabilir eskitilerek. Eski bir olayın kullanılmasındaki kolaylık, onun eski oluşunda -buna yeni ilaveler yapılabilir- yeni bir şey haline kolaylıkla getirilebilinir eski bir şey. Fakat benim için mesele yeni bir şeyin eskimesi. Onun için ben eski olaylarla ilgili değilim. Sadece başımdan geçmiş olan, geride kalan, yaşadığım olayları yazıyorum. Başımdan geçmemiş olayları eski olduklarından dolayı alıp yazamam. Zaman geçtikçe, ihtiyarladıkça her şey her olay eski olacaklar zaten. Yaşlandıkça -zamanla- yazabileceğimi hissediyorum. Kopya çekerekten değil. İşte bunu anlamıyorlar. Hele bu Ece Ayhan'ın Eski olay merakı, alıp yürüdü bu günlerde, ne zaman yan yana gelsek ikimize birden bakıyorlar. Bu işte ben yoruluyorum, size yazdığım şeyleri aslında ona açıklamam gerekir ama, şimdilik bu biraz daha sürsün istiyorum. Belki de o da biliyor da ona söylersem büsbütün aldırmaz diye çekiniyorum... Abidin Bey, içimden geçenleri -belki de kuruntularımı- size yazarken, hiç düşünmedim ilgilenmeyeceğinizi. Tam tersine boş bir vaktinizi yakalamışım da siz de bana: anlat... anlat... diyormuşçasına gidiyorum... Belki de canınız sıkılıyordun Sonra okursunuz. Başka bir zaman eğlendirebilir sizi bu ıvır zıvır, acayip durumlar. Aslında daha buna benzer binlerce detayla örülü buradaki hayatımız. Bir dedikodu, bir yan bakış, ne gecelere mal oluyor burada. Hepten kuruntu, bu kuruntudan da bir eğlence çıkarsa ne âlâ. Bu dış olaylar, bu dış görünüşler sırıtıyor burada. Sadece dış'laşmış olarak görünüyor İstanbul'da. Başka yerde biraz daha süslüdür biraz daha uzaktır... Ömer'in çok canı sıkılıyor. Serko, Paris'ten haberler gönderdikçe anlıyorum bunu. Aslında ben de üzülüyorum on yıl daha yazıp çizsek yirmi yıl daha isterler burada. Bir hikâye kitabı kâfi değil on hikâye kitabı istiyorlar (Sait Faik Armağanı örneğin). Daha birinci kitabı, belki ikinci kitabında bozulur, yazamaz, şımarır diye vermediler armağanı. On yıl önce yazmış üç, dört kitap çıkarmış kötü bir yazara verdiler, kötü olduğunu bile bile... Odun parası yokmuş, öbürünün odunu varmış diye, odunu olmayana para armağanını verecek kadar hesaplar yapıyorlar. Bütün bu konuşmalar geçmiş jüri heyetinde. Ben kat'iyen uydurmuyorum. Duyduğum zaman bir tuhaf oldum, acıdım bu adama ben de, iyi ki parayı o aldı, biz ondan daha iyi durumdayız, diye düşündüm. Memet Fuat, sırf bu yüzden Yanık Saraylar kitabına oy vermezseniz Sait Faik jürisinden sonsuz olarak istifa ederim diye mektup yollamış. Bu mektubu alınca jüridekiler Tahir Alangu, Behçet Necatigil, Haldun Taner vb. büsbütün kuvvetlenmişler (Çünkü Memet Fuat gerçekten sanat seven ve dürüst politikalı, oldukça herkesten uzak, bir kişi. Ona da diş biliyorlar). Böylelikle Memet Fuat'ın mektubuyla birlikte benim kitabı aforoz etmişler. Memet Fuat da Sait Faik jürisinden tamamen ayrıldı. Başka ödül de yok İstanbul'da. Ankara'da Türk Dili var onlar da eski, yazarlar ödül için sıraya girmiş bekliyorlar. Ortada bir piyes sahası var. Şimdi piyesler, her türlü sosyal piyesler altın devrini yaşıyor. Benim Piyesi Gülriz Sururi aldı. Önümüzdeki ay Mart'ta şansı denenecek. Sosyal yorum olmadığı için aslında tam sosyal bir yorumu var - bu belli olmadığı için. Özellikle Yaşar Kemal ve Güngör Dilmen'inki gibi para koyup baş eser olarak oynamayı göze alamıyorlar. Halk tutmaz diye. Ben oyunu geçen ay onlara okudum, bir daha da görmedim.

Bu ayın içinde provaları başlayacakmış diye haber geldi. Ne kadar heyecanlandığımı tahmin edersiniz. Bu kadar bir şans tanındığına seviniyorum, (okunmuyor-y.n.) bahsetmeyeyim dedikçe, inadına bahsediyorum. Yazmayayım bunu dedikçe de yazıyorum, (okunmuyor-y.n.) Çünkü gerçekten sanattan anlayan bir yanı var. Bu işin okumayla da doğuştan da olduğuna inanıyorum. Piyesi (okunmuyor-y.n.) bulunan kocası (oldukça akıllı kültürlü) Ülkü Tamer diye benim piyesi yöneteceklerden birisi daha, türlü yorumlarda bulundular, (okunmuyor-y.n.) beğendiler. Böyle bir oyunu beklemediklerini falan.

Gülriz de şöyle dedi: Ben bu olayları sanki biliyorum, kim bu Ziyâ Allah aşkınıza, dedeniz falan mı?.. Doğrusu bence, bu kadar soyut oyun için en güzel bir sözdü bu... Kolay kolay tiyatrolardan (okunmuyor-y.n.) konuşmazlar (soyutlamaların gerçeği bulmak için olduğu düşünülecek olursa) az insan hoşlanır bundan bizim ülkemizde. İstanbul'da (okunmuyor-y.n.) soyutu soyuttur diye seviyorlar. Gerçeği gerçektir diye sahneye koyuyorlar. Bu ikisinin birbirine karıştığını düşünemiyorlar, düşünmeyi de sevemiyorlar, inanamıyorlar, güven duyamıyorlar. Bireysel bireysel olduğu, toplumsal da toplumsal olduğu içindir. Tamam. Sevgili Dino, mektubumu kesiyorum, size, kendi kötü el yazımla veda ediyorum.

Hastalığınızın istirahat dönemi boyunca yazabilirsiniz. Birdenbire aklıma geldiği için yazdım şimdi. S.B.

8 Nisan 1980 İstanbul

Sevgili Güzin Dino,

Göndermiş olduğunuz mektubu aldım. Bana göstermiş olduğunuz ilgiye karşı size bir teşekkür mektubu dahi gönderemedim. Affımı rica ederken, bunu saygısızlık kabul etmemenizi de isterim. Bu süre zarfında bir iki kez hastane kontrolüne girmek zorunda kaldım, hastanede geçirdiğim günler beni büyük ölçüde demoralize etti; bir türlü hastalığımı unutamıyorum ve bu mektubu yazacak morali dahi bulamıyorum. Bu mektubu yazarken çok uğraştım, kafamı bir noktaya toplayamıyorum. Afrika Dansı'nın yayınlanmasının çok uzaması (ilk kitabı size göndermişler, Memet Fuad söyledi)... Oysa ki kitap iki ay sonra yayına girdi. Bu beni iyice üzdü. (Sizin elinize geçti mi merak ediyorum, ne olur ne olmaz ben bir tane gönderiyorum.) Ben yazamayınca sizden de cevap gelmez oldu. (Haklısınız.)

14 Eylül 1981 (Eylül ihtilali günü) sokağa çıkma yasağında, mecburen yattığım Cerrahpaşa HASEKİ KARDİYOLOJİ SERVİSİ'nde, geçirdiğim "Katater" ameliyatının raporunu Afrika Dansı'na baz olarak kullandım; şimdi, iki yıl sonra bir rapor daha alacağım, 81 'deki raporun etkisini kendimde yenip O'ndan Afrika Dansı'nı çıkarttım. Şimdi alacağım raporun etkisi nasıl olacak merak ediyorum; gidip hastaneden alamıyorum, korkuyorum. Artık, sağlık raporlarım hastalığımı saptayan belgeler olmaktan çıkıp san atımda yeni bir üçüncü

boyut, bir sanat potansiyeli oluşturdu. Duyarlılığım, sağlığımla birlikte bileniyor.

On yıl oldu, beni ne zaman Fransızcaya çevireceksiniz?

Sevgilerimle

NOT: Palyaço Ruşen adlı bir roman denemesi yaptım ve bir bölümünü "Sabahattin Ali Öykü" Yarışması'na gönderdim, başkası kazandı. Bence Palyaço Ruşen nefisti. Kazanamamın gerekçesi "Profesyonel" olmam. (Filiz Ali söyledi.)

İşte Türkiye'nin sanatı değerlendirmedeki tutumu ve san'atçının Türkiye'deki şansı.

14 EYLÜL 1975 Pazar Gecesi[1]
Suadiye

Senin sağlığın istikbalin, Elfe'nin istikbali, iki büyük problem görüyorum diyorsun. Bizi büyük problem olarak gördüğünü itiraf ediyorsun. Anladığım kadarıyla bundan sonra birlikte değil bizim ve senin istikbalini ayrı ayrı gördüğünü belirtmeye çalışıyorsun (Ama gene de tam değil. Tam belirtmiş sayılmıyorsun). Elfe'yi ve seni memnun görmek istiyorum (dünyadan elini eteğini çekmiş, göçmeye hazırlanan bir ihtiyar adam gibi) diyorsun. Sizin için çekiyorum diyorsun. Hep bizim senden istediğimiz şeyleri yapmak için çekiyorsun. Yoksa senin hayatın bu değil. Senin dileğin hep bizim için, hep tek taraflı. Senin kendi dileğin yok. Sen sanki yaşamıyorsun, sen istemiyorsun, sen sevmiyorsun, sevilmiyorsun. Senin düşüncelerin ayrı. Şato'daki "K" gibi sana geleceğiz. Senin ne düşündüğünü bilmeden, sana nasıl davranacağımı ve ne için geldiğimi ve de sana ne diyeceğimizi bilmeden... (Baba mı, amca mı, koca mı...) Öyle değil mi bunu da bilmiyorum, bunu da bana lütfen açıkla.

---

1 Ömer Uluç'a yazıp da yollamadığı veya geri aldığı bir mektuptan.

(Tarih yok)

Sevgili Ömer,

Cevabını aldım, on beş gün sonra geldi. Her cevap benden on beş gün götürüyor... Garip bir tarife, oldukça pahalı bir tarife. Belki, sevgiliye otuz günde ulaşan mektuplardır diye düşünülebilir ama, semboller yok... Dali'nin aşk konusundaki örneğine uygun olamazlar. Süre yönünden uygunlar. (Her cevap ortalaması aşağı yukarı yirmi beş gün.) Bu süreyi hesaplarsak, dönmek için iki mektupluk zamanın kaldı. Belki bir parça daha uzatabilirsin, üç mektup eder... Bundan önceki mektupları -günleri- o uzun kış gecelerini de (o süreyi de) düşünürsek, bırakılma gibi bir şey. Her neyse, bırakılışın ve ayrılığın yanı sıra seninle birlikte yürüyoruz gene... Benim piyese benziyor tıpkı. Ayrı ayrı konuşarak, ayrı ayrı düş'lerle garip randevu yerine doğru gidiyoruz.

"Kimse önünü görmüyor. Herkes birbirini çiğniyor. Ne tuhaf değil mi? Kimse gittiği yeri bilmiyor. Herkes hayretle bunu birbirine soruyor. Herkes kendi kendine konuşuyor. Malum, her insanın altında başka bir insan yatıyor. İnsan inanmak istemiyor. Biliyorsun hayatta her şey gizlidir. Her hadise bir sırdır. Başka ne yapabiliriz. Daha nasıl olabiliriz? Mutlu olmak için ne diyebiliriz? Bu yüzden herkes birbirine bakıyor ve herkes birbirinden şüpheleniyor. (Piyesten cümleler bunlar, aşağı yukarı bu haldeyiz.) Tek düşünebildiğim ve anladığım sözler bunlar. Aydınlıkta olan tek şey bilincim. Kendi kendimin önüne bile bir karartı gibi düşüyorum.

Kendimin de düş olduğuma inanıyorum. Düş gördüğüme o kadar eminim ki, şu başkalarının hayatını görmesem. Kapalı perdelerin arkasında düş-uyku-korku geçiriyorum. Sanatımın düş olduğunu biliyorum. Birdenbire aydınlığa çıkınca deli oluyorum. Kimsenin suratını görmek istemiyorum. Benim yazdıklarımla bu suratların ne ilişkisi var? Düş görerek bir yandan da uyanık yaşayamam. Tek çelişkim, insanlar. Dünya, benim. Her şey yalnızlığıma bağlı. Kimseyle bağ kuramam artık. Nasıl yaşayabilirim onların arasında hikâyelerim gibi. Nasıl düşünebilirim Bilal Beyin not defterinde olduğu gibi, insanların arasında? Nasıl yerlerde emekleyebilirim? Benden şu dünyada beklenebilir mi yarattığım şeyler gibi yaşamam? Yazdıklarıma bakarak benden ne beklenir? Ne kadar uzağım ben her şeyden. Sanatımdan, küçük yaramaz bir çocukmuşçasına bahsediyorum. Saklıyorum korkumu. Vahşiler gibi yaşamak istediğimi, yaşamak istediğimi. Bunu sana anlatmam gerek. Ama, anlıyorsun, hiç değilse düşmanlığımı. Sana değil. Senin çevrene. Dünyaya... Seni ayırdım hep, ayırmadan yapamazdım, yapamayacağım. Buradan, senin son mektubundaki çok önemli bir yere geliyorum. Şu benim çizdiğim sağlam dünya, hatta sana yardım eden o kabiliyetime, büyük kabiliyetime olan saygına geliyorum. "Tahmin edemezsin çizdiğin dünya nasıl sağlam nasıl yardımcı oldu bana" diye yazıyorsun. O çizdiğim sağlam dünyayı dünyanın dışında çiziyorum. Dünyayla ilişkimi koparmak bahasına. Dünyayı, perdelerimi kapayarak, karanlık odalara çekilerek, insanlardan kaçarak. Bir anlamda, hatta her anlamda, yaşamadan kesilerek çiziyorum. Yazdıklarımda yaşantının kıl kadar yeri yok artık. Böyle olmaya başladı. Böyle olacak. Benim çizdiğim dünyaya bakarak boşuna ararlar kendilerini. Başkalarına bir şey yok. Kendime. Bu bok dünyaya bir şey yok artık. Zırnık vermem.

Şu senin izin uzatma meselen açılırsa ki açılacak (belki senin orada sergi açman için biraz daha fazla bulunmak imkânının olup olmayacağını sorabilirim) oraya, senin yanına gittiğimi söyleyeceğim. Belki sen bahsetmemişsindir. Çünkü, ben gelmeye tam karar vermemiştim. Aslında, burada çok sıkıldığımı, devamlı huzursuzluk içinde günlerimi geçirdiğimi sana yazmıştım. Mektuplarımdan anlamışsındır. Buna rağmen, oraya gelmemek için kendimi zorladım. Belki, daha da zorlayabilirim ama, gereksiz... Durumunun bundan daha iyi olmasına imkân yok... Orada tabii çok daha iyi imkânlar olabilir. Türkiye için iyi bir başarı sayılır. (Eskiden de birkaç kişi biliyordu bunu ama, şimdi herkes en iyi ressam Ömer Uluç diyor) Neyse, ben senin için fazla yorulmadım. Yorulsam da senin bana yaptıklarını ödeyemem. (Çünkü, ben de senin sayende, Sevim Burak diye anılıyorum.) Mektuplarında, rahat yaşamak, problem çıkarmamak vs. tekrarlıyorsun. Ben yeni bir problem çıkarmış değilim. Eski bildiğin şeyler, eskiden üzüldüğüm ve saadetimize mani olan şeylerden bahsettim. Bunları yazmak niye problem olsun? "Konuşulmalı anlaşılmalı" diye yazıyorsun. Her zaman konuşurduk bunları. Eskiden konuştuğumuzdan başka bir biçim mi buldun? Ya da, ne demek oluyor bunlar? İlk yazdığın mektuplardan birinde "Bana yazacağın, vereceğin cevap buradaki hayatımı tayin edecek. Her şey buna bağlı. Ona göre yaz" diyordun. Ben de ona göre yazdım. Daha doğrusu çok açık ve kendim gibi. Şimdi, "her şeyden önemli gururumdur gibi davranışlara dayanamam" diyorsun. O mektuptan beri benim cevaplarıma ihtiyacın kalmadığı -güçlendiğin- görülüyor. Belki de kendi kendine yetiyorsun artık. Öyle anlaşılıyor. Bunun için, benim gurur meselelerimi falan ortaya koyma, her ikisi de aynı kapıya çıkar. Benim gururumu kıran bir şey mi oldu yoksa? Eski gururumla niye uğraşıyorsun. Boyuna eskileri hatırlatıp gözdağları vermeni iyiye yoramıyorum. Beni tanıyorsun, haklı taraflarımı da haksız olanları da biliyorsun. İmtihandan falan geçme sözleri de ne oluyor? Beni ya gözden çıkaracak şekilde hareket edersin, ya da ayrılmayı göze alamayacak şekilde. Yedi ay geçti. Belki de, değişmedim falan dediğine göre, beni gözden çıkarmış değilsin. Bir ihtimal de, kat'i ayrılığımıza sebep olabilecek davranışlarda bulundun. Bu ikinci ihtimal doğru çıkarsa, seninle belki ortada bir dostluk bırakaraktan ayrılacağız. Benim için ne düşündüğünü yazmıyorsun. İhtiyatlısın gibi laflar var bazı mektuplarında. İşte bu ihtiyatlı olup olmadığım zamanı geldi. Beni kadınlarla aldattığını sanmıyorum. Eğer böyle bir şey olduysa, benim derhal ayrılacağımı biliyorsun...

Ama, bunu bildiğin halde, bu hainliği yapacağını ummuyorum. Sana bunları durup dururken yazmadığımı elbette anladın. Şimdi bundan bahsedemem, günlerdir beni üzen bazı şeyler duydum... Şu bir iki gün içinde. Bana cevap verirsen iyi olur. Ben de sana gelip gelmiyeceğimi bildiririm. Eğer yanlış yere kuruntu yapıp üzüldüysem, senden özür dilerim... Bana hak verirsin, mektuplarının neden bu kadar kapalı ve üstünkörü olduğunu yedi aydır soruyordum. Senden gene yeterli bir açıklama alamıyordum. Hollanda'dan, senin çok iyi yerlerde yaşadığın ve birçok kişiyle birlikte mutlu olduğun lafı geldi. Mektuplarındaysa sen gene hep hasta...

NOTLAR:

Cevabın geldi. On beş gün sonra aldım. Her cevap koca bir on beş gün götürüyor. Garip bir tarife bu. Oldukça pahalı bir tarife. Yedi aydır her cevap ortalaması aşağı yukarı yirmi beş gün. Bu süreyi hesaplarsak, dönmek için iki mektupluk zamanın kaldı. Belki bir parça daha uzatabilirsin, üç mektup eder... Bundan önceki süreyi, o mektupları -günleri- o uzun kış gecelerini de (o süreyi de) düşünürsek, bırakılma gibi bir şey. Her neyse, çok garip ama, benim piyesime benziyor. Bu bırakılma ve ayrılığın yanı sıra seninle birlikte yürüyoruz. Ayrı ayrı konuşarak, ayrı ayrı düş'lerle. Garip randevu yerine doğru ilerliyoruz sözde.

"Kimse önünü görmüyor. Ne tuhaf değil mi? Herkes gittiği yeri birbirine soruyor. İnsan inanmak istemiyor. Herkes birbirinden şüpheleniyor ve hayretle birbirinin yüzüne bakıyor. Biliyorsun, hayatta her şey gizlidir, her hadise bir sırdır. Malum, her insanın altında başka bir insan yatıyor. Başka ne olabiliriz? Nasıl yaşayabiliriz? Herkes bunu soruyor kendi kendine konuşuyor. Herkes kendinden korkuyor, ben de kendimden korkarım." (PİYESTEN CÜMLELER BUNLAR)

2. Son mektubunda bakışlarını üstümde buldum. Bana bakarak yazıyorsun mektuplarını. Kendini izleyerek değil. İşin kötüsü gene bu yüzden, başarını bile yitiriyorsun. Niye böyle yapıyorsun? Yanılmıyorsam başarının içinde eksik olan bir şey var. Hep bir şey eksik gibi. "Oksürüyorum" diyorsun. "Hastayım." "Burası pis rutubetli memleket, nefret ediyorum" diyorsun. Bilhassa o memleketi çok kötülüyorsun. Çok yalnız olduğunu devamlı hatırlatıyorsun. Aslında bütün hayatının sözleri oluyor bunları unutma. Her dakika tehlike içindesin gibi. Seni seyretmemi istiyorsun. Ellerimin kollarımın bağlı olduğunu da biliyorsun üstelik. Sen açıklara doğru yüzüyorsun sanki (Hayatı denizmiş farzedelim). Ben de kenardan seni izliyorum. Sanki senin yanına gelirsem boğulurmuşum gibi bir his içindeyim. Sen de, boğulurmuş gibi hareketler yapıyorsun durmadan "Gelme orada dur bak nasıl boğuluyorum", "Sakın gelme birlikte boğuluruz" gibisine gözümün önünden kayboluyorsun. Açıklara açıklara gidiyorsun. Ben hep kenarda, kendimi arkasından atsam mı atmasam mı, diye bakıyorum. Boğulmaktan değil de korkum... Seni yakalayamamaktan. Belki böyle boğulmak istiyor benim burada kalmam gerek diye düşünüyorum... -SANATIMIN KAYBOLDUĞU GÜNLER-

3. Aylarca sesimi çıkarmadan düş görürüm... Dünyadan uzak kendi içimde yüce evrende... Sesimi çıkarmam. Bir gün içinde, dayanılmaz özlemlerle sarsılırım... -Dünyayı görmek için- Dünyanın pis kokusunu duymak, kötü bir söz işitmek

için. O dışta yüzen pislikleri tekrar görmek, iğrenç insanların arasında ezilmek, o bilinen bayağılığı yaşamak için... Bunları birdenbire arayan biriyimdir... O bilinen nefreti, Kini tekrar isteyen biri, domuz gibi pisliklerin arasına bir anda giren ve pislikleri koklayan biriyimdir...

4. Resimli yazın Akşam'da çıkacak diye bekliyorum. Senden yazı uydur dedim diye niye tersliyorsun beni? Herhalde bir bildiğim vardı ki sana yaz dedik... Yeni İnsan (Nurullah Berk'in her sayıda övgüsünü yapan resim dergisi). O Dergi'de Nurullah Berk'ten daha büyük, iki orta büyük saife ile sırf senden bahsettirecektim. Hem de bu sayıda çıkacaktı. Derginin sahibi...

19 Şubat 1983 Erenköy

Sevgili Oya,[1]

Seninle uzun bir süredir mektuplaşmadık. Sen de biliyorsun ki Karaca yla yazışmak, ayrıca yazı yazmak epeyi bir meseleleri kapsıyor. Karaca ile bir yıldır hızlı yazışma edebiyat dayanışması temposuna girdik. O, beni yazı yazmam için devamlı destekleyerek -ilan bile verdi- ve bunun epeyi yararı da oldu. Başta korkmama rağmen (bizim yazarlarımız çok kıskançtır ve bu gibi şeylerle insana olmadık işler açarlar)... Ben sağlam yapılı yazılar yazmasaydım, kalıcı değeri olmasaydı, o reklam, ters etki yapabilirdi. Karaca cesur oynadı ve kazandı. Kontrat meselesinde de öyle oldu. Ben Karaca nın direktifi üzerine NAZAR BUYUM'e "Yanık Saraylar'a ve oyunumu Şubat'ta basmazsanız geri alıyorum" deyince tam Şubat'a girmeden bir gün önce araya MEMET FUAT'ı koyarak, kontrat şartlarını tekrar incelemeye ve anlaşmaya hazır olduğunu bildirdi. Ben de yeni yaptırdıkları muazzam ADAM yayınevine giderek, Karaca nın bana gönderdiği kontratı temize çekilmiş olarak verdim ve "Şartlar bunlar" dedim. Kabul ettiler.

Cevat da oradaydı "Karacaya mektup yazacağım" dedi. Türkiye'nin şartlarını bilmiyor." Memet Fuat da kabul ettiğine dair Karacaya mektup yazacağını söyledi. Bu çok önemli bir olay bence. Hiçbir yazara yapılmamış bir ayrıcalık bu. Karaca, Amerika'da, ekonomi ve hayat görüşünü yüksek bir

---

1 Bu mektup Karaca Borar'ın New York City'de uzun yıllar birlikte yaşadığı Oyaya yazılmış fakat gönderilmemiş.

düzeyde tutmayı başarmış. O'na verdiğin cesaret ve sevgi beni de etkiliyor. Ve birlikte birtakım güçlükleri zaman zaman aştığınızı anlıyorum. Bu bana yansıyor. Karaca'nın, benimle ilgilenmesi, sevgisi, yardımları, onun belli ölçüde bir huzur içinde olduğunu gösteriyor. Benim kavuşamadığım her şeye O'nun kavuşacağına inanıyor ve buna dua ediyorum. Beni desteklemeseydi her yönden, bugün bu iki kitabı da ADAM yayınlarında çıkartamazdım. Yazamıyordum. Bunalıma girmiştim. Geldiğinde gördün Kuzguncuk'ta, parça parça, kopuk kopuk yazılar vardı duvarda. Kendime başlamak için güvenim yoktu. Ne iktisadi olarak ne moral olarak. Sıfırı tüketmiştim. Ama belli etmiyordum. Çok şükür, bugünlere geldik hep beraber. Yanık Saraylar'ın da, öbür oyunun da basılacağını göreceğiz. Ancak Ford Mach ONE beni mahvediyor, bayağı güreşiyoruz. Karı kocaymış gibi. Bir gün iyi gidiyor her şey ertesi gün berbat. Yazının yanına yaklaşmak istemiyorum. Ford Mach I beni korkutuyor, sindiriyor. Onu nasıl alıp orasını burasını yeniden yaratacağımı bilemiyorum. Biliyorum ama, söylediğim gibi işte. Kocammış gibi bir kere baş eğdim baştan dizginleri eline kaptırdım. Karaca bilir. O arabaya âşık oldum, birlikte takip ettik, onun yarışına gitmek için eşya verip araba satın aldık. Ama Ford Mach ONE'ı yeneceğim, onu istediğim biçime sokup ondan kurtulacağım. Çağdaş Eleştiri diye çok ciddi değişik sanat akımlarını veren bir derginin son sayısında FAULKNER'in "SES VE ÖFKE" adlı o çetin en anlaşılmaz romanını nasıl yazdığını anlatıyor. Diyor ki, "O yaratmaya çalıştığınız romana ne kadar çok önem verip O'ndan kaçarsanız, O da size daha çok naz eder. Yazdığınız romanın üstüne sertlikle, öfkeyle yürüyeceksiniz, siz ondan korktukça, o roman sizden kaçar. Siz üstüne yürüdükçe, o sizden korkar. Hamle sizden gelsin."

Bu yüzden, Faulkner o eserini en zor yazmış, zor yazdığı için hem en haylaz çocuğu gibi onu seviyormuş hem de roman bittikten 10 yıl sonra ya da 15 yıl sonra sonuna yeniden bir ilave yazmadan edememiş. Hâlâ da o romanın bitmediğini sanıyormuş. Aynı benim Mach ONE gibi... O sayıyı size göndereyim, ayrıca bütün sayılarında çok güzel konuşmalar var. Henry MİLLER Sexsus Plexsus Yengeç Dönencesi'ni yazan adamın da nefis konuşmaları var. Yakında o büyük sanat dergisinde benim AFRİKA DANSI'nın da çok yeni bir metotla eleştirisi çıkabilir (matematikle eleştiri).

PALYAÇO RUŞEN diye bir yapıt bitirmiştim. Tam bir buçuk ay sabahladık Nebahat hanımla. Gündüz aklım başımda değildi. Sadece makine gibi yaşıyorduk. Bir kafa ve yazı makinesi gibi... İnsan gibi bile değil. Aramızda aklı başında bir Elfe var. Bir de Amerika'da Karaca ve sen. Çünkü benim dünyam yok, dünyam masanın üstünde ve kâğıtların üstünde... Anlıyor musun? Bir de Amerika'dan gelen bir fotoğraf makinesi var... Çok profesyonel bir Akademi Talebesi, Karacanın arkadaşı gelip resimlerimi çekiyor. O zaman yaşadığımı anlıyorum. Ve dış dünyaya karşı poz veriyorum. Genç kız mağazasından aldığım mini etek elbisesiyle, genç ve güzel biri. Yazar olmayan biri gibi. Heves geliyor, bir saat evde fotoğraf çektirip eğleniyoruz.

Yılbaşında sana gönderdim. Bir de (eskici bir madam Kapalıçarşı'da) eski püskü sahne elbiseleri aldım. HAMLET ELBİSESİ. Onunla da resim çektirdim göndereceğim. Bakalım ne derece değişik görünebileceğim?

İnanır mısın, 2 ayda bir İstanbul'a iniyorum. Son inişim imza günü için oldu. Afrika elbisemi giydim. ANKRA dedikleri iki parça. Kadife. Peştemal gibi sarılıyor. Enis[1] o gün çok resimler çekti. Size gönderir herhalde. Hayli sükseli bir kalabalık vardı. Çiçekler, çiçekler sepetlerin yaldızlı saksıların içinde. Birisi de "Afrika menekşeşi" diye iğne kart iliştirmiş.

---

1 Enis Özbank.

Enisler o gece davet ettiler. Çiçeklerin bir kısmını onlara hediye ettim. Adam Yayınlarından sadece bir tanesini eve getirdik. Epeyi kitap satılmış. Hâlâ dedikodusu devam ediyor. Ali Poyrazoğlu ve müdür de geldi. Cevat mevat. Gelemeyenler telefon ettiler. Şimdi MART I SALI günü Divanyolu'nda YA DA ADAM yayınları dağıtım merkezinde imza günüm var. AZIZ NESİN ve ATİLLA İLHAN'LA ÜÇÜMÜZ BİRDEN İMZALAYACAĞIZ. Bu da iyi bir şey. Çünkü onların okuru çok. Bakalım ne olacak? Ondan önce bu salı ya da çarşamba MUTLAKA AYIN 23'ünde Cerrahpaşa Üniversitesi'ne bağlı HASEKİ hastanesi KARDİYOLOJİ servisine yatıyorum. 3 yıl önce beni kateter ameliyatı yapan CANAN EFENDİGİL PROFÖSÖR yatırıyor. Çok yorgun ve halsizim. Devamlı korku ve sinirle kalbim çarpıyor. Bu kış sokakta yürümekte zorluk çektim.

Allahtan Cevat'tan güzel güzel haberler aldım. Onları çok kişilerle tanıştırmışsınız, sizi methediyorlar. Fakat ben, burada sizin onlarla olduğunuz kadar mutlu değilim. Görmüyorum bile. Sizler gibi dostlar yok burada... Cevat da çocuk parası kazanma peşine düştü. Herkes, kendi içine kapalı yaşıyor. Belli zengin bir sınıfın dışında herkes hayatla, enflasyonla, soğukla yaşam savaşı veriyor Türkiye'de... Ulaşım sıkıntısı var.

Mektuplarını, neler yaptığınızı, ve resmini gönder çok sevinirim. KARACAYI VE SENİ SEVGİYLE KUCAKLARIM.

Afrika Dansı Anneniz sizi öper.

Sevim Burak

2 Ekim 1981 Cuma Kuzguncuk

Canım Işıl,[1]

Daha ilk sayfada kekelemeye başladım. Ama gerçek bir mektup olacak bu, SANA VE SARKİS'e...

Şimdi bana Kuzguncuk'a geldiğiniz o gün konuşamadığımız şeyleri yazıyorum:

1. Beni çok kötü buldunuz. Bedenen ve yüz olarak yıpranmış
2. Bunu anladım, ben de çok üzüldüm
3. Yapacak bir şey yoktu (Devamlı konuştum. Bu üzüntünün üstüne atılmış taşlar gibi üzüntümü gömmek istiyordum. Gerçekten de denizin kenarında bir mezarın -taş bir mezarın- kapağı altında düşünüyorum. Oradan konuşamazdım size -kalın boğuk bir sesle artık benim böyle boğuk, kalın, korkunç bir sesim var diyemezdim. Siz de anlayamayacaktınız, anlayamadığınız gibi. Ben de sizin yerinizde olsam anlayamazdım. Niye mi böyle? Çünkü, ben artık öyle, insansı bir sesle, kelimeler bularak, düzgün mü düzgün harflerle, incecik kıvrımlar ve bükülmelerle mantıklı cümleler kuramıyorum, kurmak istemiyorum. Size merak ettiğiniz ve arzuladığınız her türden konuları -arkadaşlık biçiminde-dostluk biçiminde veremiyorum. Bir düşmanlık içinde de veremiyorum. Kibar, ince, zeki, entelektüel, ileriye dönük bir bakış içinde yaşamıyorum. Yıllar süren, eksilmediğini ümit

---

1 Işıl Sabuncuyan.

ettiğim - hep ÜMİT BU ÜMİTLE YAŞIYORUM. Dostluğumuzun zedelenmeyeceğinden emin olarak bu mektubu -ÇOK DUYGUSAL VE ŞÜPHECİ OLDUĞUNUN FARKINDAYIM. BUNU SAKLAMAK İSTEMİYORUM ARTIK- zaten bunun için yazıyorum böyle alelacele ve de müsveddesiz gene her zaman olduğu gibi. Siz de pek o kadar yukarıda yazdığım gibi zeki, ileriye dönük vs. vs. değilsiniz.) Ama Ömer'in yıllar süren dostusunuz. Ben çok dost olmak istedim ama ahlak kurallarına aykırı geliyormuşum gibi oluyorum. Benim kuramadığım bir dostluğu onunla yıllar yılı yürütmüş olduğunuz için belki sizi kıskanıyorum. Ama dediğim gibi bir yetişme şekli. Çok içinden bağlı olduğum ve hep bastırmaya çalıştığım bir dinsel inanç, bana Ömer'le, Ömer gibi adamlarla ve Ömer'in beraber bulunduğu insanlarla görüşmekten sakın diyor. Onu sizin yanınızda kovdum. Yalnız başlarınıza sizleri çok istedim gitmedi. Gitmezdi de. Ve hiçbir zaman gitmez. Kovarsın gene gelir, gene gelir. Onun için mühim olan kovulmaktır çünkü. Bir kez daha beni zor duruma düşürmeye kalktı, her zaman kalkacak. Onun malzemesi bu. Benim-Onun malzemesi bir taşı yiyecek kadar aç. Nasıl oldu bu cümle anlamadım. Yapılışı, bir insanı yiyen, taş toprak yiyen bir makine gibi, galiba demek istediğim. Duygusallığı ve iç onör'ünü oturduğu, yaşadığı kimselerden sağlıyor. Şimdi Elfe'den ağlayıp sızlayarak (küçük bir kızın onör'ünden yararlanmaya, beslenmeye başladı), O'na sevgi başta hiçbir şey vermeyerek, okul kapılarında her gün her gün verdiği iki kuruşluk taksitin bedelini alırcasına o küçücük kızını kemirmeye başladı. "Ahlaki sorunlarının olmadığını" söyleyerek küçücük kızı hem yalnız bırakıyor, hem de üstünlük taslıyor entelektüel olarak. Duygusallığı bile kitaplardan ve başka insanlardan ve kızından öğrenmeyi başaran bu kişinin yapmayacağı kötülük yok bana karşı ve de kızına karşı. Büyüme çağında hiçbir şeye güvenmemeyi -o yılların tecrübesinden geçmiş biri olarak- kızına öğretiyor.

"Annene çok inanırsan öldüğünde yalnız kalırsın, insanlar yalnız doğar, yalnız yaşar ve yalnız ölür" gibi beylik fikirlerle kızın tek umudu dayanağı olan bana karşı korku ve güvensizlik aşılıyor. Bana da aynı şeyi aşıladığı zaman 25 yaşındaydım. Ona sarıldım, kopamadım. 20 sene güvensiz yaşadım kendime ve herkese -ve ona karşı- ve de kalbim öfkeyle büyüdü; kime isyan edecektim. Allah'a inanabilir bir insan sonradan. Ama inançsız yaşadığı sürece hasta olur. Bir yerden büyük bir hastalık, bir operasyonla da bitmez. Ben ayrılma kararını üçüncü kez bıçak altına yattığım Haseki hastanesinde ameliyata girerken... Yanımda yalnız Elfe vardı. Ya ölüm ya inanç dedim. Beni ölüme götüren, kalbimi büyüten 20 yıllık yalnızlık olmuştur, insanların inandığı insanlar ölür fakat başka insanlar yaşar. İnsan başka bir insana, başka bir desteğe inanmak, tutunmak zorundadır. Elfe yaşında bir kıza bu felsefeyi anlatmak lazımdır ki bana inanıyor. Babasına da inanmak istiyor. O'nu kendi hayatından uzaklaştırarak zaten cezalandırdığı halde, benim öleceğimi ve bu işe kendini bile katacak olsa hatırlatmak niye? Ki kendisi 25 senedir annesinden ayrılmadı. Maddi menfaatler çerçevesinde bile olsa annesini daima kızına tercih etti. Olaylarla, Mahkemelerle...

Evvelki kış kaloriferler yanmadığından -onların kömür kaloriferleri yanıyordu- Elfe'yle beni kışı geçirmek için çağırdı, anahtarı Elfe'ye verdi. Sonra kendi gelmedi. Ben Zatürree olmuşum, farkında bile değilim. Geldiğimiz gece sarhoş kadınlarla geldi. Bize anahtar verdiğini unutmuş. Geri döndüler. Sonra telefon etti. "Evden çıkın, çıkmazsanız annem kapıyı kırdırtacak. Ben annemin onayını almadan size gel demişim, annem sizi istemiyor, ben de başka yerde kalıyorum, oraya gelmeyeceğim" dedi. Annesi geldi. O zaman zatürree olduğum için doktor da gelmişti ve "20 gün yataktan kalkamaz, ölüm tehlikesi var, kalbi hastadır" diye yazmıştı. Bunu annesine gösterdiğimde ve "Siz niçin burada kalmıyorsunuz da beni attırmak istiyorsunuz? Bu halde gidemem, müsaade edin de kızımla Ömer'in odasında kalalım; dışarı çıkmayız, sizi rahatsız etmeyiz" dedim. Yalvarmaktı bu. Rica ettim, "iyileşeyim, gideceğim" dedim. Ya da hastaneye yatırın. "Hangi hastaneye istersin, seni Hayat hastanesine yatıralım; gecesi 5 bin lira" diye alay eder gibi konuştu. Her gün yanında biriyle gelip beni hasta yatağımdan atmak istiyordu. Elfe, babaannesine mani olmak için karşı geldi babaannesine. Bu haksızlıktı. Bana bakması için ablamı Kuşadası'ndan çağırttım. Geldi iki gün kaldı, gitti kocasının yanına "Seni hastaneye kaldırsınlar" dedi ve benim yanıma evlenmemiş bir kız olan, Ticaret Odası'nda daktilo olan Nebahat'i bıraktı. "Sadıktır, seni ve Elfe'yi korur, senin ateşin düşene kadar çorba yapar" dedi. YANIK SARAYLAR kitabında daktilo kızın kendisiydi. Ölümün eşiğinde ve de aile rezaletinin eşiğinde kızımla yazdığım hikâyenin Kahramanıyla baş başa kalmıştım. O zavallı evlenmemiş kızlığıyla acı bir humour sağladığım primitif bir tekniğe ulaşmamı gerçekleştiren -asil aile tutkusu olan- Daktilo kızın maceralarını geliştirdiğim Nebahat Hanım bana kitabımın içinden çıkmış canlı bir imaj gibi baktı. Hortlamış gibi. "Yazdıklarım beni perişan edecek" diye düşünmediysem Allah canımı alsın. O 40 derece ateşle Elfe'ye acıyordum kendimden çok. Bu kızın kusuru, 64 yaşında, 40 kilo ağırlığındaki -şahsiyetli ama görünüşü bir kuşu andırıyor- Nebahat yemek, çorba pişiriyor, Elfe de Ankara Pazarı'na o karlarda alışverişe gidiyordu. Bir yandan kapıya polisler dayandı "Açın kapıyı, emir var. Haneye tecavüzmüş, içeridekileri çıkaracağız" diye. Bu iki kere sokaktan toplanmış hamallarla yapılmış bir oyundu. Kayınvalidem bir keresinde de Haluk'un fabrikasından adam getirmiş beni atacaklarmış "Biz polisiz" dedi. Kapıyı açmadık, çünkü Elfe, babaannesinin kamyon şoförleriyle konuştuğunu görmüş. Bu kez gelenler sahici polismiş. Nebahat Hanım kapının altından polis kimliğini görünce kapıyı açtı. Adam içeri girip de gelini ve torunu görünce "Hanım benim vazifem, zabıt tutacağım, ama sende insaf yok mu, bu senin gelinin öbürü de torunun. Hasta kadını atmaya kalkıyorsun. Ben raporumu böylece veriyorum" dedi. Ve Nebahat'in ve Elfe'nin gözünün önünde dediği gibi yazdı. "Asıl kabahat senin oğlun olacak herifte. Kızınla hasta karısını fuzuli işgal diye kaymakamlığa veriyorsun da senin oğlun sesini çıkarmıyor, bu ne biçim iş?" diye söylenerekten raporu yazdı. Kapıcıyı çağırıp, Elfe'nin Ömer'in kızı olduğunu, benim de karısı olduğumu ve birlikte birkaç kereler bu eve gelip oturduğumuzu, hatta halen Elfe'nin Talimhane'den okula da gidip geldiğini, babasıyla beraber burada oturduğunu, babasının annesiyle kaldığını ve evde annesiyle yaşadığı halde her akşam sabaha karşı çeşit çeşit sokak ve ev kadınlarıyla gelip kaldığını, hatta o kadar sarhoş ve kendini bilmez ki, kaç kere anahtarı kapının üstünde unuttuğunu ve bunu alıp kendisine teslim ettiğini, bizi eve gönderdikten sonra hiç eve uğramadığını söyleyince, polis -içeride annesinin yatağında yatıyordum- içeri kadar gelip bana "Geçmiş olsun hanımefendi, anladığım kadarıyla siz bir komploya uğramışsınız. Anne hanımla oğlu size birlikte bu oyunu oynamaya kalkmışlar" dedi. Ne olabilir sebebi? diye sordum. Polis de bir düşündü, o da bir sebep bulamadı, sonra birden hatırlamış gibi "Hiç, ne olacak... Kötülük" dedi... Kötülük haaa? İşte o zaman kitabımdan çıkmış kahramanımla bütün o çok bilmiş edebiyatlı hikâyelerime ve edebiyatıma, sadece edebiyat yapmak için yaşayan kendime lanet ettim. Orta halli bir polisin 'Kötülükten haberi vardı, benim yoktu. Ömer'in ve annesinin kötülük düşünecek kalpleri vardı. (O günlerde kızını kanserden kazanmak ya da kaybetmek üzereydi. İngiltere'ye götürmüşlerdi. Kızının evinde yaşıyordu keder içinde -kötülük düşünebiliyordu- "Benim kızım da hasta; belki ölür, belki kurtulur, kötülük yapmamalıyım" diye düşünmüyordu...) Kaymakam polislerin peşine düşmüştü. 10

gün daha yatağımda yatmama müsaade etmiyordu. İşte, bu korkunç duruma karşı, ancak kanuna sığınabilirdim. Edebiyatım, edebiyatımın getirdiği hayat -pür duygu- para etmiyordu. Alelacele avukatımı arattım, telefon Allah'tan vardı ve ben de "Tehdit, masuniyeti ihlal, meskene tecavüz" davası açılması için para sağladım. Daha önce kapıyı iki kere kırdırmaya çalıştı Muammer Hanım arkasındaki parayla tutulmuş adamlarla eve gelip gidiyordu. Ve ben eşyalarını çalacakmışım gibi her seferinde, boktan bir kristal tabla, bir saat, mutlaka kaçak sakladığı kahve gibi şeyleri... Sonra da "Sen bu evden çıkmazsan, hemen terk etmezsen seni karyolayla dışarı attıracağım" demişti. "Kapıyı açmam" dedi, Yanık Saraylar'daki daktilo kız. "Yatakta sizin hastanız var. Sizin şerefiniz. Merhametiniz hanımefendi... Ben eski bir ailenin kızıyım, bana böyle emirler vermeyiniz" falan dedi. Kayınvalidem "Ben Sevim'i gelinim olarak tanımıyorum, Ömer diye de oğlum yok" diye cevap verdi. "Niye hanımefendiciğim, siz kibar bir hanımefendiye benziyorsunuz, kapıyı kırdırıp gelininizi attırmak size yakışır mı?" dedi. "Ben gelin melin tanımıyorum" dedi. "Sebebi nedir hanımefendi, sükûnetle konuşmaya alışık biriyim ben" dedi. O zaman Muammer Hanım sesinin tonunu biraz indirdi ve "Sebebi" dedi??? Düşündü, "Vardır elbet sebebi?" diye üsteledi Nebahat Hanım... Sebebi... "Sebebi beni nikaha çağırmadılar. Oğlum benden gizli evlendi" diye sebebi açıkladı. "İşte hakiki edebiyat, Türk edebiyatı" diye mırıldandım kendi kendime "Ben bunu ölmezsem yazacağım" diye söz verdim... İşte büyük kin... İşte büyük yalnızlık malnızlık. İşte hakiki düşünce, en dipte ne çıkıyor? Şimdi babası bu baza dayanarak neler anlatıyor? Mesele basitken, kızı yiyip bitiriyor. Yok insanlar yalnız doğar, yalnız ölürlermiş, yok Allah yokmuş, yok annene inanma imiş, yok babana da inanma, sen yalnızsın'mış... İnsanlar beraber ve bir arada ölürler. Bunu niçin saklıyor? Kendi hayatının büyük zavallı sırrını? Zavallı bir sır olduğu için...

Elfe bütün bunları yaşadıktan sonra hâlâ kitabi sözlerle neyi aşılamak istiyor? Kendini bu şekilde kanıtlayamayacak. Fakat Elfe kulaklarını kapatsa da birtakım büyük tepeden -kitaplarla ispatlanmış- entelektüelce palavraları duyuyor. Bu birikim bir gün çoğaldığında sağlam iradesi buna dayanamayıp bu düşüncelere de "Geç" diyebilir... Bir anne olarak bunu sen de düşünebilirsin.

Neyse Işılcığım, şimdi Elfe babasından değil ama "San at"tan nefret ediyor. Bilimsel dallarda öğrenimini sürdürmek istiyor. Karacada aynı depresyon olmuştu, 13 yaşında Sanat lafından ve sanatçı arkadaşlarımızdan kaçar olmuştu. Edebiyata çok eğilimli olmasına karşın "Ben yazı yazmayacağım, resim de yapmayacağım, babam gibi müzik de yapmayacağım, hayatımı kazanacağım" dediydi. Babası Londra'ya tahsile gönderdi, Ekonomist oldu. Şimdi Amerika'da para ile uğraşıyor. Elfe de aynı durumda. İnşallah ileride dış ülkeye gider ve öğrenimini bu muhitten ayrı sürdürür. Şimdi de öyle ya, dizimin dibinden ayıramıyorum. Okuldan eve ve de Okula. Sizinkiler gayet tabii kaygım yok, Allah hepsine sıhhat versin en mühimi bu... Ancak lütfen benim bu mektubumu çocukların erişebileceği yerden uzak bir yere koyun. Mümkünse yırtın. Romanlarımı bitiremezsem bu mektubun yayınlanmasını istemiyorum. Onun için de yazmaya devam. Bir nefis küçük hikâye bitirdim. Bayılacaksınız. Şimdilik sır. Yanık Saraylar'ın ikinci baskısına girecek. Aralık'ta yayınlanıyor. Roman için hemen istiyorlar, roman büyüyor ve şizofrenik boyutlara ulaşıyor. Herkes doğuştan, irsi olarak şizofren doğar. Ben Ömer'i tanıdıktan sonra şizofren oldum -bu yaşta- geçirmeye bakıyorum.

Sen espri seversin diye yazdım. Hikâyeyi çok beğeneceksin, olağanüstü güzel. Onun için espri yapmıyorum artık. Şimdiye kadar yaptıklarımın en büyüğü bu hikâye, onun için susuyorum...

Sevim Burak

NOT: İşte sana Kuzguncuk'ta anlatmak istediğim bu mektuptu. Onun için bu geride kalan olayları örtmek niyetiyle durmadan konuştum, konuştum... Şimdi biraz da öyle oldu ya... Neyse susuyorum ve...

10 Şubat 1978 Cuma

Bakalım bu mektubu bitirebilecek miyim? Sevgili Karaca,

Baban mektubunu getirdi. Çok sevindim resimlere. 1 CARLOS'A[1]... (Başka Carloslar var mı ki) Londra'da otobüste gidip gelirken gördüm mü görmedim mi diye, 1, 2 zihnimi kurcaladı...

Ayrıca 1 Carlos'un Receptionunda seni düşünmek beni heyecanlandırdı. Sanki ben de MACH I'ın içindeymişim gibi bir his duydum. Hani bir MACH vardı şu Amerikan kapitalizminin Bağdat Cad. MACH şeklinde girişini yazdığım bir hikâye, işte ben de ona muvaffak olacağım inşallah. Tavsiyene uyacağım. Çünkü işim bu benim, yalnız birtakım felaketler geçirmek bu san'at meselesini geriletti. Ama bana çok şey kazandırdı bu felaketler. Bunlardan da yararlanarak daha acıklı yazacağım ileride... "Otobüs" diye isveç'te çekilmiş bir film gördüm, bizim dışarıdaki arkadaşlar çevirmiş. Korkunç güzel, müthiş çağdaş bir film. Diyebilirim ki gördüğüm üç san'at filminden sonra bu Türk filmi geliyor. Belki de daha sert, gözlerim yaşardı gülmekten ve gülerken ağlıyorsun tabii. Etrafım hep işçilerle doluydu. "Ulan, öbür herif, buzlu göle düşen n'oldu" diye birbirlerine soruyorlardı.

---

1 1 Carlos Palace, London WI. Üniversite döneminde, haftada 4-5 gece, geceliği 20 pound'a resepsiyonunda çalıştığım Arap oteli / randevuevi.

Son günlerde babanla[1] 20 yıldır olmadığı kadar dost olduk. Benim elimdeki kuvvet yetişmiyor diye cumartesi, bazı pazarları gelip Titi'ye[2] havuç rendeliyor. Ve Titi'yi iyice azdırıp şımartıyor. Babanı çok seviyor fakat giderken hiç ağlamıyor ve arkasından kapıya gitmiyor. Titi, işte böyle soğuk tavırlar da takınıyor sevdiklerine.

Ne de olsa İngiliz kanı var. Baban, Titi havlayıp şımarmazsa çok bozuluyor. Acaba hasta mı, niçin benim tepeme fırlamıyor, neden yüzümü yalamıyor diye keyfi kaçıyor. Oysa Titi bu. Bunu babana anlatıyorum ama anlamıyor İngiliz snobizmasını. "Gerçek snob, sıkıldığı zaman sıkıldığını, eğlendiği zaman eğlendiğini kabul etmek istemeyen" kişiymiş. Ben sokağa giderken küçük tuvalete girip ayaklarımın arasında oturur, katiyen dışarı çıkmaz. Ben giderken üzüntüsünü saklar, karanlık yerde ağlar belki de.

Karacacığım DÖRT MARTTA AFRİKA MASKLARI VE HEYKELLERİ SAN'ATI SERGİMİZ AÇILIYOR. Kurtuluşta Yahşi Baraz galerisinde. Sendeki Kral heykelini bekliyorum. Eğer BBC ya da Radyo Nijerya'yı, Afrika'yı alırsa Nijerya'nın TV Radyo sinyalini yakalayabilir misin? Tamtam sinyalidir. Yani davul sesidir. Üçer kez tam tam tam diye vurur ve durur. Sonra yeniden başlar aynı vuruş. Bunu sergiyi gezerken çalabiliriz. Devamlı bir sinyal çalınmasını istiyoruz.

Karaca, ya bu yaz evlenirim erken olarak ya da geç evlenirim o zaman da dertler çıkar diyorsun, pek iyi anlayamadım. Asıl mesele okuma tahsil mi, evlenmek mi?

Karaca, evlenme geç olursa birtakım dertler çıkar biliyorum diyorsun. İşte o dertler yüzünden. Ben senin o dertleri görüp tehlikeyi seçmeni istiyorum. O dertler evlendiğinin kırkıncı ya

---

1 Babam Orhan Borar. Violonist. Yıllarca İstanbul Radyosunda küçük orkes - ra şefliği yapmış. Annemle ben iki yaşındayken (1957'de) ayrılmışlar.

2 Long-Haired Collie cinsi köpeğimiz.

da ikinci günü çıkacak. O dertleri niye görmezlikten gelmek istiyorsun? Evlenmek bir çare değildir dertlere.

Karaca, herkesin seni görüşü başka. Fakat gerçek şu ki: hangi zayiden bakılırsa bakılsın seni tanıyanlar için aynı Karaca değilsin, başka bir Karacasın, sen farkına varmıyorsun ama sana bakanlar farkına varıyorlar. Bu üç yılda çok değiştin; biz, sana bakanlar hep aynıyız ve hep aynı yerdeyiz.

Karaca, Londra'ya gittikten sonra üç yıl boyunca yalnız kendi kafanın gücüyle kendi kendine katkıda bulundun. Bunun maddi, manevi karşılığı da sadece sana aittir. Bu kendi açtığın yolu kapatma. Kimseye de kapattırma. Dokundun bozulur. Her şey başka bir şekle girer. Sonra beğenmezsin. Çocukken Şaziye Hanımın Şevket Bey Amcanın evinin üst katındaki odada yaptığın iskambilden evler yıkıldı mı kızar ağlardın. Yoksa benim çocukluğum muydu?

Tıpkı çocukken yaptığımız evler iskambil kâğıtlarından oyunumuz gibi. Büyüyünce de seviniyoruz, ağlıyoruz kendi eserlerimizin yıkılmasına... Bu bir oyun değil. Çocukken de büyükken de sanattır yaptığımız... (Kendimize güvenimizdir.) Maalesef iki kişi oynanmayan bir oyun. Hayatta daima (iki kişiden) kadın-erkek biri kuvvetlidir. Fizik anlamda değil manevi anlamda. "Oyun kuran kuvvetlidir." Gözü açıkken düş gören kuvvetlidir. Hayal gücü olan kuvvetlidir. Sen şiirler de yazardın. "Buzlu Camın Arkasından". Çok çok güzeldi. Kibrit kutusu ve palto düğmesiyle yaptığın kamyon hâlâ duruyor. Sen çok elleri becerikli, yaratıcı bir çocuktun. Tahsilinin yönünü değiştirdin diye yaratıcılığın kaybolacak sanma... Tam tersine, yıllar geçsin ve büyük şeyler yapmak, kurmak için özlem duyacaksın. Yoksa hayat çok boş olur. İster ithalatçı ol, ister bakan ol bir gün bir şeyler yapmaya, kırmaya, değiştirmeye (prensiplerin katı bile olsa) kalkacaksın çocukluğunda olduğu gibi... Oyun kurmaya başlamak isteyeceksin. Bunu yapamazsan mutsuz olursun. Bunu çok ciddi düşün

Karaca. Sana basit aşk ilişkilerinden çapkınlıklarından dolayı değişmekten bahsetmiyorum. Sende doğuştan gelen bir sarı atçı yanının tekrar ortaya çıkacağından ve değişeceğinden bahsediyorum. Bunu binlerce sarı atçı duymuşlar, evini barkını terk eden olmuş, çıldıran olmuş, cinsini değiştiren olmuş ama içinden gelen dürtüye uymayan pek olmamış. Sen de çocukluk döneminden sonra TEKRAR ortaya çıkacak olan dürtüye kulak vereceksin, o zaman ne yapacaksın. Düşün ki ömür boyu süren bir dürtüdür san'at, san'at yapma ihtiyacı. Kendini tutup fedakârlık edip başka delilikler yapan var. Kırkından sonra, altmışından sonra piyano çalanlar, koleksiyoner olmaya kalkanlar, kumarcılar var... Aslında san'at yapmak büyücülük gibi bir şeydir. Seni her şeyden kurtarır mutlu kılar, ufacık bir şiir yazsan bütün dünyanın anlamı odur. Yalnız değilsindir. Karaca seni kandırmadığımı mutlaka bir gün anlayacaksın. Ben, kendi hayatımı bu yöne döndürmek istiyorum. Kafamda müthiş resimler, cümleler var. Kendimi Einstein gibi hissediyorum, ilk fırsatta patlayacağım. Işıl'dan[1] "yaz yaz, istersen istersin film yap" diye mektuplar geliyor.

On beş senedir yazmamı bekliyorlar. Bu boşuna mı? Elbette ki değil. Bu mesele mezara kadar seni takip ediyor. Hep bir şey yaratacak, üretecek haldesin, hep umut içindesin. Bu umut her şeyden daha uzun, ölene dek... Hayat çok uzun. Kendi ekmeğini çıkarabilecek bir yol tutturabildiğin için yazıyorum bunları... huzurlu yaşa. Kendi hayatına yön veriyorsun diye yazıyorum. Sen şimdi böylesin sonra değişirsin, para olunca başka şeyler isteyeceksin. Çünkü senin asıl istediğin bir esere biçim vermek; ama ne? Daha bilmiyorsun her zaman her şey olabilir- ortaya çıkıp kaybolan bir umut... Benim sana yazdıklarım, ileride, "anne bana niçin bunları yazmadın boş otundun" dememen içindir. Ayrıca sana, (...) hanım Londra'ya

1 Işıl Sabuncuyan.

gelmeden bunları yazmam gerekirdi - "müthiş ağır, felaket biçiminde, alaturka zengin ağzıyla konuşan bir kadın". O gün Fenerbahçe'de çok sert ve garip şeyler söylendi. Oku, oğlum üç yıl daha lütfen babanı hallediyorum, hallettim. Klasik tahsilini en uzun biçimde tamamla, kayıp sayılmaz. Tahsil yılları ve ondan sonraki dört beş yıl Sanatçı Olarak Genç bir Adamın Portresi'dir. İngilizcesinden oku onu. Başka şeyler de oku, çok oku, sana yolunu bulmaya yardımcı olur binlerce yollar arasından.

Karaca, (...) hakkındaki olumsuz kararımı ve düşüncelerimi lütfen ona söyleme ve yazma. Bundan, sonra gene sen zararlı çıkarsın çünkü eninde sonunda senin annenim, evlendiğiniz taktirde her sebepte anneni suçlu gösterir ve ihanet ederler, bu bir kuraldır...

(...) annesiyle babasının hiç münakaşa ettiğini görmemiş (Benim ve Ömer'in tam tersi olduğunu biliyor). Boş zamanlarında o İranlı E[1] ve girlfriend'i ile birlikte gezmeye gidiyorlarmış, başka kimseyle (F.'den başka) görüşmüyormuş.

Ben, "Sanatçılar -bir arada uzun boylu yaşayamıyorlar. Ömer'in resim yapıp serbestçe istediklerini gerçekleştirmesi daha iyi. Benim için de onun için de" diye konuştum. Hiç anlamamış gibi kaşlarını kaldırdı, üzüldü mü ben de anlayamadım, bunları çoktan beri biliyor zaten. Sen de anlatmışsın ayrıca. Biz her zaman için ayrı fakat zor zamanlarda da olsa beraber yaşamak zorunda kalan iki insanız. Ömer'in içkisi yüzünden, tutarlı bir iş yapamadı - içki içmeseydi o da ben de, aslında aynı seviyede insanlardık. Her neyse Karaca, mektubumu kesiyorum senden de acele cevap bekliyorum.

Sevgilerle, Annen

1 Ferhat Vatandost, yılların arkadaşı.

Not: Karaca, (...) biraz evvel geldi. Senin Titi'ye ve Elfe'ye ve bana gönderdiğin şeyleri getirdi, hepsine çok teşekkürler. Titi'nin pire kolyesi mucizeler yarattı. Pireler uçtular üstünden bütün eve dağıldılar. O artık rahat pireler bize geliyor. Bize geldikçe elimizle eziyoruz. Birer tane de bize gönderseydin o kırmızı tasmalardan. Fakat (...)'nin anlattığı şeyler çok enteresan. "Köpekten, tüyünden hastalık geçer"miş. Bunu herkes bilir, ben de biliyorum. Televizyonda gösterdi. Biz doktor nezaretinde bakıyoruz Titi'ye. Aynı eti yiyoruz ve pişirerek veriyoruz. Titi hastalık taşıyamaz, dedik. Elfe de üzüldü. "Hayır bağırsaklarındaki mikroptan gelen bir hastalık var" dedi. Ben "yanlışlık olacak" dedim çok iyi biliyorum. Aksi halde Titi geldiğinden bu yana bir çuval kılını yuttuk Elfe de ben de... O sırada Elfe kahvaltıdaydı; ekmeğinden bir kıl çıkarıp gösterdim, bak, dedim, bu gördüklerimiz, görmediklerimizi yutuyoruz. Olsak biz hasta oluruz... Sergi Mart dörtte.

Sana çok başarılar ve sevgiler, gözlerinde yanaklarından öperim.

7 Aralık 1979
Erenköy

Sevgili Karaca,

Mektubunu çok büyük bir sevinçle aldım. Diyebilirim ki evden çıkmadan bekliyordum, haftalardır. Okuduğum şeyler ve mektubundaki hayat beni 30 sene evveline götürdü (ki elimde kala kala hatıra olarak bir Amerika hatıralarım kaldı). Hâlâ, o günlerde çekilmiş fotoğraflarımı arıyorum ve elime geçen teptiğim imkânları düşünüyorum. Söylediğimiz Amerikan marşlarını filan. Türkiye'den Amerika'ya gitmemizi öneren, o zamanın Türk Büyükelçisi, 1953-54, MC Ghee idi. Ve Mc Ghee haber gönderdiği zaman, falanca yerde kokteyle gidiyorum diye, Olgunlaşma Enstitüsünden hemen beni nerede olursam bulur çağırırlar, Mc Ghee'nin önüne çıkarırlardı... O Türk kıyafetleri ve bazı dekolte elbiseleri Mc Ghee'ye benim göstermeme çok dikkat ederlerdi, Mc Ghee'nin yanında bazı karısı da olurdu. Amerika gezisini Olgunlaşma Enstitüsüne armağan eden Mc Ghee idi. Ve bana âşıktı derler... Sonra Kennedy ölünce Amerika'ya dönüp Amerika başkanlığına adaylığını koymuş. Şimdi bilmiyorum nerede senatör veya hangi şehirde? Herhalde ya California ya New York ya da Washington'dadır. Ya işte böyle, bir ara Ömer ille de Mc Ghee'ye mektup yaz, bana Birleşmiş Milletler'de iş bulsun falan diye ısrar etmişti. Her şeyden bir şey çıkartır bilirsin. Nerede olduğunu da öğrenmişti 1960'larda. Adama Mc Ghee ile çekilmiş büyük boy resimlerimi gönderecektim Ömer'in ısrarı ile. Belki de çok iyi olurdu. Adam benim yüzümden o kadar çok parti verdi ki ve o kadar çok resim çektirdi ki, her dediğimi yapardı herhalde. Koskoca gemi kaldırdı Amerika'ya ve Amerika'da bizi kraliçeler gibi karşıladılar. Her limanda her büyük şehirde Mc Ghee'nin telgrafları vardı. Küba Havana (Küba'da o zaman diktatör Batista vardı, onların torunlarıyla onların evinde bir gece kaldık) sokaklarda peşimizde kemanlar çalınıyordu. Washington a gitmeden son uğradığımız Batimour'da ev kadınlarının (senin tarifini yaptığın Leyla ben ve Necla ablanın karışımı sosyal kadınların) hücumuna uğradık, vapurdan bizi adeta omuzlayarak alıp, evlerine götürüp helalarını gösterdiler. Tipik Amerikan aile yaşantısından parçalar... Mesela, "piknik"in ne demeye geldiğini Baltimour'lu "sosyal kadınlar"dan öğrendik. Vapurumuzu piknik yapmak için bir hafta limanda tuttular. Ve biz vapuru terk ederek bir hafta kırlara kurulmuş sofralar peçeteler içinde kızarmış tavuk-sandviç-hamburger ve coca cola içerek, marşlar söyleyerek yaşadık. "Ooo dilayla dilayla" (bir şarkı) diye bağırıyorduk. Baltimour'dan nefis aircondition'lu otobüslerle Washington'a hareket ettik. Bizim vapurumuzu bıraktılar, içini temizleyip dezenfekte edeceklermiş. O sosyal kadınlar bizim gemide bir de irice fare görmüşler ve biz Washington'a büyük bir elbise Show'una çıktığımız günlerde o farenin peşine düşmüşler, ve o fareyi yakalamışlar. Ve Baltimour'lu kadınlar için çok heyecanlı günler olmuş o fareyi hâlâ unutamamışlardır. Zavallı hayvan artık vapurdan kaçıp kurtulmak, canını kurtarmak istercesine, Amerikalı kadınlardan kaçarken "Tarsus" gemisini Baltimour rıhtımına bağlıyan kalın halatın üstünde yakalamışlar. Baltimour limanına ayağını atmak kısmet olmamış. Vapuru o kadar çok aramışlar ki, sonunda vapurun ipinden dışarı kaçmayı istemiş. Zannedersem,

Baltimour'lu sosyal kadınlar, bu fareyi unutamamışlardır... Biz Türkleri de... Karacacığım, Emperial State Building'in en üst katında Casino Royel'de dünyanın en ünlü çapkını Profimo Rubi ile yemek yiyip, danslar ettik. 5 manken kızdık, hepimizi de aynı gece evine davet etti ve hepimize de aynı teklifte bulundu - siyah yatak çarşafları ve siyah Gardenyalar... Adamın masasından o zamanın İstanbul Valisi Lütfü Kırdar bizi topladı ve Allah'ın cezası fareli gemiye bizi götürdü. Fareli gemi, sözde fare yakalanmış ve temizlenmiş olarak Baltimour'dan New York limanına gelmişti. Geceleri bazen boştu, çünkü, biz New York'ta partilerde kasten kayboluyorduk. O zaman caz modası vardı... Nat King Cole, "Fanny" şarkısı dildeydi. An Sothern, Gary Cooper, Alex Smitih New York'taki La Plaza Oteli girişinde falan... Sonra, o sıralarda New York Televizyonunda tekerlekli iskemleyle anons yapan ve konuşan bir erkek spiker modaydı. Beni Amerika'ya televizyon takdim eder, tanırken, ayaklarından büyük gözleri olan Türk güzeli Sevim Burak, diye anlatmışlardı (ki benim de ayaklarım maşallah vardır) sonra her gittiğim postanede kart atmak için pul alırken pulu veren adam kasanın altından bir küçük defter uzatır ve benden imzalamamı rica ederdi. Bir keresinde sokakta, aynı spikerin söylediği lafla benden imza aldılar. Ayaklarından büyük gözlü Türk güzeli diye yazmışlar, imzaladım. Kürk ve şarap için reklam filmi teklif ettiler. Kabul etmedim. Amerika'da kalmam gerekiyordu. Eğer kalsa idim (ki Dolly Güzel Bahar diye bir Yahudi kızı kaldı ve milyoner oldu, reklamı kabul etti) sen dünyaya gelmezdin. Ve Elfe de olmazdı... Tabii sadece bu yönden büyük kayıplarım olurdu. Ama sen henüz kayıpta değilken, kazanabilme şansın çok...

Telefonda o kadar ağladıktan sonra, (aslında sinirlerim bozuk, sinirlerimin bozukluğuna ağlıyorum, teyzen de bana ağlıyor, ah Sevim böyle mi olacaktı gibilerinden) aklımı başıma alıp, soğukkanlı bir düşünme yaptım. Ayrıca sağla solla konuşup senin Amerika'da kalıp kalmaman hakkında bir soruşturmaya girdim. Aldığım bütün cevaplar, müthiş olumlu.

Hiç benim gibi düşünen yok. Herkes, tebrik eder gibi yüzüme söylüyorlar, diyorlar ki inşallah bir saflık yapıp da Türkiye'ye dönmez. Amerika'ya dil bilmeyen Anadolu ayıları bile gitmişler geçen sene de hepsi orada zengin olmaya başlamışlar falan, filan. Halk böyle diyor. Halkın söylediklerinin doğru bir yanı var elbet. Almanya için de konuşuyorlar onlar da doğru ama, Amerika için hep olumlu... Gelelim Entelektüel sınıfına. En başta Ömer, "orada kalsaydım dünyanın en büyük ve en zengin ressamı olurdum. Dali gibi" (Salvador Dali) diyor. Bende bu zekâ varken... Amerikalılara pireyi deve diye yutturuyorsun. Ama, ah o içki komalarına girmeseydim iyice azmazdım. Güzel kızlar, bendeki deha, parlak zekâ, otomobilim, her şeyim, çakı gibiydim, bugün Amerika'nın zekâsını bile ben değiştirirdim, Amerika'nın en büyüğüydüm. Senin için "Karaca prezantabl ve girgin, o orada milyoner olur kız meselesini halletmiş biriyse" diyor. Kendisi duygusu ile zekâsını ayıramamış; zekâsını tek başına kullansaymış dünyanın en büyük adamı olurmuş, Amerika böyleymiş... Her şey büyük boyutlarda imiş, para, şöhret, sefalet... "Karaca aklını kullanır en azından milyoner olur enayilik edip buraya gelmeye kalkmazsa" diyor. "Ben bir hıyarlık ettim onu çekiyorum hâlâ" diyor. "Karaca anasının gözü Yahudi tarafı var, aklını kullanır" diyor. Yani, senin hakkında hiç ümit etmediğim şeyleri söylüyor, çünkü mahcup olmaktan çekiniyor. Hakikaten senin Amerika'da tutunacağına inanıyor, demek. Yoksa, seni hemen karalar boklardı... Buna cesaret edemiyor. Sadece, New York Şikago'dan daha enteresan diyor. Boyuna, senin hangi okulu ve tahsili bitirdiğini soruyor. Ben de işletmecilik demiyorum (London School of Economics) diyorum. O zaman Amerika'da profesör olur, o çok büyük bir tahsil diyor. İsterse tahsiline devam edebilir, binlerce okul var parasız diyor. Tabii ben, senin ne şartlarla arkadaşının evinde kaldığını, Amerika'ya ne için nasıl gidebildiğini anlatmadım. Zaten doğrusu ben de bilmiyorum. Arkadaşını bırakıp başka bir şehirde iş arayabilecek misin? Yahut, oradaki şartlar sana niçin cazip gelmiyor? Bir bakıma çelişki var. Hem seni eller üstünde toplantılara davet edip konuşturuyorlar, hem de iş teklif etmiyorlar ya da işi sen kabul etmiyorsun öyle mi? Senin öğretim üyesi olman (arkadaşın öyle tanıştırıyormuş ya) iş bulman için daha geçerli olmuyor mu? Londra'da üniversite bitirmiş, yakışıklı, iyi konuşan, güler yüzlü, dünyanın bütün insanlarını kendine çekebilecek cazibede bir erkek. Amerika'da bundan büyük reklam olur mu? Ama sen, bazı özel nedenlerden Türkiye'ye gelmek istiyorsan o başka... Gene de "bir daha bu durum ele geçmez" derim. İBİŞİN RÜYASI gibi bir şey Türkiye'deki yaşam... Ve en üst düzeydeki yaşayanlar bile, senin bana yazdığın şeyleri yaşamamışlar, yaşamıyorlar ve de yaşamayacaklar. Çünkü treni kaçırmışlar bir kere... Karaca, bana gelince sorduğun sualleri tam gerçek bir şekilde cevaplamayayım. Çünkü, Amerika'da seni yanlış etkilemek istemem. Bu hayati ve fevkalade bir konudur senin için. Oğlum, piyesten şimdiye kadar ses çıkmamıştı, ikinci dönem oyunları koydular. Saçma sapan efsaneler "Deli Dumrul" yok bilmem nerenin cinleri gibi Anadolu efsaneleri, bir de sosyalist yazarların şeylerini hâlâ evire çevire sahneye koyuyorlar. Brecht falan... Şu maskara Haldun Taner'in eski masalları, maskaralıkları sürüp gidiyor. Eskiden olduğu gibi, piyesi oynayan ne meşhur bir kişi ne de dolup taşan bir piyes. Mesela yıllarca önce Kentetlerin oynadıklarından "Bedel", "Salıncakta İki Kişi" gibi herkesin beğendiği ve akın akın görmeye gittiği bir tek oyun bile yok. Millet göbek havası seyretmek için "7 Kocalı Hürmüz" diye sazlı sözlü operetimsi bir oyuna gidiyor. Bunun dışında sanat dünyasında hiçbir hareket yok. Benim piyes de bu durgun ortamda (sanat ortamı yok) sahneye konursa acaba bir anlamı olur mu? Bir bomba gibi patlar mı? Yoksa o da diğer oyunlar gibi sessiz sedasız perdelerini açıp kapar mı bilmiyorum. Çünkü, senin dediğin Işıl'ın yazdığı gibi bu san at ortamına giremedim, ne oluyor ne bitiyor ancak Ömer'den öğreniyorum. O da nalıncı keseri gibi kendine yontuyor tabii. Yalnız bir haber geldi bana, benim piyesi sahneye koymak isteyen yani benim piyesin rejisör adayı, benimle bu pazartesi saat 14'te Atatürk Kültür Merkezi'nde görüşmek istiyor. Piyes hakkında fikir teatisinde bulunacağız. Bunun sonucunu (ki olumlu ve de olumsuz olabilir) hemen bildiririm sana. Oynanacaksa, Yılbaşından sonraya kalıyor demektir. Öyle çabucak provalara hazırlanacak bir oyun olsun istemem, büyük bir prodüksiyon bu. Ona göre konuşacağım. Karaca bir yıldan bu yana maalesef korkunç bir parasızlık ve yalnızlık çekmekteyiz. Elfe'yi bu yüzden zaman zaman babaannesine gönderiyorum. Kendime bir elbise değil etek alamadan kış geçiyor. Fiyatlar korkunç. Karaca bu evden nefret ediyorum. Hem soğuk hem de karda kışta telefon kulübelerinde beklemekten sıkıldım. Geçen gün Ayazpaşa'da geçiyordum (ki Ayazapaşa hiç değişmeyen kibar bir yerdi) orası bile değişmiş, terminaller kurulmuş, çaputlu köylüler terminallerin önünde dolaşıyor, Sirkeci'ye dönmüş. Daha da beter bütün Beyoğlu, İstanbul bir Anadolu kentini andırıyor. Doğuda Kürtlerle harp varmış, köylüler akın akın İstanbul'a kaçıyorlar m ış. Bu şartlar altında benim piyes oynansa kime oynayacak? Anadolu'ya mı? Yoksa bir avuç entelektüel bozuntusuna mı? İşler değişiyor, hızla kötüye gidiyor, değil beş sene evvelki İstanbul bir sene evvelki İstanbul'dan eser kalmadı. Ecevit de beceremedi. Ülkücüler mülkücüler başımızda. Allah kurtarsın 1 yılda yüzde yetmiş beş fiyatlar arttı ev kiraları da, bizim kiracının 8.500-9.000 vermesi gerekiyor. Fakat arttırmayı reddetti. Ben de protesto çektim, mahkemeye veriyorum. Ben kalp hastasıyım alt katta garajın üstünde gürültüden uyuyamıyorum.

Sevgili oğlum, bu Ferhat gelmedi, geçen gün gene evinden aradım, annesiyle konuştuk bu hafta gelecek diyordu. Sen de mektubunda ha bire bahsediyorsun para meselesini Ferhat'la konuşun filan diye, bayağı merak ediyorum nedir bu Ferhat'ın bana söyleyeceği para meselesi? Sen bana niye yazmıyorsun? Acık ucundan çıtlatsana... Bu Ferhat'ı beklemekten yoruldum. Sevgili Karaca, sen istersen Amerika'da iş durumun ne olur? Ne yapabilirsin? Ömer'e yaz. Sana bir akıl verebilir. Belki yardım edecek bir adres de bulur. Sen yazarsan Ömer'e, ben de ayrıca söylerim. Washington'da Sheila var biliyorsun Dünya bankasından Rodney Evan'ın karısı (Hani Ömer'in sevgilisi -iki çocuğuyla- Vaniköy'e gelmişlerdi Ömer hâlâ mektuplaşıyor). Kocası ise Endonezya ve de Hindistan'da, Amerika hesabına çalışıyor. Karısını serbest bırakıyor. Evlilik düzenlerini ikisinin de hürriyetlerini bağlamamak üzerine kurmuşlar. Kadın sanata meraklı ve aşka doymayan bir 45-50'lik güzel biliyorsun. Ben şimdi ayda 9.000 TL ile geçinmeye çalışıyorum, ev kirasını mahkemeye vereceğim için almıyorum. Onlar herhalde bankaya yatırırlar benim adıma, orada birikmiş olur. Evlerin ikisini de satmak için hep senin ihtiyacını ve önerini bekliyorum. Ferhat'la bu konuda konuştuk. Ancak öyle günler yaşıyoruz ki Türkiye'de paranın hiçbir kıymeti yok, ev satarsan bir daha da almaya imkân yok. Ancak birini satıp başka birini almak, ya da yüksek kârlarla parayı işletmek... Faizcilik Türkiye'de tek geçerli yol. Maalesef ama işte zenginlik bu yoldan geçiyor. Her rahat yaşayanın faizcilik yaptığını öğrendim, yeni yeni. Böyle memlekette sanat da yapılır belki ama, ben çok hastalık geçirdim, ve yalnızlık çektim, çekmekteyim. Kurulu bir düzeni sağlayamadım. Senin evinde kaldığın arkadaşın Türkiye'ye gelirse ona eşyalı ve sıcak sulu bir ev imkânı edebiliriz ama 5 öğün yemek yemek imkânsız gibi. Bir de artık gidilecek görülecek yer kalmadı. Haydarpaşa açıklarında yanan (20 gündür sönmedi) Romen tankerini seyredebilir. Daha 1 yıl falan yanacak diyorlar (yanardağ oldu). Bu efsaneler diyarında, arada patlamalar da oluyor. Ortalık şenlensin diye, günde 10-15 ölü var. Stan ve annesinin bilmediği bir dünya burası, iki tanker çarpışsa üçüncü dünya harbi çıkmışçasına, yollar kapanıyor, işyerleri kapanıyor. Fırınlara hücum ediliyor, çarşı pazarda mal kalmıyor. Gazeteler 4'üncü baskı yapıyorlar. Halk akın akın yanan tankerleri ve ölüleri seyretmeye gidiyor, işe gitmiyor. Tankerlere sandalla yaklaşan meraklılar yanan saçlara dokunup ölüyorlar. Gene de sandalla etrafında geziliyor. Neyse bir ayda yangını söndüremediler, İngiltere'den yangın söndürücü aleti getirttiler. Böyle bir acayip memleket ki, bu kadar olur. Sevgili Karaca mektubun ne kadar güzel muntazam ve zenginliği, mutluluğu, hiç değilse mutluluğun bir parçasını yansıtıyor. Benim mektubum ise tersine mutsuzluğu ve fukaralığı yansıtıyor, ama gerçek bu. Gerçek dediğin de nedir ki o da bizim yaratıcı gücümüzde. Sevgiyle yanaklarından öperim.

Sevim

Lütfen Işıl'a bir mektup yaz. Ömer'e yazarsan benim adresime olsun.

Bir dahaki mektubu dona dona yazacağımı sanarak seni kucaklarım. Seni çok özledim.

Annen

29 Aralık 1979
Erenköy

Sevgili, Canım Oğlum,

Son mektubunu da aldım, çok hoş bir mektup. Ancak, sana bir şey yapmak gerekiyor - acele iş. Ben, kokteyllere falan gitmiyorum. Ömer'i az görmeye çalışıyorum. Sağlığıma zarar veren bir olgudan kaçıyorum.

Babandan haberlerini alıyorum. Sana başlangıcı gönderiyorum. Gizli polis gibi yarış -ve hayatı- aslında bu Mach I'lı bölümler, kadını da ifade eder. Bu kadın evliliği kuran -eski Erenköylü bir kadındır- Mach I düşmanıdır ve Mach Tın hüvviyetine girmiştir. Bunları yazan kişi de bir yazar olarak canlıdır. Yani, yer yer bütün bu olayları çarpıtıp istediği hüvviyete giriyordu, önemli olan buydu. Teknik olacak tekniği buldum, gerisi, olayların, geçen yerlerin, arabaların gidiş gelişlerinin ve arabaların akıllarının nasıl işlediği.

Bütün bunlar, benim bulduğum teknik üslupla hallolacak. Üzülme halloluyor. Bir roman iki günlüktür hatta tek bir günde başlar biter 1973/29 Ekim Cumhuriyet Bayramı 28 Ekim'de yarışlarla ve 29 Ekim'de köprünün açılışına gidilerek devam eder. Kendi meseleleriyle biter. Olay, eskiye dönüşler ve yazarın bir günlük hayatıdır. Ama görüyorsun ki sekiz dokuz seneyi kaplıyor.

Not: İhtiyar kadın eşit her şeye, genç de oluyor –Cumhuriyetin 10. yıldönümü- annesinin zamanına da gidip anlatabiliyor

100 yıllık tarih gibi. Cumhuriyet Bayramları geçiyor, o divan pastanesinde oturup resmigeçitleri yaşıyor.

1973'de Boğaz Köprüsünün açılışına Asyalılar-Avrupalılar olarak gidildi. Ayrıca Asyalı Mach I-Avrupalı Corvette olarak ikiye ayrıldılar. Asyalı-Avrupalı diye taraf tutarak yarışa girdiler. Sonunda Mach I kendini gene belli etmeyerek Corvette polis düdüğünü çalarak Mustang'a doğru geldi, yani Mach I polis olarak geldi yarışa. Corvette'in içinde polis olarak... Siren çalarak... Herkes Corvette sanıyordu ama o polis kılığına girmiş Mach I'dı. Yanında da 321cc Mustanglar vardı. Yani Mach I polisi temsil ediyor. Bunu iyi belirtmek gerek.

Karaca telefonda arabalar arası haber getirip götürenlerin arabası olmayan daha az zengin çocuklar olduğunu söyledin, bu çok mühimdi. Bilmiyordum.

Beni çok iyi bir biçimde aydınlattın. Mach I en son yarışa geldi Corvette ve de polis kılığında... iyi mi? Yani bizi idare edenler bunlar. Fikir olmaktan çok yarış şeklinde anlatmam gerekiyor. Bu sahneye katkın olabilir. Mach I yarışa polis arabası olarak mı gelsin? Yoksa Corvette arabaya mı polis kılığında girsin siren çalarak? Ben öyle düşünüyorum.

İşte böyle senden çok şey istediğim için beni hoş gör, sağlığım bozulmasın başka bir şey istemiyorum. Karacacığım Işıl'dan Paris'ten mektup aldım seni övüyor. Karacanın insanlığı sanattır, her şeyden üstündür diyor ve beni de Borges (Arjantinli yazar) ve Beckett'in yanına koyuyor. Ona Afrika Dansı'nı göndermiştim, onu okuyunca yazdı bunları. Yine Mach I'a dönersek, Ford "Bence Mach I kendi giriyor", CATALİNA "Başka Mach I gönderiyor kendi yerine. Ama Mach I nüvelerden yorulmuyor"dedi. Ford "Başka bir kez yarışa girmiş gibi yapıyor. Ama yarışa girmiyor." LTD "Söz gelişi pistte... yapması gerekirken yapıyor" diye Kugar itiraf etti. Bazen varılan bir anlaşmaya göre -bir araba ister Ford'un ileri sürdüğü gibi- fena şekilde sıkıştırılsın, sağdan gitsin, yarışı bitirmek zorundadır. Fena sıkıştırılsa bile. Ama bunlar da yarışın önemine göre değişirdi. Ayrıca 2000 metrelik yarışta şişer dedi. Mach I 2000 km'den sonra açılıyor. Mach I kaçak güreşiyor demişti.

Kural şu olmalıydı Küda'yla Mach'ın yarışında: ???

Oysa o şöyle yaptı, böyle yaptı vb. 3'üncü kilometrede beklemiş olmalıydı.

Bunun da hilyeleri var- ne o ki? Her şeyden uydur (demiş Karaca).

(Katalina, yarışa girmesi, yarış gününü bildirmesi için Mach'in peşinde dolaşıyor. Evinin kapısında bekliyor. Halbuki beklediği ev Mach'in oturduğu ev değilmiş, o da onun olabilirmiş ama Göztepe'deymiş o sıra Mach I, Katalina da tersine Etem Efendi caddesindeki evindeymiş. Bulunamıyor. Lübnan'a gittiği söyleniyor. Mersin'de pamuk tarlalarını denetlemeye gittiği de bir fikirmiş. Amerika'da olması ihtimali de kuvvetli. Birçok yerlerde iş kurmuş, fabrikaları var. Otomobil fabrikalarını ziyarete gittiği de söylentiler arasında. Yarış gününü bir türlü bildirmiyor Mach I. Perşembe günü Kulüp 33'den telefonla aramamızı söylüyor. Sabaha karşı bulunuyormuş. Sabaha karşı ettiğimizde; oradan ayrıldığını, öğleden sonra 5 çayında Divanda aramamızı söylüyorlar. Telefon ettiğimizde Mersin'e gittiğini bildiriyorlar. Divandan Cihat diye biri, haberini veriyor.

Mach I adamlarıyla geldi Corvette kılığında 321 Mustanglarla. Polis düdüğü siren çalarak, Mustanglar beyaz eldivenli 3 sıra halinde Mach riar geliyordu. (32 Mustanglar) Sahili Mach I'lar kapladı çekirge sürülerini andırarak birbirlerinin üstünden atlamaya başlayarak. Korkunç siren ve canavar düdükleri çıkararak Fenerbahçe'ye girdiler, bir tur attılar. Bir grup ileri bir grup Kızıltoprak yokuşundan aşağı Bağdat caddesine yöneldiler. Bağdat caddesinden üç kola ayrılarak Ankara Asfaltı'na yayıldılar ta ilerilere kadar, geleceği çok daha ötelere açılan yollar üzerine yayıldılar. Koskoca Bağdat caddesini çıtır çıtır ezerek kırarak geride binlerce araba mezarlığı bıraktılar.

Geri dön Mach I

Geri dön

Mach I geri döndü. Geride bomboş bir cadde bırakarak, binlerce otomobil mezarlığı bırakarak. Herkes Corvette'i bekliyordu. Corvette kılığında Mach I geldi polis kılığında? Bu kısım için yazdım nasıl bu son yarış? Mach I gene aldatıyor Mach I kuvveti idareyi temsil ediyor Her zaman gizli kuvvet.

Annen

Not: "Ama ben para için savaşmıyorum" dedi Mach I. "Ya ne için savaşıyorsun" diye sordu Juda. "Maalesef söyleyemem -Hobby için- savaşıyorum" diye cevap verdi. Juda "Sen nesin, gizli bir kahraman mısın yoksa" diye sordu. "Mach olduğum için kahramanım, düşmanlarımı hurda araba cennetine gönderirim. Benim kahramanlığım gayri insanidir" dedi Mach I. Juda "Cennetten rahatsız olmam yalnız yeter ki trafik olmasın" diye cevap verdi. Tren yolunun altındaki köprüden geçmişler, eski ve yeni tarzda inşaatlardan ve karmakarışık apartmanlardan evlerden oluşmuş sokakları arkada bırakmışlar. Eski külüstür bir caddeye çıkmışlardı.

Burada sözde yarışa giriyorlar -birbirlerine hava atıyorlar.

Yukarıda "sen nesin gizli bir kahraman mısın?" sözü çok güzel - gerisini ben uydurdum. O güzel lafı da sen söylemiştin, bana yazmıştın.

Cevaplar iyi değil sen değiştir.

24 Mart 1980 Pazartesi Kurtuluş

Sevgili Karaca,

Uzun bir zaman sana yazamadım. Haberler kötüydü, seni çok merak etmeme rağmen iki satır yazamadım. Şimdi de yazmak zorunda olduğum şeyler var, onun için, çok geç bile kaldım sana bunları iletmeye.

Karaca (...) seni ve beni suçluyor. Benim çini sobamın ve antika büfemin üstüne oturdu gibi bir şey. (...) bana bu sobayı Karaca verdi diyor eliyle evime getirdi ondan teslim aldım senden almadım.[1]

---

1 Burada sözü geçen aile ve olaylar hakkında, birkaç söz: Bu ailenin kızı ile aramızda duygusal bir yakınlık yaşandı, annem aracılığıyla tanışmamızdan hemen sonra. İlişki, Londra'da alabildiğine güzel gelişmesini sürdürdü. Londra'da okullarımız bittiğinde, ilişkimizin sıcaklığı ve heyecanı ile orada kalıp birlikte yaşamaya, çalışmaya karar verdik. Küçücük odamı evimiz yaptık. Bunun üzerine başveren çirkin yorum ve olaylar üzerine, onu aldığım gidiş-dönüş biletiyle Türkiye'ye, ailesiyle konuşmaya gönderdim. Geri gelmedi. Bırakılmadı.
Bu arada, tanışmamızın ilk zamanlarında, tatil için geldiğimiz İstanbul'da, ailesi yeni bir eve taşınıyordu. Taşınmalarına yardım ederken, o zaman Kullanmadığımız antika bir çini sobayı da, geçici olarak onlara verdik. Geri alamadık. Bugün hâlâ onlarda. Geri vermeme sebebi olarak, onu benden ayırdıklarında Londra'da kalan eşyalarını gösterdiler. O eşyaları, Amerika'ya giderken emin bildiğim bir otelin deposuna bırakmıştım. Bir süre sonra aradıklarında bulamamışlar. Beni sorumlu tutarak, annemin soba ve dolabını geri vermediler.
Yıllar sonra, tekrar (...) bey'i bir kez daha aradım. "Sevim Burak'ın sizde olan eşyalarını istiyorum" dedim. Hâlâ aynı noktada olduğumuzu, kızının bir bavul eşyasını ya da 100 milyon TL istediğini söyledi. Ve bu sefer "iyi günler" diyerek kapattı telefonu.

Ben (...)'e ayrıca senin telefon numaranı verdim. Karaca burada Selahattin amcanın evindeyim. İki taraflı zatülcempten: burada kalıyorum. Hastalığımla tek başıma uğraşıyorum. Şimdi röntgen çektirmek için aybaşında alacağım nafakayı bekliyorum. Bankada param bitti, telefon bile almadan bitti.

Bunları sana yazmak istemezdim ama ileride benden sana daha acı bir haber gelebilir. Milli Selamet Parti'li yobaz ve cahil baban sana tam yobazca ve cahilce yalan birtakım haberler, daha doğrusu dedikodular vermiş (benim hakkımda) ve senin Homo Türklerin arasında bir mahallede yaşadığından bahsetti. Bu dedikoducu ve kindar adam -Müslüman, homoların en tehlikelisi gibi geliyor bana- belki babandır bana kızacaksın, istersen kız... İleride bana hak vereceksin -geçenlerde eski bir kaynaktan okudum, "Dünyanın en tarihi ve belalı homoseksüelleri Türklerde imiş." Hamamlardan, cahil padişahların oğlanlarından gelirmiş. Sana yazacağım çok şeyler olabilir ileride tek başıma bir şeyler halletmem gerekiyor. Fakat senin, artık, yanımda bulunduğun kadına veda etmen ve kendi kaderine katılman zamanı geldi. Sen farkında değilsin ama, iş çok ciddi. Sana iyi bir muhite geçmeni tavsiye ederim. Zengin bir kız (çirkin, güzel) bir kadın sana yardımcı olabilir. Küçük, basit insanlardan uzak ol. Hele o Türk mahallesinden kaç, başına felaket gelebilir.

Londra'ya ani gitmem gerekirse beni hastaneye kim götürecek -benimle kim ilgilenecek- bunun da cevabını beklerim. Senin ciddi bir göreve başlar başlamaz bana para gönderip aldırmanı bekliyorum. Gerçekten ciddiyim... Karaca şimdi sana iyi şanslar ve atılımlar dileyerek tekrar bu mektubun konusuna gelelim. Lütfen lütfen şu aç gözlü sosyetik (...)'nın ve acılı (...)'in bizim eşyalarımızı ellerinde tutma hakkını daha fazla vermeyelim. Lütfen resmi bir mektup yaz bu mektup benim elimde de bulunacağına göre belki sağa sola gösteririm utanırlar da benim eşyaları verirler.

Vaktini mezbele mahallelerde geçirme ve fakir biriyle orada kalmak için evlenme, senin yaşında ne olursa olur. Senin parana ihtiyacı olmayan beraber çalışacağınız bir kız arkadaş en iyisi. Bürokrat ol. Amerikalı. Tehlikeli yollar ve işler var kendini birden bire bu işlerin içinde bulmandan korkuyorum. Ne yazık ki baban akıllı biri değil ve ben zengin değilim. Senin hemen yardımına koşmak isterdim fakat ne yazık ki bunu ben senden bekliyorum. Sevgili Karacam, sıhhatli bir anne oldum senelerce ama sonu iyi gelmedi, inşallah tedavi olup eski sağlığıma kavuşurum. Senden iyi bir iş haberi bekliyorum. Lütfen aldığın kurt köpeğini elden çıkar. İstikbaline mani olabilir. Emin ol ki sokağa çıkamazsın, bağlanırsın, ayrılamazsın. Tıpkı kadın gibi. Artık gerçekçi olalım, ben köpek hikâyesinden vazgeçtim. Canım Karaca, şu büyük imkânını (Amerika) iyi değerlendir. Acele cevap. Necla'ya daha resmini veremedim fakat bahsettim.

Annen.

30 Kasım 1980 ERENKÖY

Canım Karacam,

Sana geçen kıştan bu yana 3 kez mektup yazdım. Geçen kış, büyük üzüntülerle ve hastalıklarla geçti; artık hatırlamak istemiyorum. Çok yalnızdım. Bir Elfe vardı. Sen uzaklardaydın. Londra'da olmayı ne kadar çok istedim, gelebilirdim, sana ulaşabilirdim. O kadar çok acı çekmezdim ve yalnızlık. Sen benim bir parçamsın, eksikliğini içim ağlayarak duyuyorum. Ayrıca, o kadar çok yanımdan ayrılmamanı istediğim seni sevdiğim halde senin uzaklara gitmene sebep oldum, seni yıllarca kendimden uzaklaştırdım, diye bile üzülüyorum. Senin, Türkiye'de kalmanı, baban gibi, benim gibi, ve de başka birçokları gibi bir aşama yapamamak, (okunmuyor-y.n.) dönüp durmak, anlamına gelen geri kalmış memleketimizde bir (okunmuyor-y.n.), asalak olmaman için - Dünyaya, o sert, ciddi ve materyalist ortama ittim. Şimdi oralarda, ne yaparsın ne edersin bilmiyorum.

Sevgili Oğlum, babana yazdığın mektubunda, "yaşadığım hayattan ve yaptığım işlerden utanmıyorum fakat daha geçerli ve yararlı şeyler yapmak istiyorum" diyorsun. Sen, asla yararsız bir iş yapmazsın, bunu sonra anlayacaksın. Muhakkak yararlı bir şey yapıyorsundur. Sonuçta anlayacaksın, sonuç mühim, sende Yahudi kanı var.

Niçin Yahudilerin bulunduğu yerlere gidip benim annem Yahudi demiyorsun da bizimkilerin içine giriyorsun?

Neyse Sevgili Karaca, sana inanıyor ve güveniyorum. Sen utanılacak bir şey yapmadın, yapmazsın, bunlar kelimelerdir.

Makyavelist felsefeye göre (çok eski bir felsefe) eğer erişmek istediğin bir nokta, bir gayen varsa; sana her yol açıktır, her şeyi yapmak mubahtır. Bütün yolları denemek olsa da... mubahtır der.

Eğer bir gayen varsa?!! Tabii akıntıya kapılmış bir kuru yaprak değilsen. Zaman çok şeyi değiştiriyor, genellikle çirkinleştiriyor. Bunun önüne para ile geçebilirim ya. Ben geçen kış geçirdiğim bir sürü heyecan ve uğursuzluktan para ile kurtuldum. Evi sattım, satmasaydım hastaneye yatamazdım, ölmüştüm. Baban sana bütün bunları kim bilir nasıl kendine göre yorumlayarak, uydurarak yazmıştır. Çok iyi hatırlıyorum. Sana benden bahsettiğini büyük bir hınçla ve alayla. Her neyse önemi yok babanla iki ayrı kulüpteyiz. Aramızda hayli yaş farkı var. Hiçbir zaman anlaşamayız, ancak seninle mektuplaşmamızı engelleyen babanın sana benim hakkımda yazdıkları yanlış, yalan uydurmalar olmuştur. Sana uzun süre yazmadım, ve sen de benim serüvenlerimi babanın mektuplarından yalan yanlış okuyarak bana yazmadın. Ben de sana birazcık kırılmadım desem yalan olur. inşallah babana tam benzemiyorsun. Çünkü o ne kadar eski zaman hesapları içindeyse ben o kadar o'nun hesaplarının dışındayım. Belki merak eder gelirsin diye benim ciddi hastalığımı bile sana tam aksettirmedim, ben seni üzmemek için yazmadım. Aslında yazdım iki mektup, Elfe bile yazdı ama sen almamışsın. Bana bir "geçmiş olsun anne" dememeni anlayamamıştım.

Şimdi anlıyorum. Çok buhran içindesin ve birtakım şeylerin eksikliğini hissediyorsun. Hatta yapmak istediğin şey, düşündüğün tek şey Türkiye'ye gelip askerlik yapmak 'doğu'ya gitmek hatta. Bunu bir nevi çılgınlık ya da intihar gibi yorumlayanlar çıkabilir. Askere gidince "Aklı başına gelir" yıllanmış sözü de hâlâ geçerli. Karacaçığım, ister Anadolu'ya git, ister Afrika'ya, ister İngiltere'ye ayakta durabilmeni istiyorum. Eğer hiç umut yoksa gel. Ama, sana derim ki, "Eğer hastalanmayacak kadar kuvvetin varsa, (okunmuyor-y.n.) ölmüyorsan, yaşayabilecek ayakta kalabilecek kadar kuvvetin varsa gelme. İnsanı yaşatacak ayakta tutacak tek ve başlıca şey de "para'dır. En başta sana yazdığım gibi para ölümü yendi. Alt katı sattım 1 milyon 850 bine. Hiç müşteri yoktu aylarca, üşüdüm ve açıkta kaldık. Ömer'den hayır yok. Evi satınca kurtuldum. Yani parayla kurtuldum. Hastanede bütün kış yattım, ancak bir ay evde yattım, Selahattin amcanın evinde. Oradan sana mektup bile yazdım ama sen almadın herhalde. Paranın faizi olan 58 bin lira ile zor geçiniyoruz. Ben içinde bulunduğum boşluğu, yalnızlığı gidermek için bir ev daha dolduracak kadar eşya aldım. Ölümden kurtulduğum için mutluyum. Eğer evi satmasaydım ameliyat katater olamayacaktım. Bu katater ameliyatını Amerika'da belki 500-1000 dolara yaparlardı. İngiltere daha da pahalı. Ben 60 bin verdim Türkiye'de. Daha raporu almadım. Sevgili Karaca, (...)'e yazdığın mektup için Leyla'yla konuştuk: Bu işi avukata havale edeceğimi bildirdim ve Hami Bey, telefonla Melih Birsel'e boyuna not bırakıyor beni arasın diye. Eşyaları yani, eğer avukata da vermezlerse dava açıp yemine davet edilecekler. Hâlâ Sevimciğim ben, senin arkadaşınım diye konuşuyor Leyla, ama, işte bugün verirsin yarın verirsin, (...)'le Karaca nın arasındaki mesele diye zaman geçiriyor. (...)'e gelince, birkaç kez telefonda çalıştığı işte kendisine "yok" dedirtti. Ben de artık aramadım. O sobayı ve vitrini mutlaka geri alacağım. Avukata yarı parasını vaat ettim. Karaca, burada hayat Amerika'ya göre çok pahalı sen orada ayda 50 dolar 100 dolar tasarruf edip göndersen bana, sana burada harika ucuz 2,5 milyona deniz gören daireler var. Taksitle alırdım döşerdim ben yapamadım. Çünkü hastaneye verdim ve kiracılara 45 bin verip çıkarttım. Ayrıca o zamandan bu yana para çok arttı evler çok ucuzladı. Şimdi en iyi tasarruf bir ev alabilmek. Bana yaz.

Ne iştesin, sıhhatin nasıl? Ben yaşlandım - 12 kilo kaybettim. Hemen mektup yaz. Mutlaka acele bekliyorum. Annen.
Canım oğlum,

Askerlik meselende bir nokta var. Türkiye'ye gelirsen askerliğini bitirdikten sonra 5 sene dışarı çıkamıyorsun. Ayrıca bütün işçiler Almanya'daki, Fransa'dakiler, dışarıdakiler para verip ödüyorlar. Bu miktar benim aklımda kaldığına göre de 450 bin TL. Şimdi devalüasyonlarla belki iki misline çıkmıştır. Ah Karaca, istesen biraz gayret etsen ödeyemez misin? Amerika'da (okunmuyor-y.n.) işlerden. Tabii çok çetin şartlarda (okunmuyor-y.n.). Sen bana biraz para gönderebilirsen, tam şu sıralar Türkiye'de para darlığı var. Dolarla Türk lirası sterlinle Türk lirası arasındaki büyük rakamları bir düşün. Londra'ya gitsen de biraz para kazansan, Amerika'da da çalışıp biraz her ay para göndersen çok büyük fırsatlar var. Büyük daire almak için - 1.000.000 peşine daireler satılıyor. Paraya da yüksek faizler veriyorlar. Türkiye'de korkunç bir devalüasyon devri başladı. Fiyatlar inanılmaz... Ben 1 milyon 300 bin TL'ye ayda 58 bin TL faiz alıyorum. Bu bir bankadan değil, bir tüccardan alıyorum. Bonolar-tahvil satışları, hisse senetleri kapış kapış yağma gidiyor herkes parasını bonoya tahvile-faizciye yatırıyor. Evlerini ucuz ucuz satıyorlar. Benim gibi. Fakat bu devreden sonra bu pahalılıkta artık ev alınamayacak, yapılamayacak. Onun için evimi sattığıma üzülüyorum. Bir daha (okunmuyor-y.n.) olamazsak bu fırsat ele düşmez. Yani Türkiye'de zengin olma devri başladı; para yok, paraya korkunç faizler veriliyor. Sen dolar göndermeye çalışabilsen bono ya da (okunmuyor-y.n.) daire de (okunmuyor-y.n.) ben elimden çıkardım diye çok üzülüyorum. Oğlum bir gayret Türkiye'nin bu para darlığı devrinde dolarla sterlinle ne kadar büyük (okunmuyor-y.n.) kazanabilirsin burada. Bir eve ya da faize yatırsan... Ama her şeyin üstünde, senin arzun ve senin kararların rol oynasın. Bu benim arzularım.

Ben şimdilik Allah'ıma çok şükür ölümden kurtulmuş durumdayım. Mutluyum, sıhhattim iyi diye seviniyorum. Senin içyüzünü bilemem. Ama Türkiye'de bir korkunç parasızlık çağı, işçiler için altın çağı başladı. Gönderdik geri dönüyorlar (okunmuyor-y.n.) alıyorlar faizlerle yurtdışından Türkiye'nin yatırımına ortak oluyorlar. Biz ne hayallerle yaşadık bu memlekette, san'at san'at diye, bak Türkiye'nin durumuna, ne hale geldi. Tam bir kapitülasyon devri başladı, zenginler daha zengin, fakirler daha fakir oluyorlar. Orta sınıf silindi. Herkes Türkiye'den kaçıyor veya çoğu da kaçmış durumda.

San'at manat yok. Ömer nü resimleri yapıyor. Tapetlere resim satarak sanatını devam ettiriyor. Biliyorsun ayrıldım. Bana çok çektirdi. Geçenlerde Doğan Uluç Amerika'dan gelmiş, seni çok methetmiş, çok şık ve yakışıklı olduğunu, akıllı olduğunu falan. Elfe'ye, Muammer Hanım ağzından kaçırmış. "Ağabeyin Amerika'da ne iş yapıyor, çok iyiymiş" diye. Ömer, Doğar Uluç'u ve de seni kıskanıyor. Orada olsam hiçbir şey istemem şehir yeter diyormuş New York için... Bana kalsa ben Londra'yı severim. Canım Karacam ben baban gibi değilim; O, "Ben Karacadan, oğlumdan, bir şey beklemiyorum" diyor. Bense bekliyorum. Senden zengin olmanı, sevilmeni, mutlu olmanı bekliyorum. Senden zenginliğinin bana geçmesini, bana yardım etmeni bekliyorum. Beni ihtiyarlamadan (çok az kaldı) arabalarda gezdirmeni, kürkler almanı diliyorum. Ve zengin olmanı Allah'tan dua ediyorum. Belki büyük bir ameliyat gerekirse ileride onu da sen halledeceksin. Beni Amerika'ya Londra'ya aldıracaksın; dünya güzeli ve çalışkan cin gibi kız kardeşin var. Onu da düşüneceksin. Senden bunları bekliyorum ve annen olmak istiyorum.

Sana telgraf çektim durumunu bildir diye, bana niye mektup yazmadın?

Sevim

18 Aralık 1980 Perşembe Erenköy

Canım Karaca,

Sana 7 Aralık tarihli bir mektup gönderdim. Cevabını hâlâ alamadım. Mektubumda sıhhatinin iyi olduğunu düşünerek, moralini bozmamaya çalışarak paradan bahsettim. Çünkü artık başka bir şey yok burada, yoğun bir şekilde para kapitülasyonu var. Gittikçe büyüyerek herkesi içine alıyor. Bu çemberi kırmana imkân yok. Bu meseleye oradan bakmak belki çok zor, göremezsin. Tıpkı benim seni tam göremediğim gibi... Ancak birtakım şeyler de yapabiliriz kör kör de olsa. Sıhhattim elverse Ankara'ya gelip Devlet Tiyatrosu Müdürü'yle görüşmek lazım. Oynanması daha gerilere atılan belki de Arşiv Müzesinde kalacak olan iki eserimi de geri alıp Ali Poyrazoğlu'na veririm. Bu sıralarda, oldukça iyi bir oyun sergiliyorlar galiba gidip göreceğim. Ancak dramatik sanat olayına dönerlerse benim oyunumu oynayabilirler. Bana iki yıl önce Ali piyesimi sormuş ve içinde Korhan Abay'a göre de rol var mı? demişti. Ben de iki erkek başroldeler demiştim çok sevinmişti. Ancak Ankara Devlet Tiyatrosu repertuarına almıştı, sonra oyun geçen yıl tam sahneye konurken Ecevit Hükümeti çekildi. Koalisyon Hükümeti Devlet Tiyatroları Müdürlüğünü ve rejisörlerini değiştirdi. Yerine gene eski kuşaktan Cüneyt Gökçer'i getirdi ve benim oyun provalara konmuşken tekrar kalktı. Şansızlıktı bu. Sana yazamadım. Mektuplaşacak durumda değildim. Zatürreeye tutuldum. Geçen kışı hep hastanelerde geçirdim. Bahara doğru babanın evinde, sonra Erenköy'de, iki ay da

Selahattin Amcanın yanında konakladım. Küçücük bir dairede yer yataklarında yattım. Ben Ömer'in para vermemesi ve çok sıkıntıya düşmemizden evi sattım ve Ömer'den ayrıldım. Ömer'e gelince göründüğü kadarıyla bürokrat hayatı bitti sanat hayatı! kaldı. Tekrar insan resmine ve vücuduna döndü. Sosyete ne isterse onu yapıyor. Onlardan para çıkarabilmek için herkese her şeye "evet" "evet" diyor.

Özdemir Asaf da hastanede. Pek ümit yok. Senin anlayacağın sanat adına yapılan saçma işlerin sahipleri teker teker kaderlerine boyun eğiyorlar. Çok içtiyse içkiden ölüyor, çok yorulduysa kalpten gidiyor. Genç yaşta ölüyor bizim kuşaktaki insanlar. En önemli işin, "işlerliğin" yaşam olduğunu kabul ettim. Sağlığım için yaşamak bile yeter. Kör, kambur, topal olmaya razıyım, yeter ki ölmeyeyim. Hastanede ölümlerin başı ucunda çok bulundum. Çok ölen gördüm. Ölümü yaşadım tekrar katater ameliyatı oldum ve ayağa kalktım. Şimdi ayakta olmaya ve üzülmemeye çalışıyorum. Canım Karacam, istersen, eğer çok sıkıldıysan, gel yanımıza, evimiz seni bekliyor. Çok mutlu oluruz. Fakat sana bunları yazmak istemiyorum. Seni kendi dünyanda kendi kararlarına kendi yaşamına bırakıyorum. Ne istersen ol. Hür ol diye. Londra'yı gördün. Paris'i Belçika'yı, Afrika'yı Avustralya'yı görebilirsin. Hastalıksız ve genç olarak yapabileceğin çok şeyler var.

Sen bütün gücünü kendi kendine harcadın, kendi kendine yürüdün, yanlışlıkları kendi kendine gördün tecrübe yoluyla diyorsun. Bu en ağır yoldur. Dikkat et. Başta biri sana yardım etmeden bir vuruşla futbol topu gibi kaleye giremezsin ki canım oğlum, seni çok çok çok merak etmekten başka elimden bir şey gelmiyor. Bana uzun zamandır yazmıyorsun, niye? Ne oldu? Baban benim yerime sana saçma sapan şeyler yazdı aramızı açtı, benim ciddi durumumu alay konusu olarak ele aldı. Şimdi Elfe'ye keman dersi veriyor, hem de vermiyor. Kendi sıhhattine bakıyor. Hiçbir şeye üzülmüyor. Bu yakınlardaki sinirliliğini sana üzülmesine bağlıyorum. Hem gelmeni istiyor hem de korkuyor. Aslında son derece akıllı kendine göre, benim gibi müdahale edici ve bir işi ele alıcı değil. Canım oğlum, sen gene de onun tek varlığısın ve olmalısın benim için de öyle hem de daha çok... Çünkü ben iki de bir de ölüp seni kaybedeceğimden korkmaya başladım. Bana mektup yaz, ne istersen yaparım. Yalnız (...) ve kızından ve (...)'den nefret ettim. Sevgili oğlum, böyle küçük şeylere indiğime bakma, çok terbiyeli davranıyorum sayılır. Biz ana-oğul, enayi değil fakat idealistiz. İnsanların, görmek istediğimiz gibi olduklarını hayal ediyoruz, iyi, dürüst olmaları gerekir diyoruz. Bu doğru ama uygulamada yanlışlarımız var. Herkesin yöntemleriyle başa çıkmak zor bir iş. Onun için kendin acımasız yöntem uygulayacaksın insanlara -ilk önce sen sert olacaksın- ama Karacacığım sakın sana nasihat veriyorum sanma, eskisi gibi. Ben artık en önemli şeyin "sağlık" olduğuna inanıyorum. Bir de "gençlik" diye bir koz var insanların elinde... İşte bu gençlikte yapılan işler sonucu belirliyor, yani gençlikte ektiğini ihtiyarlıkta biçiyorsun. Her adım, ilerisi için bir yatırım ya da kayıp Karaca... O adımları sağlığını koruyacak kadar atsan bile güzel bir yatırım. Kendine iyi bak. Kendini sevdir, seni sevsinler, sana iyi baksınlar. Dünyadan bunu istiyorum. Benim, yüzü gibi kalbi güzel oğluma bir şey olmasın. Canım Karacam, ameliyata girerken hep seni tekrar göreceğimi düşünerek gözlerimi kapıyorum... beni unutma. Mutlu yıllara. John Lennon'u öldürdüler, nerelerde dolaşıyorsun? Amerika'da bir zerresin, neredesin, bana küçük bir işaret ver seni göreyim.

25 Ocak 1981 Pazartesi

Canım Oğlum,

Güzel mektubunu ve de resimlerini aldım. Çok heyecanlandım, büyükçe olan resminde çok yakından çok toraman çıkmışsın, tombul tatlı ve de yakışıklı, cana yakınsın... Her zamanki gibi... Fazla değişmediğine çok memnun oldum. 25 yaşında bile göstermiyorsun, çocukluğundaki gibi yumuk yumuksun. Oya ile olan resminde de çok şık, kibar, ince ve de gene yakışıklısın... Aferin, bu gidişle yakışıklılığından bir şey kaybetmeyeceksin gibime geliyor. Ancak, bana kalırsa, senin etrafından olan her şey, cisimler, insanlar, kadınlar, erkekler, ve de eşyalar, (cadde ve sokakların resmi yok) senden birkaç gömlek daha aşağıdalar, birkaç gömlek daha senden çirkinler... Senden güzeli yok. Bunu iyi bil ve de hiçbir zaman unutma. Bunu sana bir anne veya seni kıskanmayan bir arkadaşmış gibi söylüyorum. Arkadaşlar kıskanırlar, hem de çok. Kıskanmayanı belki de yoktur. Bu da sana garip gelmesin artık... Öğünmen az kendinle ne kadar iftihar etsen yeridir, ancak, çirkinlerin ve kendine güvenmeyenlerin hayattaki mücadelesi daha güçlü oluyor, ve devamlı öne geçmeye çalışarak, iterek kakarak toplum içinde (aynı bir sinema, konser salonundaki gibi) kendilerine iyi bir yer kapıyorlar.

Canım Oğlum, bu konuda sana son söylemem gereken şey sıhhattine iyi bak olacak. Sakın şişmanlama, bütün gençliğini kaybedersin, caziben uçar, gider. Az fakat öz, et, tavuk, balık, süt gibi kuvvet verici gıdalar almaya gayret et. Allah sana para versin, ilkönce iyi beslenmene harca, sonra giyim kuşam, kitaplar... Demiyorum artık... Gücenme, senin bilimsel bir tahsille Prof. ya da Kürsü sahibi olmanı bekliyorum... Çok isterdim.

P.S. Kusura bakma kâğıt yırtıldı değiştirmek zorunda kaldım.

Biliyorsun, Londra'da okumanın anlamı buydu. Ama, başka etkenler, tabii, zengin bir tüccarın kızıyla sevişmek, evlenmek fikri beni ve seni çok doğru olan ve tek yapılması gereken ciddi şeyden, yüksek tahsilden alıkoydu. Buna ben de sebep oldum. Senin (...)'le evlenmeni ve zengin olmanı arzu ettim. Fakirlikten usanmıştım. İki keresinde de beş parasız iki erkekle evlenmiştim. Neyse şimdi, vakit geçmemekle beraber, çok parlak bir tahsil hayatını (ki Amerika'dasın, neler olmaz) unutmuş görünüyorsun. Ya da bu imkân yavaş, yavaş kaybolmak üzere (batan bir güneş gibi). Tahsiline, Doktorana devam edebilmek için orada çalışman, hem yaşayacak paranı çıkarman hem de tahsil paranı kazanman gerekiyor. Bunun için sana bir Amerikalı kızın tahsil yaptırması, yani, senin sorununu yüklenmesi, yani seni çok sevmesi gerekiyor. Tabii orta halli veya iyice bir ailenin kızı olması lazım. Senin tahsilinin yarım kalmamasını isteyecek kadar kültürlü ve de seni seven bir kız bulman lazım. New York'ta çok zor. Küçük şehirlerde, eyalette, tanışmalar, iyi aile muhitlerinin genç kızlarının gittikleri yerler daha bellidir. Mesela, Şikago, harika idi senin bir muhit kurman ve orta ya da iyi bir ailenin kızıyla çıkman evlenmen söz konusu olabilirdi. Tahsiline devam ederdin. Gene kafanı kullanırsan iyi bir muhite gidebilirsin bence, Şikago'daki arkadaşınla tekrar mektuplaş, Şikago'da öğretim üyeliği yardımcılığı gibi, ya da herhangi başka bir branşta, geçerli yeni bir meslek kursuna başla, bir yıllık, iki yıllık, üç yıllık meslek tahsilleri var. Eczacılık, kimyagerlik, belki de yeniden Doktor olmak için Üniversiteye girebilirsin. O Şikago'lu arkadaşın yardım eder yemin ederim, sen istersen yaparsın ona kendini açındırırsın. Benim mektubumu okursun, annem tahsil yapmamı istiyor, Londra'dan doktora yapmadan Amerika'ya geldiğime ve de 1 yıl kaybettiğime çok üzülüyor. Hastalanmış, diye mektup yazarsın. Canım Karacam, gerçekten de öyle. Sen orada, 45 yaşında, nerdeyse benim tecrübelerimde -ki, 'benim yolumda' aynı tecrübeleri geçirirler o yaşta- kadınların sevgilisi olmaya devam ettikçe kendi hayatındaki düz hedefi -yanlış anlama- sonuca varan doğru kısa yolu, eğriltmiş dolaştırmış oluyorsun. Şöyle ki sevgili yavrum; benim sana şöyle, böyle yap, sevdiğin kızları etkile, onlardan yardım iste diye sana sayfalarca yazdığım kişiler okuyan, tahsil yaşında genç kızlardı. (...), hele ailesi katiyen sana uygun değildi, (...) uygundu, birbirinizi tamamlayabiliyordunuz fakat bu kez de onların ailesi bu olacak işin arasına girip bozdular. Yani (...) ve (...) bu işi bozdular. Çünkü onlar da benim gibi senin daha uzun boylu tahsil yapmanı istiyorlardı, sana omuz veremezlerdi. Bizim de seni orada okutacak paramız yoktu, bunu da biliyorlardı. Bizi sömürecekleri kadar sömürdüler sonra da kızlarını daha tahsilli daha zengin birine vermek üzere çekip aldılar. (...)'in yerinde ben de olsam karşı koyamazdım. (...)'i oyalayacak evleri ahbapları, Bodrum'da tatil günleri var. Ayrıca daha da gerçekçi bir tavırla, (...)'e zenginlerden birinin şirketinde iş bulup çalıştırıyor, parasını da elinden alıyorlar. Kız, memnuniyetle veriyor. İşte Burjuva Aile dediğimiz budur. Ailedeki bütün fertlerin sağlamlıkları ve yerleri o aile içindeki kazandıkları paraya dayanır. Ona göre yerler içerler, gezerler. Aile içinde, gerizekâlı, sakat, ya da merhametli insan varsa o'nu bucak bucak çevreden kaçırırlar, nerdeyse karanlık Odalara saklarlar.

Karaca şimdi bana bıyık altından gülüyorsun, belki de kızıp hafifçe kaşlarını çatıyorsun, haklısın; gene senin işlerine burnumu sokmaya başladım. Çünkü inşallah bu günlerde sağlığım yerinde ve ben iki aydır Hastaneye -ne iki ayı dört aydır- uğramadım. Onun için sen, beni fazlasıyla düşündürüyorsun.

Karacam, sana çocukluğundan beri hep anlatmaya çalışırım. Yaşlı kadınlar tehlikelidir genç çocuklar için diye. Nasıl yaşlı erkekler kırkından sonra kız çocuklara neredeyse düşkün olurlar, onlarla evlenirlerse kadınlar da böyle olur. Ancak, bunun tehlikesi nerede? diye sorabilirsin. Bunun tehlikesi şurada. Seçtiğin kadın çok zengin olmazsa (yani bir yaşam boyu, iki, üç, beş misli yaşayacak kadar parası yoksa) işte, böylesi tehlikeli olur. Hem, yaşlı olduğu için, ve sen merhametli olduğun için bir süre sonra onu anne gibi seversin ve sokağa atamazsın başkalarına bırakamazsın, acırsın, hem de senden daha tecrübeli ve de temkinli olduğu için seni bir anlamda avucunun içine alır. Bir de bakarsın ki seni yönetiyor. On sene geçmiş... Sen gençlik ve de tahsil, para kazanma gibi iddialarından uzaklaşmışsın, kuzuya dönmüşsündür. Bir Ana evlat bağlılığı içinde yaşlı kadın mutlu olur, sen de senelerini yitirirsin ki EN KIYMETLİ SENELER NE YAPARSAN 25 ila 30 yaş arasında yapabilirsin, hayatta çizdiğin yol artık belli olmuştur. 30'undan sonra piyango bileti, ya da tepeden inme şans ister... Miras falan hikâyeleriyle ilgilenmeye başlarsın... Canım Karaca, eğer ölmek üzere olan çok yaşlı güzel ve akıllı bir ihtiyar Amerikalı ya da Türk nine bulursan tabii ki bunun senin için hiçbir tehlikesi yoktur. Mesela, benim gibi bir kadın olsa, yani anne gibi (25'inden sonra mükemmel Üniversite bitirilebilinir) seni okutsa, yanına alsa, nüfusuna geçirse, ya da bir süre için evlense, sana yararı dokunsa. Sevgili oğlum bu çeşit seni okutacak evine alıp besleyecek bir sevgili -ana- yok mudur? Vardır. Dedikoducu, çok zengin olmayan, daha evlilik yapabilir, kendisinin de desteğe ihtiyacı olan kadın sana gelmez. Başına bela alma. Çok zengin olsa, seni okutsa beni ve kardeşini Amerika'ya aldırsa, bir iki ay, bize de baksa (Ben de Amerika'daki en iyi Hastanede kalbimi onarırım) ne iyi olur??? Yarı şakaysa yarı ciddi bu sözler. Neden olmasın? Bütün etkileyici, romanlar, san'at filmleri, sanatsal yapımlar bu konuları çoğunlukla işlemez mi? Yok olup gitmekten söz eden felsefeler, sonunda hep böyle en son imkânmış gibi gözüken bir yaşam'a dönüşerek trajikliklerini kaybederler, tabiileşirler. Çünkü, hayat dediğimiz şey, insan vücudu ve beynini sonsuza kadar yoran, yıpratan doğduğu günden başlayarak ölüm'e doğru götüren olaylar silsilesidir. Eğer, San'at yapmayacaksan ki bu da bu gün "bir iş", "meslek" haline dönüşmüştür. (ŞARKÎSİN SAN'ATI - SAN'AT DERGİSİ) 9 Nisan 1979 Sayısı, sen biliyorsun ama okumadın Sarkis'e Paris'e gönderdin, o sıra (...)'le uğraşıyordun.

Sanat bugün o eski bohemliğini yitirmiştir, hayatın akışı içine girmiş, bir anlamda duygusallıktan maddeler'e dönüşmüştür. Hayatın yaşamımızın içinde diken gibi sert şeyler diye bakmıyoruz... O eski çabalar, öldürücü duygusallıklar, yerini maddesel bir dünyanın çağrışımlarına ve de birtakım somut şekillere, eşyaları, kullanmaya yarayan ellerimizle tuttuğumuz nesnelere dönüşüyor. SAR-KİS sergisini kapattığı zaman o sergilediği eşyaları, bayrakları, ve de makineleri (çalışan makineleri) yakıyor ya da kaldırıyor. Ya da, başka bir sanat eseri yapacağı zaman o kaldırdığı makineleri, veya nesneleri, yani somut şeyleri tekrar kullanmak üzere (Bu kez başka bir fikri, başka bir sanatsal olayı yaratmak için) tekrar çıkarıyor. Ve de kullanıyor... Benim hikâyelerimdeki kelimelerim gibi. Hiç eskimez yerlerini yıllardır değiştirir dururum. Anlamları da değişir... Yani kelimeler, birtakım işaretlerdir. Bir şeylerin işaretleridir. Bir şeyleri anlatmak için kullanılırlar. Aynı işaretler ve kelimeler başka başka yerlere konursa başka başka şeyler anlatırlar. Şöyle anlatayım: Denizciler Zırhlı gemiler de uzakta iki gemi düşünelim, harp gemileri olsun. İki geminin bahriyelileri güvertede ellerine aldıkları iki bayrakla çaprazlama işaretler verirler ve de karşılarındakinden de gene aynı çift bayraklarla, çapraz, dik, aşağı ya da yukarı birtakım hareketlerle cevap alırlar bayraklarla konuşurlar. Bu çok basit bir konuşma tarzı, fakat enteresan olanı şu demek ki kelimeler hatta harfler birtakım işaretlerdir işaretleşmelerdir. Eğer, harfler olmasaydı başka işaretler, belki hareketler, harflerin yerine geçebilecekti. Ben Hikâye mi diyelim Roman mı diyelim Anekdot mu diyelim her neyse, yazdığım (YAHUT DA YAPTIĞIM İŞLERE) kullandığım harfleri bu bayraklarla değiştirebilirim. Kelimeler yerine bayraklar, eşyalar, koyabilirim. Bütün mesele hayatımızın içine karışmış olan bir yaşama dönüşmesi, paçavraların, bezlerin, örtülerin konuşması, bize anlatması... Eskiden bir şeyler vardı, gelecekten de bir şeyler var... Bugünden de bir şeyler var... Taşlar, demirler, bozuk elektrik ocakları, atılmış fişler, eski bir bisikletin kornası, bir evin kırmızı kapı numarası, sokak ismi (DELİKOÇ SOK. NO 15) neler anlatmaz ki? Deli Koç'un bağlı olduğu ipi, boynuzları, eski postunu, bir de kırmızı yumurta biçiminde porselen boyalı eski bir 15 numarası, işte bizim 50 yılımızın SOMUTLAŞMASI. Yani Delikoç sokağının eski İŞARETLERİ. Geleceğe ait düşüncemiz, onu bugün göstermemize bağlı. SARKİS'İN anlatım tarzıyla kendiminki arasında müthiş organik bir bağ buluyorum. Bunu SARKIŞ de biliyor sanıyorum. Onun en müthiş bir sergisi "BAŞLANGICINDAN ÇÖKÜŞÜNE III. REİCH" sergisinde, daha doğrusu, bu ad'da ki kitaptan yararlanarak yaptığı sergide, sadece ad'lar okunur. Bu kitaptaki bütün isimler bir banttan okunur ve saatler boyu (BİR KİTAP BOYU), yani III. Reich'teki bütün isimler tekrarlanıp durarak sabahtan akşama dek açık olan sergide banttan çalınır, gelenler bu isimlerin tekrarlanmasından koskoca bir Almanya İmparatorluğu nu ve onun kurucusu vahşi katil Hitler'in tarihini yaşarlar. Hatırlarsan, Benim Yanık Saraylar kitabımda, Kuzguncuk'taki bütün Yahudilerin ad'ları tekrarlanarak Kuzguncuk'un elli altmış yıllık bir tarihi canlandırılıyordu o hikâyede AH YA RAB YEHOVA idi adı. Benim Yahudilerin gazap Tanrısı Yehova idi, Sarkis'in ise İkinci Dünya nın HİTLER'İ İDİ.

O da YAHUDİ DÜŞMANI BİR TANRI GİBİYDİ. Bu paralellik benim hikâye çizgisini, onun resim çizgisini çiziyor. Bir yerde aynı tarihsel sesler ve Trajedi. Yaşanmış, gerçekten somut bir parça hayattan koparılmış yeni dünyanın bir yerine yamalanmış gibi... Neyse, Bu günlerde, anladığın gibi yeniden yazmaya başlayacağımı herhalde anladın... Geçen sene Salah Birsel EVE KADAR GELMİŞTİ HİKAYE İSTEMEYE. Mungan diye senin yaşında bir Hikayeci, -DRAMATURG- aynı zamanda, geçen seneden beri peşimde (Flört ediyor gibi bir şey). O tanışmak, yazılarımı karıştırmak (kendi Dergisi var) burada sayfalar vermek istiyor. Geçen sene piyesim Devlet Tiyatrosunda oynayacakken, Hükümet değişti, Demirelciler gelince benim piyesi provalardan geri çektiler. Ben, şimdi o Piyesleri çekip Yıldız ve Müşfik Kenter'e vereceğim. Murathan'la da buluşup ayarlayacağız bu işleri. Ama benden ille de bir hikâye koparmak istiyor. Biliyorsun seneler önce SAİT FAİK ÖDÜLÜ yüzünden hikâyelerimi yayınlamıyordum. Türk halkını yıllarca boykot ettim kendi açımdan. Artık yeter diyor Paris'ten Işıl-SARKİS, birçok mektuplar da alıyorum. Şaşarsın beni unutmayanlara. Aralarında yaşlı bir Prof. Doktor ve de Hüseyin Baban diye çok ünlü bir mimar var. Karaca, müsaade edersen, senin bir kız arkadaşının, nikah töreninde başına gelen macerayı sana anlattığı mektubu kullanacağım. Hani, Deniz falan nikahta sululuklar yapıp eve kadar gitmişler, yemek istemişler bunlar karı koca onları atlatıp uçağa gitmişler işte o arabalar falan... İsimleri değiştireceğim. SEVGİLİ KARACA diye başlıyor. Senin ismini de değiştireceğim; yoksa bırakayım mı? Bilmiyorum, küçük bir hikâye vereyim diye düşünüyorum. Niyetim piyesi oynattıktan sonra büyük hikâye yayınlamak. Şimdi elimde senin de bildiğin iki büyük hikâye (roman gibi) var ama. Sonlarını her an değiştirebilirim. Bir de Serko'ya yazacağım, onun san'at düzeyinde birtakım şeyleri görebilirim. O çok çalışıyor ve benden çok ileride... Hem de Literatür olarak. Yani Edebiyat, sinema olarak da resmi görünüyor. Maddesel heykelsel olarak da ondan çok şey öğrenebilmek mümkün bu sanat kollarında. Hem çok sert biçimde gerçekçi hem de duygusal sevgi yönleri var. İnsan sevgisi, ihtiras, beden çalışması hepsi var onda. Bence büyük dâhi bir canavar o, her konuyu her olayı yutuyor. Ömer, SARKİS için "Çalışkan, hayatın tadını çıkarmayan bir Japon askeri o" diyor. Kendisi de donsuz kadın resimleri yapmaya başladı. Burada Sezer Tansug la bir olmuşlar, FRANCİS BACON'UN resmine başkaldırma "Bacon'da ölüm" resmi diyorlar? Ama kendi aralarında gelin güvey oluyorlar. Bilirsin senelerdir ne büyük hayaller kurardı. Paris'te en büyük ressam olmak, orada yaşamak gibi. Şimdi Paris resmine başkaldırıyor! Tabii Serko Ömer'in rüyasında göremeyeceği bir üne kavuşmuş durumda. Almanya'dan İsveç'e kadar ünü duyulmuş oralarda sergiler açıyor. Fransa'nın Larus'unda Sarkışa ZABUNYANA diye bir büyük bölüm var. Dünya nın özellikle Fransa'nın yetiştirdiği ressamlar arasında yer alıyor. Onunla bazı konularda mektuplaşsan (Tabii sanatla ilgili herhangi bir konu olabilir). Işıl, Yılbaşı tebliği gönderdiğinden bahsediyor, çok sevinmiş, senin için "Karaca orada ne yapıyor, okuyor mu yoksa?" diye soruyor. Işıl'a mektup yazarsan katiyen cevapsız bırakmaz seni... Bilirsin, ne kadar entelektüel olup da Fransız Filolojisinin en esprili ince, alaycı kızıymış. Hâlâ da öyledir. En büyük üstatların en sivri yanlarını sever ve güler hep. Ömer'le de iyi dostturlar ama, bu yaz beni çok görmek istemişler. Neyse Karaca bütün bu fikirler, konuşmalarla düşüncelerin bir yerde, seninle de ilgisi var. Sadece, Işıl'la SARKİS'e daima mektup yaz. Onları katiyen ihmâl etme, hayatının iyi günlerinde de kötü günlerinde de yaz. Anlayacaksın... Ben olmasam da onlarla dostluğunu arkadaşlığını sürdüreceksin. Bunu senin iyiliğin onları da sevdiğim ve seni sevdiklerini, daha çok seveceklerini, mutlu olacaklarını bildiğim için yazıyorum. En ufak bir "çiğ"liklerine rastlamayacaksın. Bir kere Işıl, senin sesine kendi sesiyle yankı gönderen yüksek ve parlak bir dağ gibidir. Ona yıllarca yazmadım, sonra bir satır bir şey gönderdim 5 günde cevap aldım. Sevgili, sana niye bu insanlardan bu kadar uzun bahsediyorum anlıyorsun. Bu kalabalık dünyada doğru yolu, ve de sanatsal bir yolu seçen ve de taviz vermeyen, temiz kalabilmiş o kadar az insan var ki... Ama diyeceksin ki, ben çok uzağım, birbirimize ne faydamız olur? Çok olur. Benim yardım edemediğim yüzlerce konuda onlara sorup cevap alabileceğin kim bilir neler vardır?

Artık, bunları otur, sen düşün Karacacığım, kendine bir meslek, bir yol çiz. Kimseden bir şey sormamakla bir şey kazanılmaz. Benim bu bir yıl hastanede yatmam senin bir noktada yanlış ya da eksik şeyler yapmana sebep oldu. Kendine oralarda iyi bir dost rehber seçemedin. Aslında, nasıl New York'ta yaşayabiliyorsun hâlâ inanamıyorum? Yalnız bu böyle olmayabilirdi, planlı olabilirdi. Sen pat diye teklif almadan Şikago'ya arkadaşının daveti üstüne gittin. Orada sana iş bulmayı vaat etti mi sana? İş vaat etmeden, okul tahsili imkânı yaratmadan nasıl kabul ettin bu teklifi? Neye, kime güvendin demeyeceğim. Tabii ki kendine güvenip gittin. Ancak bir buhranlı zamandı bu gibime geliyor, (...) döndükten sonra Londra'da kalmak istemedin. Eşyalarını bile gözün görmedi, o kadar severdin. Kendine yeni bir hayat seçtin, ya da şansını Amerika'da denemek istedin. Ama biraz bekleyip bir iş mektubu, bir teklif almaktı bunun doğru yolu. İstanbul'dan, zengin bir evlilikten kaçtın, Avrupa'da üst düzeyde bir tahsil yapmak için. Amerika'ya Avantürye'ye gitseydin İngiltere'de okumana ne gerek vardı? Ama, baban tam bir Necmeddin Bey kafası gibi kafada düşünüyordu.

Neyse, eskiye dönmeyelim, ancak bunları unutmamakta, eskiden ders almakta hepimizin yararı var. Tek baban, tahsile, falan aldırmayan... Kendi uzun yaşantısını, rahatsız edecek, dertli yüksek öğrenimlerden, yüksek bir derece için feda edilecek paradan, velhasıl çağdaşa düşüncelerden (yorucu ve de aklı ermediği için) uzak. Rahat "Ne isterse yapsın" "Bizim zamanımızda bunlar var mıydı Amerika'da yaşıyor daha ne istiyor? Nasıl yaşarsa yaşasın, benden bu kadar. Çocuklar insanın hayatını kısaltan dertlerdir. Onlarla ne kadar uzak olursan o kadar sağlığını korumuş olursun." Aynen böyle konuştu. Geriye dönük bir hayalet içinde, eski Bizans'la, tarih mecmuaları - Oğlancı Paşalar, Hamam Alemleri külliyatında, Reşat Ekrem Koçunun geçmiş zaman seks olayları ve de basılmalar, asılmalar. Eski Padişahların Ecnebi Karılarından "Orospu Katerina"lardan gene bu yabancı Padişah karılarının, Şehzade Piçlerinin nelerle uğraştıklarından, neler yediklerinden ballar, börekler, iktidar macunlarının tarifnamelerine kadar, pazar yerlerinin nerede ve ne günleri kurulduğunu gösteren gazete kupürlerine (Mutfağına asmış) kadar her türlü, tatlı, sorumsuz, geçmişin Bizans artıkları düşünceleriyle oyalanmakta. Ve de çağdaş bir dünyanın "bilgi" "ileri" işaretlerine hem yetersiz kültürü, hem de o'nu alakalandıran "ZEKVKISEFA" yüzünden çoktaaan, sırtını çevirmiş. Kemanını hoca olarak kullanmış, Virtüözlüğü yıprandırıcı, ve sağlığa düşman bulmuş, "Ben para için her yerde çalarım" diyor. Diyor ama, onun yaşında bir ihtiyar emekli Hoca Kemancının, hem de tanınmış birinin, parası yok. 70 yaşına gelmiş tek bir adamın -böyle Konservatuvar hocası, tanınmış bir isim olarak- ve her işte çalışarak -babanın deyimiyle, her işte çalıştım diyor- zengin olmaması ayıp değil midir? Buna ayıp derler. Bugün, ismi cismi olmayan, en sıradan orkestra kemancılarının ki, babanın arkadaşlarıdırlar ve de babandan çok, çok gençtirler, hepsinin hayatları sosyal sınıf olarak üst düzeyde. Aileleri, oğulları, kızlarını çağdaş dünya görüşüne göre tahsil ettirmek, istikballerini hazırlamaktan gururlanıyorlar. Haklı olarak. Onların çocukları, kızları İngiltere'de, Fransa'da, çoğunlukla da evet çoğunlukla da Amerika'da Üniversite muhiti içinde yaşıyorlar. Okuyorlar. Çünkü, aileleri bu devrin okumadan yükselebilineceğine inanmayacak kadar dünyadan haberleri var. Baban en gerçek bilimsel fikirlere, artık Anadolu köylüsünün bile tahsile önem verdiği, tarlasını sürüp çocuğunu İstanbul'a Üniversiteye, oradan da Amerika'ya gönderdiği bir ortamda, dört yıl bir yatırım yaptıktan sonra (Benim zorumla ve de kavgalardan sonra) genç oğlunun tahsilini tamamlamamasına tahsil eksikliğine, ve senin hayatının harcanmasına -iki, üç yıl kaybettin- nasıl dayanabiliyor? Buna, senin hayat müsrifliğine müsaade etmesi en büyük cezadır sana karşı. Çünkü, sen daha hayatına yön verecek parasal bir desteğe hatta duygusal ve fikirsel bir desteğe muhtaçsın. Sana onun için, aklı başında ve hayatta en zorlu yolları seçmiş tanıdığım birkaç arkadaşa mektup yazmanı öneriyorum. Sana bir yol gösteren, belki de en iyi bir yola iten bir imkânı değerlendirmeni istiyorum. Babandan 25 yıl önce ayrıldığımın ne kadar isabetli olduğunu anlıyorum. Bana da yararı yoktu. Konuşacak yeni bir fikri yoktu. Okumazdı, yeni fikirler peşinde koşmazdı. Hiçbir düşünceyi üretemezdi. Kulaktan duyduğu hikâyeleri çok güzel anlatır, herkese sevimli görünürdü. Klişe sözleri vardı, "Şeker şey" benim adımdı, 'Sultan" eskiden fingirdeştiği evli orospu kadınların adıydı. "Köpek" "Vay Köpek şey" de senin adın... Köpek sevgisini de benden alarak kullandı. Baban Kedi severdi. Neyse, hatıralarımızı değerlendirmeye baktığım zaman, koskoca bir sıfır görmekteyim. Bu sıfır sınıfta kaldın demektir. Babana kendi sağlığı için 10 numara verebiliriz. Ama yaşam, bu mu? Yemek, içmek, yatıp kalkmak mı? Ne özlemlerim kaldı içimde, babanla neler yapabilirdik. Keşke bir Tiyatrocu olsaydı, daha ciddi bir hayatı olurdu. Hiç değilse, türlü başka insanların, düşüncelerini, olaylarını oynar, onlar üstünde düşünmeye mecbur kalır, bir Toplum içindeki yerin insana nelere mal olduğunu, karı'nın, çocuğunun mesuliyetini tanımış olurdu. Böylece Entelektüel bir tavra ister istemez girecek, kendinden başka şeyler de düşünecekti. İnsan niçin kitap okur? Kitap okuyan insanlar niçin mutlu olurlar? İnsanlara yaklaşırlar. Problemlerin ne kadar derinlerde araştırdıkça daha derinlere kaçtığını ve de ölünceye kadar aramaya devam etmemiz gerektiğini anladıkları için cahiller gibi şanssızlıklar, yoksulluklar başlarına gelmez. Kendilerini ve de çevrelerindekini kurtarırlar. Baban 5 tane arsa almış, en güzel yerlermiş, oraya tek başına gidip bir çadır kurup otururmuş, bu büyük bir zevkmiş. Çay kaynatırmış falan, piknik yapacakmış o 5 ayrı arsaya. Hiçbiri de oturulur durumda değil. İleride, sen zengin olup geldiğinde ya da en kötü ihtimalle fakir kalıp geldiğinde orayı ne yapacaksın? Satacaksın. Ama bugün, senin tahsilini tamamlaman için hiçbir yararı yok. Geldiğinde de oralara yazın gidip her hafta birinde piknik yapacaksın. Tahsilinin büyük bir para kısmını yiyen o arsaları ne yapayım? Hiç olmazsa birini, ikisini satıp sana bolca, ya da azca bir yüksek tahsil parası sağlayabilirdi bu münzevi baban, ya da sağlayabilir. Ama, dediğim gibi, para biriktirir gibi arsa biriktiriyor. O arsaların üstüne ileride tröstler, milyonluk yatırımlar yapacaklar. Ama o zaman sen mühendis ya da plancı ya da arsa alıp satan zengin bir komisyoncu, aracı ve söz sahibi bir kapitalist olmayacaksın ki... Büyük bir ihtimalle Amerika'da kalmaya devam edersen buraya turist olarak gelip satıp gideceksin. Hadi inşallah büyük bir firman şirketin olur da kendi arazilerini Otel, Plaj, Motel,

Eğlence yeri gibi değerlendirir üstünden paralar kazanırsın.[1] Ama, benim görüşüm o ki, sen tüccar değilsin. Bir yerde, kumar gibi tüccarlık oynarsın, ya kazanırsın ya kaybedersin. Sevgili, BİRİCİK KARACAM düşüncem o yoldur ki senin için, en iyisi ORTA YOLDUR? İSTER KOMİSYONCULUK YAP (Bu işte çok para ve istikbal var), İSTER ELEKTRİK MALZEMELERİ, MAKİNE SAT. İSTER GARSONLUK YAP, İSTER FİLM, ODACILIK, OTELDE HERHANGİ BİR KISIMDA İŞÇİLİK YAP. İster herhangi bir dükkanda çalış. BERBER OL, topçuluk yap, Köpek bakıcısı, Acenteci, Rehber, ister JİGOLO OL. FAKAT BUNUN EĞİTİMİNİ YAP. Yani elinde herhangi bir mesleğin diploması olsun.

Amerika gibi eksantrik bir ülkede her mesleğin yeri var. Ressam yetiştiren hatta edebiyatçı mezun eden Okullar varmış... Her bilimin bir okulu bir kursu olmalı. Yalnız Türkiye için tabii yazdığım mesleklerden kadınla ve köpekle olan meslek diploması geçerli değil. Kadınla olan ilişkiler Türkiye'de de çok geçerli. Bizim üst kattaki iki cadaloz kardeş tekaüt öğretmenler bile senin son resmine bayıldılar, "Bu akşam burada kalsın aynanın üstünde dursun yarın veririz" diye senin resmini alıkoydular. Gazete ister gibi. Televizyonda New York Manhattan'ı, o kalabalığı gösterdi yılbaşı gecesi... Sen de acaba aralarında mısın diye gözlerimizi dört açtık. Sonra Londra'yı gösterdi [Picadilly Meydanı'nı, genç oğlanlar elbiseleriyle havuza atlıyorlar, şezlongların üstünde, havuzda fıskiyelerin altında bira içiyorlar, eğlenip şarkılar söylüyorlardı.] Londra'daki Karacamızı düşündük. Oradaki tatlı anılarımızı tekrar yaşadık. Titi'yi anıp bol bol ağladık... Bundan hiç bahsetmek istemiyorum. Çok acı çekiyor, onu asla unutamıyorum ve de hatırlayacağım. Bana köpek resmi

---

1 Babamdan arsa değil, dört kooperatife üyelik aldı. Biri bulunamıyor, birinden, babam istifa etmiş, biri üyeler arası bir anlaşmazlık nedeniyle durmuş, sonuncusunu teyzem Nezahat Çelik'e devrettim.

yolladığın zaman ağlıyorum. Gene sokak köpeklerinin peşine düşüp seviyorum. Sanki hepsi TITI'yi hatırlatıyor. Yaşlı gözlerle bana bakıyorlar sanıyorum. Bütün köpekler ağlıyor gibi geliyor. Fakat, Allah karşıma basbayağı, insan gibi gülen bir sokak köpeği çıkardı. Burnunu büzüp ısıracakmış gibi dişlerini göstererek yaltaklanıyor, beni görünce hemen yere yatıyor. Sevmeye kalkınca, hiç duymadığım acayip ulumaya benzer bir ses çıkarıyor. Bu hayatında hiç sevilmeye alışmamış bir sokak köpeğinin sevinci olacak, gülmesini beceriyor ama, sevgi sesi çıkarmasını, havlamasını bilmiyor, beceremiyor. Boğulur gibi yutkunarak garip bir ses çıkarıyor.

Deli oluyorum Karaca, mektubumda bahsetmek istediğim bir sürü şeyden yeterince konuştuk ama, asıl sana yazmak istediğim konuyu şimdi düşünüyorum... Çünkü, çok zor bir mesele bu, çok da karışık gibi gözüküyorsa da basit. Ancak, hayati önem taşıyan birçok fikirler böyle en sonda söylenebilir. İyice aklında kalsın diye mi, yoksa gerçekten ben de yazmaktan korkuyor muyum ne? Şekerim, mektubunu okuduğum zaman, hem işte benim tatlı güzel masum, iyi kalpli oğlum bu... dedim. Hem de: îşte benim, hayatı tozpembe gören, hesabını kitabını yapamayan, para meselesini hiç bilemeyen, yani para nosyonunu -dünyadaki fiyatlarını falan- takip etmeyen, iktisadi ve gerçekçi yönden eksikliğini düşünecek zamanı bile bulamamış, ayakları yere değmesine rağmen nasıl yaşadığını hesap etmemiş, farkında olmadan yanlış yaşayan, yanlışlıkların çok şükür henüz O'nu çok kötü bir duruma sürükleyememiş olduğu, farkında olmadan parasal sorunları çözmüş, parayı aslında hiç tanımamış benim küçük KARACAM dedim. Bir anne olarak seni küçücük yaşında Köprü vapur iskelesinden Kadıköy vapur iskelesine koşturarak babandan para istemeye yolladığım, küçücük boyuyla kalabalığın arasına karışıp bana babasından aldığı parayı kaybetmeden getiren... Büyük kalabalık arasında aynı çocuk koşuyor, para peşinden top peşinden koşarmış gibi korkusuz ve o'nun ne zor bir iş olduğundan habersiz. Ne tehlikeler içinde yaşıyorsun oğlum. Seninle açık konuşalım, sen, "Para'cı bir aileden gelmiyorsun. Londra'daki tahsilin para hakkında hiçbir pratik bilgi vermiyor. Bu bilgiler, parasal güçlükler içinde yaşayan fakir aile çocuklarında ve de Burjuva sınıfı dediğimiz acımasız, mutlu bir avuç sömürücü zengin sınıfı çocuklarının daha anasının memesini emerken öğrendiği şeylerdir. Bir de sonradan görmelerin çocukları vardır, iyi bir muhitte bürokratların, mebusların, vekillerin yaşadığı Ankara nın Karanfil sokağı, ya da Bakanlıklar sokağında vekil çocuklarının ve yüksek dereceli memur Bürokratların çocuklarının gittiği Ankara Kolej i'ne giden sonra oradan İstanbul'da Robert Kolej'e geçme yolunu bulan, burs kazanarak ya da ailenin yükselme sınıf atlama hırsıyla yemeyip içmeyip çocuklarını bu okullarda okutmaya şartlanan ailelerin çocukları... Bunlar "para'yı paranın önemini, değerini bilirler. Öğrenirler. Hiç değilse zenginlerin yanında okudukları için, onlar da o zenginler gibi muvaffak olurlar. Küçük bir misal: Mesela sen GALATASARAY'DA okusaydın[1] şimdi, mutlaka bir milyonerdin. Birkaç dükkânın vardı en azından.

Birkaç kulüpte azaydın ve Türkiye'nin numaraladığı kişilerden olurdun. Galatasaray'ı bitirip de fakir kalmış olanı görmedim. Ya da Robert Koleji'ni bitirip de büyük bir işin başına gelmemiş kimse de yoktur.

Hele Avrupa'ya gidenler hep bu Bürokrat sınıfından oğlanlardır. Bugün, artık Türkiye'de orta sınıf yok. Bir çok zenginler (Bu sınıfa yüksek devlet memurları ve bürokratlar dahil) BİR DE ÇOK FAKİR SINIF VAR... Sen, son Londra'ya gittiğinden bu yana Türkiye çok değişti. Bütün Terör'e rağmen. Fakir sınıf yükseldikçe yükseldi. Almanya'daki işçiler ve çocukları zengin bir yaşam getirdiler. Türkiye'nin sermayesi

---

1 Galatasaray Lisesi, orta 2'den terkim.

neredeyse bunlardan oluşuyor. Bu sınıfın çocukları Avrupa pazarlarına da hâkim olma çabasındalar. Türkiye'de fabrikalar kuruyorlar. Çoğu Anadolulu. O senin Amerika'daki Türklerin çoğu Türkiye'den döviz kaçırıp Amerika'da kârlı yatırımlar yapıyorlar. Öbür sürünen takım ise, en rezil en yorucu işlerden para kazanarak, sermaye yaparak Türkiye'ye zengin dönebiliyorlar. Tehlikeli işler yapıyorlar. Kaçakçılık da en başta. Çoğu bir Amerikalıyla evlenip Türkiye ile Amerika arasında mekik dokuyor. Bunları geçenlerde "Amerika Notları"nda Doğan Uluç Hürriyet'e yazdı. Karaca gayet tabii ki bunları sen de biliyorsun hem de âlâsını. Ama sen ne o sınıftansın ne bu sınıftansın. Senin sınıfın yok. Şöyle ki, bir yazarın oğlusun fakat annen kendini birkaç kişinin dışında tanıtamamış. Belki ileride piyesim oynayacak. Dolayısıyla, Bürokratların arasına girebileceksin; AMA, bunda geç kaldım. Suç benim, yıllardır bir bunalım geçiriyordum. Benim şöhretli olmam senin istikbalini olumlu yolda etkilerdi. Belki gene de etkiler inşallah ama sen bu zamana kadar nasıl bir yol çizeceksin kendi başına?

Canım Karacam, ben, benim yaşımdaki arkadaşlarım gibi erkeklerle ilgilenmiyorum, Jigolo (tabii Jigolo sayılır, bu yaştan sonra flört etsem bile) ben, senin için yaşıyorum. Ve de unutma, günlerimi antikacı dükkânlarında, o sokaktan yetişme adamların sohbetlerini ve de pazarlıklarını yakışıklı adamlara tercih ediyorum. Benim en güzel erkek "OĞLUM" diyorum. O varken, kimi isteyebilirim, sevebilirim? Unutma, bu aldığım eşyaları, ufak tefek bakır, eski örtüleri ve de eve getirdiğim bütün eşyaları alırken mutlu olduğumu. Eğer bir gün ben olmazsam o satın aldığım eşyalara bakarak, bir de senin gönderdiğin bantları, kasetleri tekrar dinleyerek "Annem bunlarla çok mesut olmuştu, günlerini geçirmişti" diye hatırlamanı ve onları kimseye vermemeni istiyorum. Tabii, belki de, beraber onları tekrar dinleyeceğiz, o eşyalar teker teker nasıl Üsküdar'lara, Kadıköy eskicilerine, Kuledibi'ne gittiğimi o günlerde, o adamlarla neler konuştuğumu neler yaptığımı, nasıl beni güldürdüklerini ve de kazıkladıklarını sana anlatırım. Yalınayak Aziz, Kalem Mehmet, Motosikletli Osman. Osmanbey'de, şimdi ordu dükkânını yıktı. O da, yıkılmış cadde olmuş eski dükkânının bulunduğu arsaya bir duvarın dibine telefonuyla, masasını bırakmış, bir de, fedaileri var, müşteri "Dükkan ne oldu? nereye uçtu?" diye sorduklarında, hemen telefon edip, Motosikletli Osman'ı çağırıp "müşteri geldi" diye, haber veriyorlar. O da motosikletine atlayıp, müşteriye yetişiyor ve müşteriyi, evinin deposuna sakladığı mallarını göstermek üzere evine götürüyor. Bu depodan satışlarını yapmaya çalışıyor. Ama hayat çok zor. Eski müşteri kalmadı. O duvar dibindeki bir masa üstündeki telefon (rengi kırmızı) ve de başında müşteriye haber vermek için bekleyen fedai çok uzun, boş saatler geçiriyor. Telefonlu masanın önündeki bir mangala tahta parçaları atarak ısınmaya çalışıyor. Başka serseriler de mangalın önüne gelerek ellerini ısıtıyorlar. Havalar çok soğuk çünkü.

Karacacığım, sakın bunları gözünde canlandırıp da, vatan özlemiyle Ahh, diye inleme, çünkü sana çizdiğim bu tablo, binlerce çirkin gerçeklerin yanında en güzeli, en az acıklı olanı. Belki benim durumum, (bütün bu yaşantılarımdan bir şeyler çıkaramazsam, ciddi olarak, yazamazsam) en acıklısı olacak. Ama, hayır, göreceksin, şeytanın ayağını kıracağım. Yeni bir yazarlık hayatımın başlangıcı olacak bu eşyalar ve eskici takımından adamlar... Bunu hissediyorum. Bir anlamda, yazı yazmak için para harcıyorum sayılır. (Unutma, Ford MACH I'ı YAZMAK İÇİN SENİNLE ARABA SATIN ALMIŞTIK.) Şimdi o sattığım eşyaları yeniden toplamaya çalışıyorum. Belki bir bahanedir... Ford MACH I şahane bir roman, DESTAN OLDU, onları yayınlamak için bilmiyorum, galiba, piyeslerin oynamasını bekliyorum.

Karacacığım, makineyi düzelttim. On gündür gidip gelip bu mektuba devam ediyorum. Seni o kadar özledim ki, katılırsın gülmekten. Bir yandan -senin Londra'dan doldurduğun kasetleri dinliyor önüme dizdiğim son resimlerine bakarak, daktiloda yanlışlıklar yapıyorum. Özellikle, son gönderdiğin, büyük, sakalsız, bıyıksız yakından çekilmiş o tam sen olan toraman, aslan gibi resmine bakıyorum. Ellerinin güzelliğine yumuk, kısık gözlerine ve de güneşe bakarken yüzünün aldığı o tatlı ifadeye bakarak "Bu benim oğlum mu?" diye kendime soruyorum. [Amerika'dan bir ara İstanbul'a gelen Doğan Uluç, şu gazeteci, Ömer'e senin çok şık olduğunu söylemiş.] Elfe de çok sevinçli "Ağabeyimin durumu çok iyi inşallah, zaten zevklidir," diyor. Sen mektubunda nasıl yaşadığını bana yazdığın gibi (HATTA DAHA DA AÇIK BİR ŞEKİLDE) YAZARSAN ÇOCUKLUK ETME. BİR KADININ SANA BAKMASI UTANILACAK BİR ŞEY TAM TERSİ. SENİN YAŞLI BİRİNE MORAL VERMEN AÇISINDAN İNSANİ DE SAYILIR. NECLA BU CİNS İNSANLARLA DOLU BİR ÇEVREDE YAŞAMAKTA VE DE EN İNSANİ TARAFLARI DEĞERLENDİRMEKTE. (Ömer'in küçük güldürüsünü anlattım Erdoğan'ın sergisinde. Güldük o şeytan adama.) Eğer elinde bir şey varsa sana yardım edecektir. Aslında ben insan olarak Necla'dan daha sertim. Biraz da insanlardan uzağım. Yalnız Necla'ya yazacağım mektup çok hakiki ve de açık olmalı. Necla da öyledir. Işıl abladan da mektup aldım. Senden yılbaşı tebriği aldığını söylüyor, O da çok memnun. Karaca, her bakımdan Necla ablayla aynı insani düzeyde çok ileride ve de Meşhur'lar ona da aynı açıklıkla bazı problemlerinden bahset, bana yazdıkların hiçbir şey değil. Bir şey iste İNSANLARDAN, SEN İNSANLARDAN BİR ŞEY İSTEMEYE DOĞRUYU SÖYLEMEYE ÇEKİNİYORSUN. YAPMA BÖYLE. SENİ SEVENLERDEN MUTLAKA BİR ŞEY İSTE, ELLERİNDEN GELENİ YAPACAKLARDIR. AMA ELLERİNDEN GELEN YOKSA GENE SANA YAZACAKLARDIR.

HEM DE kısa olarak, bir iş mektubu gibi, cevap vereceklerdir, benim gibi sayfalar dolusu yakaracak, uzatacak aman zaman diyecek değillerdir. Ama tabii ki ben annenim ve de elimden gelen şeyler çok az, bunun için kendimi suçlu hissediyorum, uzun yazıyorum. Organik bir bağımız var. Ama, öbür seni sevenler öyle değil, esas mesele ne ise, onu düşünecekler ve sana karşılık vereceklerdir. Olumlu ya da olumsuz bir cevap alacaksın. Ne kaybedersin Karacacığım? Hiçbir şey. Onlar seni sevmeye devam edecekler ve hep araştıracaklar seni ve soracaklar... Bunu böyle bil. Senin öbür arkadaşlarına gelince. Ali Poyrazoğlu ve Korhan son bir tuluat Piyesle tutundular. Para kazanıyorlar. Ama, sanatsal yönden bir kayıp tabii.

Karaca teyzen için yazdıkların bir dilek olarak kalır sadece. Lütfen, onun için kendini üzme, gerektiğinde istediği yardımı ona ben yapıyorum. İnan, zengin değil, İsmail için yaşıyor.

Seni biraz eğlendireyim, Amerika'da moral vereyim diye Ömer'in "GÖSTERİ'DE çıkan gösteri resmini ve de, Sezer Tansuğ ağabeyin -hâlâ kadınsız- Ömer'le dayanışması sonucu çıkan yazısını, SAN'AT adına yapılan İŞ'lerinin hülasasını gönderiyorum.

Bak da ibret al.

Bunca yıldan sonra san'at adına çekilen çirkin resme. Her şey para için ve de şöhret gene para için.

Sana Ömer'den de selam var. "KARACA NE HABER NEW YORK'TAN" diyor.

KARACA BANA HEMEN HER ŞEYİ YAZ.

Sevim Burak

I Haziran 1981

Canım Karacam,

Gene geciktik. Bazı mutlu bazı mutsuz olaylar ve günler geçti. Yoğun bir koşuşturma ve eski işler ve anılardan baş kaldıramama içinde sana oturup her zaman olduğu gibi mektup yazma imkânını bulamadım. Özür dilerim. Eskiden ve eski hatıralardan bahsettim. O da kısaca şu: benim 1954'lerde aldığım "Yetim maaşı"mı yeniden bağlatma hikâyesi idi. Bir de Mezarda sandığım Şaziyanım'ım[1] kendini ve de eşyalarını -sigara paketlerine varıncaya kadar- Simitçi Tahir Sokak'ta üç Yahudi evlerinin birinde bulmamdı. Bu mutlu olaya bakıp Allah'ın varlığına ve büyüklüğüne -iyi insanlara ihsan ettiği uzun ömür ve de başka insanlar tarafından da bunun taktir edildiğine inanıyorum. Şaziyanım, beni, ablamı, seni, Feridun'u, o zamanki bütün mahalle çocuklarını yetiştirdiği gibi, biz onu "Artık ölmüştür" diye aramadığımız uzun yıllar boyunca o yaşıyormuş ve de Caddeye yakın olan Simitçi Tahir sokağının, bütün Kuzguncuk'un bildiği gibi başka çocuklara da çorba pişiriyor, et pişiriyormuş.

Üç aylığını aldığı gibi hep komşu çocuklarına ve komşulara ziyafet çekiyormuş. Paralarını, çok sevdiği insanlara, özellikle çocuklara, daha genç olanlara harcıyormuş. Bunları Madam Nıvart anlatıyor, Şaziyamm'ın üç aylığını o alıyor, üç ay geçinmesi için azar azar veriyormuş. Kendi de cebinden

1 Şaziye Bağana. Günde bir küçük rakı, üç paket sigara içen, 70'inde, altın kalpli Kuzguncuktu.

evinden yardım ediyormuş ama, Şaziyamın'ın yanından ayrılır ayrılmaz, o gene yemekler pişirip komşuları davet ediyor, hep birlikte yiyip içiyormuş. Tabii Nıvart biraz azarlıyormuş, evden gene yardım getiriyormuş ama, bu sefer de, iyi gıda alamadığı için kemikleri hasta bir komşu çocuğuna kilolarca et alıp suyunu çıkarıp içirmiş ve çocuk iyileşmiş. Bu iki yıl önce olmuş. Çocuğunun iyileştiğini gören baba şimdi cadde üstündeki (İcadiye) Rum Kilisesi'nin -AYA PANDELEYİMONAS- karşısındaki iki katlı evinden kiracılarını çıkararak oraya Şaziyanımı oturtmaya -az bir kirayla- (Şimdi tek gözlü bir odalı ev 10 bin TL'den başlıyor) söz vermiş. Ve bu sözünü bu hafta gerçekleştiren ev sahibinin bazı isteklerini de biz gerçekleştirerek -Nıvart hanımla ben- üst kata fakir ve çok iyi namuslu genç bir karıkoca bulduk Şaziye hanıma göz kulak olması en mühimi yalnız kalmaması için. Aygaz tüpü bitince hemen koşup alacaklar, sigarasını, alışverişini yapacaklar ve de Şaziyamın'ın üst katında oturacaklar. Çocukları olmadığı için, Şaziye hanım parasını onların çocuklarına et suyu yapmak için harcamayacak (Bu Nıvart'ın politik görüşü). Benim görüşüm, gene, sokaktan bir çocuk çağırıp et suyunu içirecek. Bence o bir evliya. Halkın evliya dedikleri böyle çocuk ruhlu ve insan seven kişiler olacak. Şaziyanım, bence ruhu genç kalmış hatta tamamen genç kız psikolojisi taşıyan bir genç kız evliya Karacacığım. Maddi yönden ev aylıklarını üstüme aldım. Önemli bir şey değil. Her üç ayda bir. Bir de pazar günleri bir kuzu kolu alıp götüreceğim kasaptan. Geçen pazar günü Madam Nıvart'la bir kuzunun dörtte biri bir parça kuzu kolu kestirdik VE götürdük. Ondan yemek ve haşlamalar yapıyormuş. Ben bile yıllardır bir kuzu kolu kestirip buzdolabına koymasını bilemedim. Harika bir parçaydı. Tabii, hemen kesmeye ve parçalara ayırmaya başladı. Geçen pazar bunun dışında buzdolabında üç türlü ayrı yemeği vardı, oturup seni de anarak afiyetle yedik. Kuzu kapama dereodu, kabak kalyası, biber dolması, üstüne de bir tencere Çilek getirdi, bir gün öncesinden buzdolabına koymuş yarım kilodan fazla üstüne şeker dökmüş. Tabii çileğin bir dolu şerbet suyu çıkmış. Kaşıkla şerbetini içtik, çileklerini yedik. Arkadan, koyu koyu Filiz çayı içtik. Elleri eskisi gibi titremiyor bile. Çünkü içki'yi kesmiş. "Şimdi Karaca olsaydı ona dolma yapardım" dedi. "Evladım acaba Amerika'da karnı doyuyor mu?" diye sordu.

Bir tek eksiği var. O da televizyon. Bana sordu Şaziyanım, taşınacağım evin üst katında oturan karı kocanın televizyonu var mı? diye. Maalesef onların da yok. Çok yoksul bir karı koca. Ben eskicilerden kullanılmış bir şey uydururum dedim. Fakat Madam Nıvart karşı çıkıyor, "Böyle şeyler eski alınmaz, bozulursa kadın nasıl tamir ettirir? Kaç günlük ömrü var? Belki de çalarlar." Bazı eşyalarını çalmışlar Şaziyamm'ın komşuları. Bir halısı bir de eski küçük mermerli dolabı duruyor. Küçük bir buzdolabı da var. Neyse Şaziyanım beni bulduğuna çok memnun. Senden bahsetti. "Karacam beni 4-5 yıl önce Kuzguncuk'ta aramış. Ben komşuya gitmiştim. Beni bulamamış, yanında da bir kız arkadaşıyla gelmişler... Evladım hakikatli olmasına hakikatlidir, ama bizim komşular çok kıskanç, bana haber vermemişler. Oysa benim nereye gittiğimi biliyorlardı onu alıkoymamışlar, hiçbir şey söylememişler, evladım geldiği gibi geri dönmüşler... Bunu Karacaya yaz, onun hakikatli olduğunu, beni aramaya geldiğini biliyorum ve de o gün evde olmadığıma çok yanıyorum" diyor. Neyse, bu duygusal kadının laflarını seni sevdiği için aktarmayı bir borç saydım. Yoksa, niyetim seni üzmek değil... sevinmen. Canım oğlum. Bana lütfen yeni resimlerini gönder de Şaziyanım da istiyor. Benimkileri veremiyorum, çünkü çok az. Ona veremem. Sevgili oğlum, Şaziyanımı nasıl bulduğumu öbür mektubumda yazarım. Yolum Kuzguncuk'a düştü ve bir tesadüfle buldum. Duvarında Tarık Akanın büyük bir sinema afişinin altında senin resmin. Bir de Şevket beyin gençlik resmi. Hepsi o kadar.

Kucağında da yemek yiyemeyen tekir zayıf bir kedi, hastaymış. Onu baytara götürmek benim boynumun borcu. Kedi yalnız süt ve et suyu içiyor, katı şey çiğneyemiyor. Bir dişini de çekmişler. Sıska mı sıska. Hep Şaziyanım'ın kucağında oturuyor. Şaziyanım'ı kışın bize alacağım çünkü kışı soğukta yorganın altında geçiriyor çok üşüyormuş. Yazın canlanıyormuş. Nıvart, "Eğer kışın onu alırsan çok isabetli olur. Ama, kendi evinin bulunması da şart. Çünkü o, komşularını çok seviyor. Bütün bütüne Kuzguncuk'tan ayrılamaz. Komşularına ve Kuzguncuk'a bağlıdır" dedi. Ben de hak verdim. Yoksa, yanıma alacaktım. Elfe de bayıldı. "Ne şeker nine" diye boynuna sarılıp öptü. Şaziyanım onu tanımıyor. Komşu kızı "Anula" dedi. Bu Anula değil dedim bil bakalım kimin kardeşi? "Aaaa... BU KARACAMIN kardeşi bu. Karacamın küçüklüğüne benziyor, beş yaşındaki haline benziyor" dedi. Elfe, bozuldu biraz. Sonra gene şakaya vurduk. Bu kız on dördünde. Beş yaşında olur mu? diye. "Karaca nın beş yaşındaki hali" diye tutturdu... Neyse, gözleri iyi görmüyor diye gülüştük falan... Sevgili oğlum, sana her "Oğlum" deyişimde sanki, yeni bir haber verecekmişim gibi ümitle doluyum, ama, hep günlük, ufak tefek ayrıntıları anlatıyorum ve de hep geçmişe ait şeyler oluyor bunlar. Beni sakın geleceğe kapalı bir insan olarak görme. Ben kendim istikbale ait oluşacak şeylere hazır bir anne'yim. Yalnız, bu istikbali tek başıma, ve yalnız başıma kendim için yaşayacakmışım gibi gelmiyor içimden. Sebebine gelince, bir kadın olarak -hâlâ fizik ve duygusal yönden başka biriyle bir şeyler paylaşabilecek bir iç yapım ve dış görünüşüm olmasına rağmen- yalnızım. Nedense, nedense değil bir türlü cesaret edemediğim için yeni bir arkadaş aramıyorum. Süslenip, püslenip kalabalığa karışamıyorum. Geçirdiğim, 25 yıllık iki evlilik beni, ruhen yıktı. Sinirsel olarak erkeklerden kaçıyorum ve de korkuyorum.

10 Haziran 1981

Sevgili oğlum,

Çok gecikerek epeyce, seni üzerek bir zaman sonra yazdığım için ne kadar üzgün olduğumu bilemezsin. Aslında sana uzun, roman gibi yazdım. Hep romantik eski düşüncelerdi. 10 sayfa tutuyordu. Bunlardan yalnız "Şaziye hanım" hakkında olan bahsi bırakarak sana yeniden yazmak icap etti. Kendi sulugözlülüğüm, eski şeyleri karıştırmam haftalar sürdü, sonra da bunları sana yollamaya karar verdim. Sana telefonda "duygusallığı bırak" diye tembih eden bir anne olarak ne kadar duygusal oluyorum mektup yazarken... Elfe mektubunu aldı. Çok sevindi... Ağabeyim, "sertleşmiş" "Amerika Ağabeyimi sertleştirmiş, senin düşündüğün gibi eski Karaca değil o. Üzülme, ona boyuna şunu, bunu yazıp üzmeye çalışma" dedi...

Yani "beni romantik buluyor." Belki haklı. Neyse buna sen kendin karar verirsin, Kendisi sana yazacakmış hele bir oku da, bakalım neler yazacak? Aslında son zamanlarda Elfe'yle benim aramda da bir uzaklaşma oldu. Manevi olarak... Genç kız oldu, kız arkadaşların ve onların arkadaşlarının etkisinde ve tepkisinde (Şu yeni Türkçe ne çirkin değil mi? Etki-tepki gibi vb.) Senin anlayacağın haklı olarak bunalımlara doğru dolu dizgin yelken açmış gidiyor.

Ona yumuşak olmaya çalışıyorum ama, Okuldaki arkadaşları çok zengin kızlar, ve de Yahudiler... Ah o Yahudiler... Ne kadar, imkânlı ve birbirilerini tutan aileler. Ve de yabancılara karşı amansızlar... Hepsi çalışkan, iki dili şimdiden konuşuyorlar. Avrupa yaz tatilleri... En fakiri Büyükadada... Türkler de zengin Türk kızları da o okulda. Danslar partiler hep benim kıyafetlerimi veriyorum Elfe'ye çok sükse yapıyor. Bir dahaki seneye Elfe'ye yeni kıyafetler gönder inşallah Amerika'dan. Bana da eskiciden bir uzun kürk manto. Çok hevesim var. Yeni olursa imitasyon kürkleri bir şaheserdir Amerika'da. Nereden nereye geçtik? Neler yazacaktım sana, gerçeklerden olanlardan, bahsedecektim.

Karaca, senin sayende, yazı, yalıda geçireceğiz. Çünkü, senin gönderdiğin paralarla Kuzguncuk'taki Aslanlı Yalı'nın orta dairesini tutuyorum. Bankada senin son gönderdiğin paraların 45.000 TL'sini bu işe yatırıyorum. Neyse antikalar falan iyi oldu... Şimdi de Elfe'yle bana yalıda bir tatil hediye ediyorsun... Orada geçireceğimiz her günün her saatinde sen yanımızda olacaksın. Keşke yeşil kart çıkarabilsen de gelip tuttuğumuz yalıda bizimle olabilsen. Yalıya neredeyse sürünerek geçen 74-65 no'lu vapurları seyredersin. Vapurun zili duyuluyor. Aslanlı Yalı'yı bilirsin. Eskiden Aslanlı Yalı deyince kocaman heykeller sanırdım. Yıllar geçtikten sonra aynı Aslanlı Yalı'ya kiracı olarak giriyorum. Ve o gözümde büyüyen aslanların bir kedi'ye benzediğini görüyorum. Evet. Yalının cadde girişinin kapısının iki yanında ve deniz yönündeki balkonunda, iki yanında tam ikişerden dört tane aslan daha doğrusu 4 kedi var. Oturmuş durumdalar. Belki hatırlarsın. Vaniköy'deki yalıda mutlu bir yaşam sürememiştim. Kuzguncuk'ta bunun acısını çıkaracağız hep birlikte inşallah... Sen, "Vapur Seven Kardeşim" diye harika bir şiir yazmıştın. Emin ol ki bugün Türkiye'de yazılanlar bu ayarda bile değil, belki en iyileri senin bu şiirinin ayarında... Belki ben yazar olmasaydım sen yazar olacaktın... Belki ben seni çok etkiledim. Elfe'de de bu var ama, senin ölçünde değil. O, daha ziyade bilimsel bir yöntemle düşünüyor. Senin mektubun için (Elfe'ye yazdığın cevap) "Ağabeyimin kompozisyonu bir harika. Ne kadar güzel toparlamış düşüncelerini bana sunuvermiş... Bu kadar kolaylıkla olacak iş değil bu. Ben anlarım, ağabeyim bir büyük yazar yeteneği taşıyor, yazsa çok muvaffak olur, hem de bu kadar yıl yurdundan, ana dilinden uzak olduğu halde... Bu kompozisyonla ve Amerika'da geçen olaylarla ne şaheser şeyler yazabilir ve buna adını koyar. Meşhur olur ağabeyim Amerika'da" diyor. İşte, kızkardeşinin senin hakkındaki fikirleri... Ne diyorsun? Ben, onu doğru buldum. Ve de haklı. Tabii benim, kendi yeteneğimin dışında, bir yetenek düşünememiştim. Affedersin... AMA, ŞİMDİ Elfe'nin senden beklediği şeyi ben çoktan biliyordum, bir de Karaca benim gibi zor yazarsa diye düşünmüştüm, uzun iş gibi gelmişti. Şimdi hayatın çok uzun olduğunu görüyor ve seni bu yönde fazla desteklemediğime kızıyorum ki 14'ünde bir kız kardeş bunu görüyor. O uzun gibi gelen uğraşı ömür boyu sürüyor bence. Karaca, yazmalısın. Hayat o kadar uzun ki, zaman o kadar uzun ki... Yazabilirsin ama, artık bir Amerikalı gibi... Orada gazetecilerin ne küçük konularda ne büyük işler yaptıklarına inanıyorum. Bazı Amerikan filmlerinde röportaj biçimindeki kompozisyonları görüyor ve izliyorum. Amerikan filmlerinde ve de televizyonda. Çok basit yazılmış ve gerçek şeyler yazıyorlar. Hayret ediyorum. Bu Amerikalılar çocuk gibi. Onların çok tuttuğum yanı, bir anda bütün bir kitlenin sevgilisi oluvermek. En basit bir duyguyu yeni bir açıdan dile getirmekle bu oluveriyor. İhtiyar Fransa'nın kültür düşüncesi, ve san'at görüşü ile çok farklı düşüyor Amerika. Fransız entelektüalizmi ve çok bilmişi iği, ukalalığı yok genç Amerika'da. Tarih olarak bu gençlik oldukça sertlik de getiriyor görüşlerine, hemen, felsefe yapmadan, bu sertliği dile getirmek bile yetiyor. Fransızlarda bu sertlik, uzun düşüncelerin ve de emeklerin, çeşitli üslup denemelerinin altında, tıpkı bir mikroskop altında incelendikten sonra bulunabiliniyor. Daha doğrusu "keşfediliyor", "yaratıcı" oluyorsun... Türkiye'de de bu iş böyle. Modelimiz Yaşlı Fransa... Halbuki bakıyorsun Amerika'da bir filmci, New York'un gece hayatını ve de ışıklarını renkli olarak yansıtarak, bu renkler altında, çok sade bir biçimde, bir İtalyan gencinin Amerika serüvenini, en sert biçimde anlatıveriyor. Taksi Şoförü'nü gördüm, Robert De Niro'nun o duygusal İtalyan gencinin New York'ta ne hale geldiğin, BİR duygusal ilişki kurmak uğruna nasıl silahlandığını, İNSANİ BİRTERÖR-e girdiğini ve de böylece, hayatını ölüm tehlikesine atarak -duygusallık yüzünden- oysaki, hiç istemeden ve farkında olmadan bir Amerikan kahramanı oluşunu fevkalade bir biçimde görüyoruz. Bu bir yaratıcılık değil, aslında Amerika'nın sert koşullarından gelen bir oluşmuş, kendi kendine san'at haline gelmiş; bir olay, San'at olayı... Robert De Niro'yu "Avcı" filminde de seyretmiştim. O filmde de çok sert gerçekler vardı ama, konusu kolaydı -HARPTİ- ve Vietnam'da olan işkenceleri sertliği biliyorduk. Bu yüzden BELGESEL bir eserdi "Avcı" filmi... Ve de, Robert De Niro yer yer, "Avcı" filmindeki rolünü andırır silahlarla oynuyor görünüyorsa da bu filmde ayrı bir kompozisyon çiziyor. Konak sinemasında filmi seyrederken yanımdaki kadın, durmadan konuşuyordu, "hay Allah ne biçim şehir" diye. Film oynarken, konuşmaya başladık, etraftan susturdular. Meğer kadının kızı da New York'ta imiş, O'nun için korkuyordu, ne yapar kızim bu şehirde, telefon edeyim gece sokağa çıkmasın bari dedi. Ben de "Benim de oğlum orada, korkacak bir şey yok" falan diye teselli ettim ama, biraz bozuldum desem yalan değil. Karacacığım, çok dikkatli olduğunu biliyorum. Ayrıca senin bu aşırı dikkatinin (insanlar hakkındaki) seni kötü durumlara düşürmeyeceğini biliyorum. Daha bayağılıktan kaçtın. Ama, gizli bayağılıkları kimse göremez... Onun için üzülme. Zaten, önemli olan, ortada görülen açık, kaba, seni afişe edebilecek bayağılıktır gerisi boş... Yani, incelmiş bir ortamda, gene incelmiş kurnazlıklarla uğraşmak, zorundasın. Bütün mesele, ayakta, iyi bir ortamda, senin şimdi durduğun gibi bir yerde durmak, orada çalışmak.

Sevildiğin için elbet seni olumlu yöne çekecek arkadaşların olacaktır. Fazla da incelmesine gerek yok duygu söz konusu olamaz ortak senin durumunda. O bahsettiğin kulüp sahibi -para işleten öbür arkadaşın- sana yardımcı olacaklar ümidindeyim. Herhalde oluyorlardır da... Karacacığım bana niçin şu yeşil kart meselesini hiç anlatmıyorsun? Bu YEŞİL KARTI almalısın. Bizler için de...

Geçenlerde baban, kendi yaşından ve tecrübelerinden umulmayacak bir cesaretle "Sigarayı Bırakanlar Cemiyeti" adı altında oluşmuş, spor yapan, koşan hareketli kişilerle gençlerle birlikte Pamukkale'ye doğru Trenle sarsıla sarsık tekerleklerin üstünde bilmem kaç saat gitmiş. Pamukkale'de koşup oynarken, bütün tuzlardan oluşmuş o asarı atika tuz gölüne, pamuk yığınları bulutlar halinde. "O kadar güzel ki" diyor, ayrıca görmekle de yetinmemiş, resimlerini de getirmiş bir sürü. Bana yatakta yatarken gösterdi, "İşte şu göle eğildim ,tuzdan oluşmuş bu pamuk yığınına elimi daldırıp bir avuç suyu burnuma çektim"... Çeker çekmez kan boşanmış... O sıcak tepede ve zehir gibi tuzlu suyu burnuna çekince, herkesin boşalabilir. Artık genç değil. Ayrıca, bütün o yolculuk yorgunluğu. Ağır yemekler yiyor hâlâ. Tansiyonu yükselmiş. Karaca, Allah korusun, bu durumda felç olabilir insan... İyi ki burnundan kan geldi kurtuldu. Ondan sonra evde yattı, ben onu Hastaneye yatırmaya ikna edemedim. Fena halde beni azarlıyor. Şimdi iyi. Ateşlendi de epeyce kilo verdi. Ben komposto pişirdim. O, iyiyim diye sokaktan döner aldırıp yemiş. Maksadım babanı şikâyet değil, tam tersine moralmen öğülecek kadar iyi. Yani Allah'a inancı tam. Mukadderata inandığı gibi hayattan fazlasıyla zevk alabilmek için çırpınıyor, hatta kendini fazla yoruyor. Benim burada diyeceğim, yalnız moralle doludizgin seyahatlere falan çıkarsa, ayrıca ben sağlam bünyeliyim diye otobüslerde ayakta seyahat eder, günde, 10 km. yol kat ederse, yani gençlik yıllarındaki gibi yaşarsa, bir gün başına bir hal gelebilir. Bende de bu korku çok var. Ben de babanın tersiyim.

Her ay Hastaneye gidip kontrol olurken ağlıyorum. Hep kalbim büyük, arızalı, yamalı diye. Ölünceye kadar dikkatli yaşamam lazım. Ama nerde, olmuyor tabii. YEŞİL KART meselesi için bütün bunları yazdım. Çok uzattım. Kısaca ve cesurca söyleyi ve reyim. Babana ya da bana bir şey olursa, ölüm her zaman için yanı başımızda. Bunu unutamamak gerek, sana bunun için diyorum ki, en kötü ihtimali düşünmelisin. İnsan trafik kazasıyla ağır yaralanabilir, ölebilir. Seni görmek isteriz. Senin birtakım mal mülk meseleleri için gelmen gerekebilir. Bunu şimdiden düşünmek çok gerçekçi bir yol. Babanın ve benim senden başka kimsemiz yok. Türkiye'ye gelmen gerektiğinde gene kendini düşünmelisin.

Canım Karacam, bunlar seni üzmesin ve sinirlendirmesin. Herkes, en zengininden en fakirine kadar, bu gibi şeyleri ilkönce düşünüyorlar. Unutma ki Elfe 18 yaşında olsa, ben kendi açımdan sana bunları yazmam bile. Fakat, benim hastalanmam, şu bu sebeplerden dolayı, Ömer'in Elfe'nin varisi olarak evime girmesini, eşyalarımı iç etmesini düşündüğüm zaman bütün sinirlerim tepeme çıkıyor. Şakadan bile öleceğim aklıma gelse, sen Amerika'dan gelinceye kadar, Elfe ne yapar diye düşünüyorum. Elfe'nin de benim de kimseye itimadımız yok. İşin aslına bakılırsa, Elfe de ben de, idealimizde, hep Amerika'ya gelmek orada yaşamak var. Elfe büyük bir kuvvetle, çalışır, ilerlerim diyor kendini, hep çalışıp hayatını kendi kazanan, ve de beni de yanına alıp mutlu olmak hayallerini kuruyor. Hele ağabeyim iyice bir yerini yapsın. Ben de orada okur imtihanları kazanırım diyor. Çok çalışkan ve sınıf geçme yeteneği var, delicesine ders çalışıyor, kemanı bıraktı, şimdi Arapçaya da çalışıyor.

SANA MÜJDEYİ VEREYİM. YALIYI TUTTUK. PARAYI VERDİK. Şimdi evi topluyoruz. Yazlık ne kadar çok şeyim varmış. Hep İngiltere'den, Afrika'dan, hatta, Afrika'daki eskicilerden "CANKARA MARKETTEN" aldığım bir sürü, modaya uyan, uymayan, uzunlu kısalı elbiseler. Geçen seneki mayolarım yepyeni çünkü geçen yılı tümüyle, Hastanede geçirmiştim. Çok şükür, bugünlere geldik. Canım oğlum, senin sayende yazlığa, hem de Kuzguncuk'ta Yalıda geçirmeye gidiyoruz. Bugün 22 Haziran 1981 ve yanımda Teyzen, antikacıdan 15 bin TL'ye aldığımız el makinesi. Üstündeki yuvarlak makinenin kapağında kocaman Arap harfleriyle (Emin Aptullah Efendi için yapıldı, SELANİK) yazısı var; İkinci Dünya Harbi'nden kalma. Karaca, Babanı merak edersin diye tekrar yazayım, üç gün önce, perşembe günü bana geldi, senden mektup bekliyormuş. Sana hastalandığını anlatan bir mektup göndermiş, cevabı yakında gelir diyor. Sıhhati iyi. 7 kilo kadar zayıflamış. Daha iyi olmuş. Oturduk, taze yeşil fasulye kıymalı, gene çilek üstü şekerli yedik. Bol bol soğuk su içti. Otur falan dedim. Fakat eski şakaları yok, çünkü, rakı içmeyi kesmiş. Onun için saati geldiği halde rakı içmedi. Bu yüzden, kederli bir hali vardı. Uykuları bozulmuş. Tabii kaç senelerin alışkanlığı var. Gene, çok iyi. Aferin, rakıyı bırakabilmiş.

Karacacığım, sana yazacak çok şeyler var ama, bunlar her mektubumda olduğu gibi benim görüşümden şeyler. Herkesin görüşünden olan şeylerse: Herkesin Bankalara, Bankerlere hücum ettiği, Bodrum şehrinin Türkiye'nin en sosyetik ve adi dedikodulu bir yer haline geldiği ve buna bağlı olarak da zenginlerin, ahlakça zayıfların, homoseksüellerin, sanatçıların -şimdi onlar da homoseksüellik modasına uydular ya- Bodrum'a yerleştikleri, 60 yaş civarında bütün zenginler orada kurulan yeni bir kente kaparo yatırıp yapılan ve de yapılması süregelen

Bodrum tipi (Beyaz badanalı dubleks Yunan evleri modelinde, evleri satın alıyorlar. Yat Limanında, yatlarında Rıviyera Hayatı yaşıyorlar. Bu konu seni ilgilendirmiyor biliyorum. Ben kendi açımdan bakıyorum. Baktığım zaman tıpkı benim gibi iki güzel çocuk yetiştirdiğini, fakat, oğluna olsun, bütün gayretlerine rağmen, bir yerden sonra söz geçiremediğini ve de ileride çocuklarının çok sert tenkitlerine hatta nefretlerine uğrayacağını düşünüyorum. Genellikle bu böyle olmaz burjuva toplumlarında... Ancak Bodrum'da öyle tefessüh etmiş bir toplum var ki, insan genç ve aydın olarak bunlara karşı çıkar... çıkmalıdır. Zaten, Bodrum'daki zengin ailelerin çocukları, kızları daha üç yıl önce esrar partileri yapıyorlardı. (...) bunları biliyor, onun çocukları böyle yapmazlar ama, acaba ne yaparlar? Bilmiyorum elbette ki bu sosyetik ana babaya bir tokat hazırlanıyor, ama, ne zaman yiyecekler çocuklarından bu tokadı? Eminim yiyecekler. Bunu belki kendileri de biliyorlar ve gizliyorlar. Şimdi bu yönde kendi açımdan, çocuklarımın saadetini düşünerek hareket eden bir anne olarak, kendimi onlardan daha mutlu görebilirim. Eskiden Ömer vardı mutsuzdum. Şimdi sen varsın ve Elfe var, sadece sizlerin hayatının değerlendirmesini yapıyorum. Belki ben de, senin hayatına karıştım, şunu bunu yapma, iyi değil dedim ama bu bir şirket haline dönüşmüş aile sömürüsüne benzemiyordu. Karı koca şirket gibi çalışıyorlar çocuklarını yönlendirmek için. Evet evet ama bir yere kadar değil mi Karaca? Bak, ben senin hayatına artık yön verebiliyor muyum? Sana bakıyorum: Babasız -baba baskısından ayrı demek istiyorum- büyüdün. Benimle arkadaş gibi olarak Londra seyahatine çıktın. Babanın para desteğinden ve benim uzaktan gayretlendirici sözlerimden, yazılı kâğıtlarından başka ne desteğin vardı? Her arkadaşlığından yaralı ayrıldın. Bu, bu toplumun normal, ortalama kaderidir. Bu kaderin -BU ORTALAMA KADERİN- ÜSTÜNE ÇIKTIN. HER YARA SENDE OLUMLU BİR DAVRANIŞ YARATTI.

HER ACI SENDE İNSAN SEVGİSİNİ İTECEĞİNE İNSAN SEVGİSİNE KUCAK AÇTI. BENCE BÜYÜK BİR İMTİHANDI BU VE DE GEÇTİN BU İMTİHANDAN. HEM DE MADDİ GERÇEKLERE, PARAYA TAM HAKKI OLDUĞU KADAR ÖNEM VERDİN. YANİ PARA'NIN DA İNSANİ SEVGİNİN YANINDA OLDUĞUNU KENDİN GÖREREK VE ÇALIŞARAK EN YETERLİ BİR TAHSİL DERECESİNI YAPTIN. Daha fazlası bir işin ihtisasını yapmaktı, tek bir şeye derinlemesine yön vermekti ve de bir kapını kapamaktı. Sen bu imkânları en üst düzeyde bir tahsil derecesiyle açık tutuyorsun. Her şey olabilirsin; Ekonomist, Tüccar,Yazar, Entelektüel, Romancı, Gazeteci, Sinemacı, SÜRÜCÜ -AMA NE SÜRÜCÜ VE NE YAKIŞIKLI BİR SÜRÜCÜ- DÜNYANIN EN GÜZEL SÜRÜCÜSÜ VE HERHALDE DÜNYANIN EN GÜZEL ARABASIDIR. (Babana paketleri getiren o iyi adam, ve de bana 80 doları getiren iyi adam. Senin için babana "New York'un en şık arabasında görüyorum oğlunuzu" demiş. Seninle iftihar ediyorum. İşine devam et ve bana İŞİNLE İLGİLİ HİKAYELER ANLAT LÜTFEN. HAYATIN İÇİNE DOSDOĞRU GİDİYORSUN. BANA BU GİDİŞİ ANLAT KARACAM. ESKİDEN ARKADAŞLARINLA GEÇEN HERHANGİ BASİT BİR OLAYI ANLATIRKEN KULLANDIĞIN O İNCE GÖZLEMLERİNLE, MİZAHINLA ÇİZ. DRAMATİK OLANLARI DA YAZ BANA. YAHUT KENDİKENDİNE YAZ. BİTİRDİKLERİNİ GÖNDERİRSİN. YAZMAK İSTERSEN DEVAM EDERSİN. İLKÖNCE BEN SENİN GEÇİRDİKLERİNİ ÖĞRENMEK İSTİYORUM. AMERİKA'DA HER GÖRDÜĞÜNÜ YAZMALISIN. İLERİDE SANA ÇOK LAZIM OLACAK. KİTAP OLARAK ÇIKARIRSIN.Ben, önümüzdeki kış içinde senin bana anlattığın arabaların öyküsünü roman olarak çıkartacağım. Aslanlı Yalı'da Kuzguncuk'ta çalışmaya başlayacağım. Salah Birsel, (Senin en sevdiğin Hacivat'ın Evi şiirini yazan) boyuna bize geliyor, boyuna benimle ilgili izlenimlerini kitaplarına yazıyor. Elfe'ye, "Annenin yazdığı her kâğıt parçasını lütfen sakla, bunu unutma, Türk edebiyatının en büyük yazarıdır, başkaları da anlayacak" diyor. Elfe, "O, sadece Ağabeyime yazıyor, maalesef" diye konuşunca, "Aman Elfe, lütfen onları da saklamasını söyle ağabeyine" dedi. Karacacığım, sana yazdığım şeyleri hiç düzeltemeden, bir oturuşta 10 saife çıkararaktan, aklıma gelenler şeklinde yazıyorum.

Edebi bir kıymeti yoktur. Ama, emin ol, ortalıkta isim yapanlar ve çift ödüllüler, benim sana yazdığım gibi bile yazmıyorlar. Benimkisi içten gelen bir sevginin, bütün tehlikeleri ve mutlulukları görebilmek için sayfalar halinde çoğalışı, bir yerde, katılaşması elle tutulur bir kalınlığa gelinceye kadar duygularımın ve düşüncelerimin üst üste gelişi oluyor. Tabii özel bir sevgiden kaynaklanıyor. Ana-Oğul sevgisinden. Gönderdiğin paralar da bu sevginin içinde. Hepsi birlikte yoğun bir şekilde yaşıyor.

Ben, seven insanın sevdiğine para vereceğine inanıyorum. Sevmeyen (Ana-evlat) dışında da bir insanın sevmediği için para vermeyeceğini biliyorum. Sevgisi varsa bir insan sevgisi olana para verir sevmezse vermez. Bu, insanların eğer ellerinde böyle bir imkân varsa, sevgisini somut hale getirmek istemesidir. Ona yoğun olarak sevgisini sunar. Bana baban da, Ömer de bu sevgiyi, ufak imkânları olduğu zamanlarda bile sunmadılar. Çünkü, beni sevmediler. Ve hayatlarında kimseyi de sevmediler. Baban seni sevdi, Londra'ya gönderdiği paralar bunu ifade eder. Vazifesi olsun olmasın benim için gerçek sevgi, birinin birisine para vermesidir. Karısına para vermeyen, cimrilik yapan biri o kadını sevmiyor demektir. Benim ölçüm budur. Çok basit ama doğrudur. Ben, sana ve Elfe'ye para verebilirim. Başkasına (Eskiciler hariç; ben koleksiyoner durumlarına giriyorum bazen) veremem. Kendime bile harcamıyorum. Belki daha gencim bir sevgi ilişkisi kurabilirim diyorum. Fakat bunun için hiçbir zaman hazır olmadığımı biliyorum. Komik bir durum. Biri gelip beni çukurumdan (kendimi bir çukur açmış ve içine saklanmış görüyorum. Sanıyorum, gerçek bir çukura benziyor bu. Başkalarının görmediği bir çukur? Elfe bazen görebiliyor) çıkaracağını düşlüyorum. Fazla uzattığımın farkındayım. Sonra "U"ları "U" gibi görmeye de başladım. Bundan böyle daha kısa daha sık yazarım, seni böyle yoğun bir laf altında bırakmamak istiyorum. Karacacığım, yukarıda Salah Birsel'in benimle sık sık konuşmalar yaptığını ve kitap yazdığını söyledim.

Elinde çok sade ve basit, yassı, masaya konan ve hoparlörü de masaya konan bir ton bant'ı vardı. Artık yazılarını bu konuşmalarla kolaylıkla yazabiliyor. Birisi konuşurken anlattığı şeyleri sonradan dinleyerek, kendine göre montajlarını yapıyor. Benim yazılarımın özellikle alt alta yapıştırdığım kâğıt parçalarının, yerine geçebilir bu ses kayıt makinesi. Ben şu karışıklıkta, Kuzguncuk'a taşınırken bunu yazmam belki çok garip ama, yazılarımı böyle toparlayabileceğim, belki Nebahat'in anlattıklarından yeni yeni modeller -ROMAN İÇİN- roman yazıyorum artık, düşünüyorum. Pardon daha roman olarak toparlamaya başlamadım. Sadece karar verdim. Bunu sana haber veriyor, ve çok iyi bir adam Amerika'dan acaba bana bir makine getirebilir mi diye yazıyorum. Aslında hiç üzüntü etme, olamazsa aynı modelde burada da bulma imkânı var. Yalnız şimdi Avrupa malları yasak. Satılmıyor. Bin türlü yasak var. Yolcu otobüslerinden, dolmuşlardan indirilip aranıyoruz, kimliğimiz soruluyor Karacacığım. Ben bu mektubu üç dört defa onar on beşer günlük kesintiyle yazıyorum. Şaziyanıma dün gittim. Boynuna sarılıp her gün beraber olacağımızı söyledim, iki hafta önce pazar günü taşınma yapmıştı. Yeni evi cadde üstünde. Kilisenin karşısında. Yalıda onu misafir ederim isterse geceleri kalır. Evini de bırakmaz. Kışın bende kalacak. Karacacığım. Sanki, güzel edebiyat varmış gibi, millet roman yazmaya merak sarmış. Türkiye'de her şey okunuyor. Ve Zeynep

O rai, benden konuşma rica ediyor. Gene bugünlerde, kuyruk acıları gibi beni hissediyorlar, bir türlü unutamıyorlar Yanık Saraylar'ı. Eski defterleri karıştırıyorlar. Anlayacağın araştırma konuşuyum Türkiye'de... Benimle iftihar edebilirsin ileride... Sana bir roman bırakacağım. Bu hiç unutulamayacak... Seninle ikimizin Otomobil macerası bu "FORD MACH I". Seninle günü gününe takip ettiğim Fenerbahçe yarışları. Otomobiller, benim onların arasındaki heyecanım. Ve sonunda araba almamız ve de kendimi araba gibi hissetmem... Kim bilir şimdiki arabanı görsem ne romanlar döktürmeye kalkarım... Karaca sen de yazacak mısın? Bana söz ver. Amerika'yı kaybetmeyeceksin. Hiç değilse kendi hayatın açısından önemli gördüğün şeyleri not al ve hemen yaz bir yere. Amerika'da çok yazarların kullandığı gibi, benim de senden istediğim o makineye söyleyip kendi kendine konuşabilirsin ya da enteresan şeyler anlatan yaşlı ya da garip ayrıntıları, hikâyeleri sana anlatan kişilerden yazı malzemenin tümünü toplayabilirsin. Senin oradaki yaşamını ebedileştirmeni istiyorum. Belki erken ama hele bir başla bakalım. Televizyon seyrederken bile aklına yeni yeni fikirler doğabilir, sentezlere gidebilirsin. Çok kabiliyetlisin yavrum.

Bana hemen cevap yaz, babanı da unutma, değerli Karacam. Sana en iyi temennilerle yazmanı dilerim ve de mutluluklar içinde yüzersin inşallah derim.

Yanaklarından, güzel gözlerinden, yüzünden gözünden hasretle öperiz. Elfe ve ben seni düşünüyoruz, yanındayız, bizi unutma.

Seni seven ANNEN ve Elfe.

28 Haziran 1981
Kuzguncuk Aslanlı Yalı

Sana, cevap gönderdi beş gün oluyor. Biz taşındık Aslanlı Yalı'ya, şimdi balkonda oturuyorum; yani denizin üstünde hatta, ortasında gibi bir şey. Vapurlar yanımızda, Şirketi Hayriye, 71, 65, 74, 68 nolu vapurlar hâlâ çalışıyor. Sen onları bilirsin; yalılara düdük, çalıyorlar.

Kaptanların yüzünü görebiliyorum. Çok genç Karayağız delikanlı kaptanlar yetişmiş. Eski babacan bir iki kaptan hâlâ çalışıyor. Evin içinde dolaşırken (üç büyük oda) hepsi denizin üstünde. Hacivat'ın evi gibi, yerler süpürülmekten aşınmış tahta. Fakat bina bildiğin gibi yüzyıllık ve taştan dört aslan var önde ve arkada. Bu aslanların yok oluşuyla ilgili iki şey duydum. Ev sahipleri satmışlar ya da çalınmış!

Biraz önce mutfaktaydım. Biri aksırdı zannettim. Şöyle yüksek sesle, kim hapşurdu? diye sordum Elfe'ye. "Anne ben de biri hapşurdu zannettim. Hapşuruk değil o, kaptan düdük çaldı, yarım kaldı düdüğü."

Yani şöyle vuut vuut vuut diye iki kere. Vapurları da insan gibi görmeye başladım galiba. Bir vapur hikâyesi, romanı başlıyor demektir.

Sana bu mektubu telefon no'sunu vermek için yazdım.

Binada balkondan bir çıngırak geçiyor. Sen telefon ettiğin anda çalıyor, ben yukarı koşuyorum.

Canım oğlum, telgraf çekemem belki, doğum gününü kutlarım. Happy Bird day. 3 Temmuz inşallah bu yıl sana en büyük şans dönencesini getirir.

Sevgiyle öperim.

Annen.

15 Nisan-12 Mayıs Arası Erenköy

Sevgili Karacacığım,

Son telefonundan sonra, gönderdiğini söylediğin mektubunu da aldım. Çok teşekkür ederim, sana yazamadığım halde, bana yazmayı ihmal etmiyorsun, sağ ol. Yalnız, mektubun içinde Memet Fuat'a verdiğin cevap yok. Kaybolmuş. Mektup New York'ta ıslanmış ve açılmış, sanıyorum ki her nedense, Memet Fuat'a yazdığın mektubu da, içinden almışlar. Belki pul parası az geldi. Bilemiyorum, üstünde bir de damga var mektubun, kesip zarftan sana gönderiyorum. Ne anlama geldiğini herhalde sen anlarsın. Ben anlayamadım. Önemli değil, bir daha seferki mektubunda gönderirsin. Ne yazdığını merak ettim. Burada, Çağdaş Eleştiri Dergisi'nde çıkan yazı ve kapaktaki kompozisyon-yorum öteki yazarları çıldırttı. Bir tanesi 25 yıllık bir düşman Leyla Erbil, "Samuel Beckett'i en çok ben sevdim 25 yıl önce ama, şimdi artık bir şey ifade etmiyor, artık yazarlık yarışından çekiliyorum. Kimse benden kitap beklemesin, benim kitaplarımı sevenler başlarının çaresine baksınlar, ben yok'um" diyor, Yaz-ko Dergisi'nde verdiği beyanatta. Hayli inatçı bir düşmandı. Afrika Dansı kitabımla silindi. İddiası falan kalmadı. Çünkü O'nun bütün hırsı bana yetişmekti. Yanık Saraylar kitabımdan beri... Fakat "Afrika Dansı" diyebilirim ki yazar çevrelerinde bir panik yarattı, özellikle Çağdaş Eleştiri'deki Feyza Zaim'in yorumu. Dün akşam da Afrika Dansı ve Çağdaş Eleştiri'deki Feyza Zaim'in yorumu üzerine Alp Çetin diye bir şahıstan övücü tebrikler aldım. Pek halka inmesine imkân yoksa da, üst düzeydeki kişilere, sanatseverlere mal olmuş durumda. Yanık Saraylar'dan fazla yankı uyandırdı. Fakat ondan fazla düşman kazandı. Gene Yazko Edebiyat'ta Nazlı Eray diye, halka inmiş bir yazar, benim "Afrika Dansı" öykümü alarak, bir öykü yazmış, aklınca alay ediyor. Tabii kendi küçük kalitesini ortaya koymuş. Benim de reklamımı yapmış oluyor. Bu, Memet Fuat'ın, halkın alıştığı tarzda yazdığı, halkın istediğini halka veren bir yazar. Ben, Memet Fuat'ın bana hiçbir zaman söylemeyeceği ama sana söylediği şeyleri zaten biliyordum. Onun için, benden kimsenin bir şey istemediği bir ülkede, ben kendim istediğim ve sen istediğin için yazdığımı biliyordum. Ama, Türk Edebiyatı Tarihine geçen kitap yazdığımı da daha baştan gene biliyordum. Ancak, bu günleri, bu mücadeleyi de kendi öz hayatım olarak yaptığımı da biliyorum. Her kitabım bir olay oluyor. Ama ben, yapayalnız bu olayı yaratan insan, toplumdan soyutlanmış bir halde yaşamak zorundayım. Çünkü, benim yazdığım biçimde bir yazar için, dünyayla alışveriş kurmaya imkân yok. Gözlerimi, kulaklarımı, kalbimi, kapatmalıyım bütün güzelliklere, zenginliklere ki, aklım herkesin görüp sevdiği şeyleri görmesin, güzelliklere dalıp yanlış düşüncelere kapılmayayım. Sevgi mevgi isteyip kendi kendimi kandırmayayım. Sonra benim yaşadığım yaşam beni cezalandırır, yazı yazamam. Benim yazı yazmam kendi kendimi bir hücreye, belki kendi içimdeki bir hücreye kapatmama bağlı. Herkes gibi mutlu olmak için uğraş veremem, kendime aykırı gelen şeyler, mutluluklar, umutlar, zenginlik, onun getirdiği nimetler... Bunlar benim edebiyatımda yok. Bunların olmadığı, tamamen yalnız, ve ümitsiz bir ortam; her şeyden umudunu kesmiş bir yazarın yazmayı sürdürmesi... Yazdıklarımın konusu kendi kendisi olan bir edebiyat benimki. Kimseye bir bok yok. Zaten kimsenin kimseden beklediği bir şey yok.

Benim konum yok. Konu edebiyatın kendi kendisi... Bunu anlayan yazarlar var tabii. Ama onlar çok ileri düzeydeki ülkelerde yazıyorlar...

Neyse, bütün mesele, Nazar Büyüm'ün iki yıl önce, benden bir roman yazmamı istemesiyle başladı. "Ford Mach I'ı bitiririm" dedim... Bitiremedim, çünkü bitmez, Nazar Büyüm'ün düşündüğü anlamda bir roman değildi. Bunu da söyledim. Onu da kabul etti. Fakat ben gene bitiremedim. Ford Mach I'ın çalışmasından "Afrika Dansı" çıktı... "Palyaço Ruşen" diye bir kitap daha çıktı, "Everest My Lord" çıktı... Ama, bunları, onlara anlatamam. Sana söylüyorum. Ford Mach I çok büyük bir çalışma oldu. İçinden yüzlerce ayrı öyküler, acayip şeyler çıkaran bir makine gibi. En sonunda arda kalanlar "Ford Mach I"ın kendisi olacak... Şimdi, gene de bir şey söyleyemem, belki birden bitirebilirim de. Ama bütün mesele masanın başına oturabilmek, dünyayla ilişiğimi -parayla- kesebilmek... Durdukça bir para kesesi gibi görüyorum kendimi ve yazamıyorum. Sana her zaman söyledim, senden aldığım paralar, benim çalışma ortamımı, hürriyetimi bana vermiştir. Karaca, Hastaneden çıktıktan sonra, gazeteler ve nikah günü gibi imza günleri resimlerinden başka bir mektup gönderemedim. Hastaneden beri bana yazdığın 3 mektubuna da cevap bile veremedim. Sarkis'lere falan da yazamadım (Dün Işıl'dan bir mektup aldım, yazı Boğaziçi'nde, Çengelköy'de yalı tutmuşlar burada geçireceklermiş. Hep beraber oluruz diyor). Hastaneden çıktıktan sonra sana telefonda söylediklerime gelince: Yıllar öncesi olan bir olayın bende yaptığı üzüntü; Babanın seni İngiltere'ye göndermemek için Altın Yurt Kulübüne, Memet Fuat'a gidip "Karacayı yıldız yapın. İngiltere'ye gitmekten vazgeçsin" demesi ve Memet Fuat'ın da bana bunu tesadüfen Adam Yayınevi'nde söylemesi, 10 yıl sonra, bunu şimdi öğrenmem, ve 5 yıl önce, ablamın evinden hastaneye gittiğimde, ablamın parmağımdan çıkarıp aldığı yüzük olayını hatırlamam (belki ölürüm de parmağımdan çalarlar kaygısıyla)... Hayatımıza giren kişilerin akıl almaz gizli düşüncelerini öğrenmek sana ilk telefon konuşmamızda söylediklerime etken oldu. Ve yazdıklarımı da etkiliyor. Aslında bu kötümserlik, hayatın kendisi, yazarken beni etkileyen... Yukarıda yazdığım gibi, benim yazarlığımın kendi kendini kandırır bir yanı yok. Güzel şeyler varsa ben bunlara gözlerimi kapalı tutuyorum. Asıl içimden gelen bir sese kulak vermem gerekirse bu sesler telefonda söylediğim şeyler. Hikâyelerimin de sana telefonda söylediklerimden farklı olmadığını sanıyorum. Yani, hayatımda bir tutarlılık var. Asıl yazılması gereken şey budur. Baştan sona mutlu ya da mutsuz içi ve dışıyla tutarlı bir yol çözebilendir bence yazar. Ama herkes masal anlatıyor. Alıştığı şeyleri tekrar tekrar dinliyor. Şimdi ben sana, edebiyatımda tutarlılık var, yaşantımda tutarsızlık var desem, sen inanır mıydın? İşte, benim yaşantımın da tutarsız olduğu gerçeği senin kabul etmeyeceğin bir şey, ama bu tutarsızlığın sonuçları edebiyat olarak değerli, yaşam olarak beş para etmez. Onun için sana oturup pembe, hayalci mektuplar yazdıysam beni affetmeni isterim. Sana üç yıldır yazdığım umutlu, fazla teferruatlı mektuplar bu gerçeği örtüyordu. Telefonlarda ağzımdan fırlayan laflar öykülerimdeki yarım parçalar gibi. Memet Fuat'ın mektubunu okudum. Doğru teşhis koymuş. Aslında az kitap yazan biri olarak, yazdıkları doğru Türkiye için. Ama Avrupa için geçerli değil. Neyse. Asıl mesele 2 yıldır Adam'ın sahibi Nazar Büyüm, benden roman bekliyordu. O roman yerine "Afrika Dansı"nı yazdım, o da daha şimdiden Türk edebiyat tarihine girmiş durumda. İster halk okusun ister halk okumasın. Kitap kendini ispat etmiş durumda. BİLİMSEL OLARAK, Yapısalcılık akımında (Dünyada en yeni kitap eleştiri yöntemi). Artık, san'at eseri matematik gibi çözülüyor bilimsel olarak. 2 kere 2 eder 4 gibi. Yapısalcılık, bilimselcilik Türkiye'de birçok isim yapmış yazarın şimdiye kadar edebiyat yapmadığını ortaya koydu. Yapısalcılığa karşı şiddetli bir saldırı var sol cephede. Toplumcularda. Benim Çağdaş Eleştiri'de yapısalcılık açısından ispatlanmam mektubumun başında da ifade ettiğim gibi bir sürü kıskançlıklara ve yazarlığı bırakmalara sebep oldu. Birçokları yapısalcılığı HRISTIYAN SAN'ATI olarak nitelendirerek milliyetçilik yapıyorlar ve bana da, kökü nerden geliyor gibi saçma bir ayrım yapmaya kalkıyorlar. Osmanlıca yazıyormuşum. Azınlıktan yazıyormuşum. Kendimi tek ilan ediyormuşum gibi... Aslında Memet Fuat bunları görüyor, okuyor ve ortalığı karıştırmış olduğumu biliyor. Ve sinsice ne yazacağımı bekliyor. Bunları sana yazamazdı. Benim kolay kolay Türkiye'de çıkmayacak bir yazar olduğumun farkında. Fakat işin yaşam tarafını bilmiyor. Yazmak için neler feda ettiğimi, para için nerelere koştuğumu, sağlığımın bozuk olduğunu... Çünkü her kitap parasızlıkla mücadeleden sonra çıkıyor. Her kitap bir olay oluyor, fakat her kitap sağlığımdan bir parça alıp götürüyor. Hep uzun sürede ve parasızlık içinde yazdım.

Bugün Marquez (Nobel ödülü alan Arjantinli) bile, bugün, edebiyatın en iyi şartlarda -karnı tok yazarın- iyi san'at yapabileceğini, yoksul ve aç bir yazarın bir işe yaramayacağının ispatlanmış olduğunu söylüyor (Elektrikli makineyle bol kâğıt harcayarak yazıyormuş).

Karaca, reklam işine gelince; Adam, kendi yayınlarının sahipleri tarafından ilan verilmesine karşı değil. Şimdiye kadar, Melih Cevdet, Tarık Dursun K. vb... niceleri, Cumhuriyet gazetesinin herkesin alıştığı ilanlar sayfasına veriyorlar. Ali Poyrazoğlu'nun bile ilanları orada çıkıyor. Ama her gün. Öyle çok ucuz bir şey değil, oraya ilan vermek. Hatta daha da büyükçesine verebiliriz... Tek sayfa ilana gelince, Gösteri, (Çağdaş Eleştiri 1/2 saife) YAZKO (yazarlar Kooperatifi, bana karşı olan yazarları) verebiliriz. Bu gergin ortamda, Afrika Dansı'nın ve Çağdaş Eleştiri'deki MİVES KARUB olayından sonra, "Eleştirilemeyen san'at" olarak adımı çıkardılar. Bundan sonra tepkiler daha da çok gelmeye başlayacak. Zavallı Feyza Zaim topun ağzında. Ama, bizim taraf profesörler, san'at bilim adamlarını oluşturuyor. Onların tepkisi gülüp geçmek mi olur yoksa yazıyla cevap vermek mi olur bilemeyeceğim. Ama, Berke VARDAR diye bir edebiyat öğretim üyesi, Tahsin Yücel diye Sanat'ın bilimsel yönden eleştirisini Türkiye'de temsil eden, kitaplar yazan bu konuda Fransız Filolojisi Prof. Feyza Zaim'in öğretmeni, ve Berke Vardar VE ADNAN BENK Türkiye'deki Larus'u 12 cilt çıkaran korkunç eski bir otorite. Çağdaş Eleştiri'nin Genel Yazı İşleri Müdürü Feyza Zaim'in yazısını tebrik etmişler, ben de biliyorum, sağlam iş yaptığımı, ama, ortalık karışmak üzere. Tek İSİM istemiyorlar. SEVİM BURAK gibi MİVES KARUB gibi... O bakımdan çok dikkatli bir reklam kampanyasına girişmek lazım, Ali Poyrazoğlu'yla telefonda konuştuk. Yanık Saraylar çıkmadan evvel birlikte anlaşıp ilanlarını vereceğiz. Ben ayrıca, YAZKO'nun mes'ul yönetmeni olarak MEMET FUAT'ın fikrini de alacağım. Çünkü bütün bu karşımda olan toplumsalcılar MEMET FUAT'a hürmet ederler ve çekinirler. YANIK SARAYLAR'IN arka kapağını da Memet beyin yazmasını isteyeceğim, kabul edecektir. Aslında Memet Fuat ADAM yayınları içinde değil Türkiye içinde edebiyatçılar üzerine ağırlığını koyabilen ve saygı uyandıran tek adamdır. O, beni tutuyor ve seviyor, romanım çıktığında, ya da daha uzun bir çalışmam çıktığında benim için açıkça cevap verecek ve yazı yazacaktır. Şimdi bu elektrikli havanın geçmesini bekliyor. Ben de kontrat ve Yanık Saraylar'ın tam çıkış tarihini bekliyorum. Cevat, dün, telefonda, "Fırından ilk çıkacak ekmek Yanık Saraylar" diye espri yaptı. Cevatları bir akşam bu benim parayı aldıktan sonra çoluk çocuk toplayalım yemeğe diyorum, ama gözüme alamıyorum.

Karaca, sana Yanık Saraylar'ın çıkış tarihinden önce öğrenir öğrenmez yazacağım, maalesef, burada çıkan dergiyi gönderemiyorum, çok ağır tutuyor, ileride daha da çıkanlarla birlikte göndermeye gayret ederim.

Sevgili oğlum hoşça kal, Hastaneden raporumu almadım büyük parayı bekliyorum, çünkü tekrar kontrolden geçmek lazım. Onları Haziran ortalarında sana gönderebilirim sanıyorum. Sen de Amerika'da tetkik ettirirsin. Daha önce güzel haberler vermek umuduyla mektubumu bitiriyorum, inşallah Temmuz'da sen de gelirsen kendin de buradaki durumu görür şaşar kalırsın. Ona göre, kendine iyi bir meslek bul, yoksa vakit geçirme, gelip burada sıfırdan başla. Eğer orada yılların boşuna geçtiyse demek istiyorum, ayakta kaldın, gezdin, yedin, içtin, çalıştın, kedin piyanon var ama, asıl bir mesleğin, sevdiğin işin yok. İstikbalin sevdiğin işini bulduğunda olacak gibime geliyor. 3 yıldır çalıştığın yerde, uzmanlaşma kadrosu yok. İstikbali yok demektir. Boş ver, eğer kendine meslek edinemezsen kalk gel. Burada da istikbalini kaybetme. Artık, zaman kaybetme, demek istiyorum.

Sevgilerle kucaklıyorum. Oya'nın yanaklarından öperim.

Not: Çağdaş Eleştiri (3 tane) aldın mı? Ben, kaybolmuştur diye, ihtiyat bir tane daha yolluyorum. Orada, ayrıca, ŞARA SAYIN'ın Kısa öyküleri aracılığıyla FRANZ KAFKA yazısını okumanı istiyorum. Benim hocam, tanrım Kafka'dır, bilirsin, o'nu hiçbir zaman aşamayacağım için böyle kötümser yazıyorum ama, bu da büyük bir güç bana Kafka'dan gelen. Sevgiler Kafkalarla

Annen Sevim Burak

I Mayıs Erenköy

Canım oğlum,

Bu sana kendi kendime başlayıp da bitiremediğim kaçıncı mektup. Sana hâlâ kucaklar dolusu teşekkür edemediğim, binlerce (o gönderdiğin parayla) yaptığım, yürüdüğüm, satın aldığım şeylerin, eve getirdiğim, taşıdığım, sevinçle o odadan öbür odaya, aldığım eşyaları yerleştirmenin verdiği sevinci, heyecanları yazamadığım, bir türlü sevinçlerimi dile getiremediğim kaçıncı mektup... Aslında yazdım, yazdım da beğenemedim, daha çok iyisini, daha çok sevinçlisini, tam kalbimdeki o sevincin aynısını anlatamadığım, beğenmediğim kaçıncı mektup. Yazıp yazıp attım, iyisini, sana kalbimde duyduğum sevginin, sevincin, evlat parası yemenin sevincini, GURURUNU KEYFİNİ, YAN GELİP HERKESE TEPEDEN BAKMANIN ne kadar değişik bir anne sevinci olduğunu anlatamam. Babandan saklamak istiyordum. Oysa gidip ilkönce ona söyledim. Kimse duymasın belki kıskanırlar diyordum -belki gene de öyledir-ama bir yandan da eteklerim zil çalıyordu... Dans ediyordum. Her gün alışverişe gidiyordum ve kafamda, yanımda, kalbimde sen vardın. Çantamdaki paralarım seni konuşuyordu, benim ağzımdan çıkan lafları sen söylüyordun. Bana hâkim olmuştun, hâlâ da bu histen kendimi kurtaramıyorum. Senin paran benim param olmuştu. Bu ne demektir? Yıllarca para için sıkılmış, zaman zaman ağlamış, kocalarından para almak, bir şey almak için sağlığını harcamış bir kadın için (sağlığımı harcamış olmam en affedilmez bir hata, şimdi çok bozmamalıydım) Elfe'nin seni çok sevdiğini belli etmesi, hep "ağabeyim yapar, ağabeyim var" diye tekrarlaması, Ömer'in üstünde ters tepki yapıyor. Ayrıca boşanmış olmamız, Elfe'yi bana ve sana daha yaklaştırdığı için babasına karşı bir tutum almaya itti. Boşanma onu sarstı. Baba olarak (babasından beklediği sevgiyi sende buluyor, ne bileyim işte böyle anlatabilirim) genç kızlığa bir şeyler vermek, bir sevgi alışverişi, bir dayanak istiyor. Haklı, yerden göğe kadar. Orhan'ı çok seviyor. Orhan daha yumuşak bir tutum içinde Elfe'ye karşı. Genç kız hissiyatını biliyor. Zaten yirmi beş yıl önce ben de, onda bir baba sevgisi aramıştım. Şimdi anlıyorum, uzun yılları geride bıraktıktan sonra.

Karacacığım, ne tuhaf, yıllar hay huyla geçtikten sonra, yok senin tahsilindi, yok kız arkadaşlarındı, yok şuydu buydu derken, yani, ay Karaca vay Karaca derken, sözde sana destek olmaya, arkadaş aramaya, iş bakmaya derken, sen kendi kendine adam oluverdin. Hem de en sıhhatli biçiminden ve de en seçmecesinden... Ve de ben sana destek olmaya gayret ederken bir de görüyorum ki, sen bana destek olmuşsun. Hem de hakikaten tam zamanında. Seni bayağı söz sahibi ve adam olmuş görüyorum. Artık sana omuz verecek bir durum yok gibi? ACABA ÖYLE Mİ? Değilse yaz bana oğlum, sana destek olabilirsem, ki, belki hâlâ bir şeyler yapabilirim, sana yazayım. Aklımın erdiği kadar. Hiç değilse benim düştüğüm yanlışlıklara, hatalara düşmekten seni korurum. Bu da işine yarayabilir. Ama, ben senin kafanı, tuttuğun yolu, seçtiğin insanları ve de seçmeye çalıştığın çevreyi çok beğeniyorum. Bayağılıktan nefret edersin. Bir ara, ne kadar üzülmüştün, Amerika'da ilk günlerinde, ne düşük kaliteli birkaç insan seni ne kadar sıkmıştı. Bana yazmıştın Amerika'dan, "Anne, bu adamla aynı işte yapamayacağım" diye.

Sonra o, Türk mahallesindeki, dedikoducu ve seviyesiz adamlar, kıskançlar, sapıklar... Onlar her yerde var. Onlardan kaçabilmek bütün mesele... Sevgili Karacacığım, sen ne kadar sevimlisindir, zeki ve de korkunç espri kabiliyetlisindir. Ben, seni bu yüzden herkesin sevebileceğine KESİNLİKLE inanıyorum. İnsanlar hem severler hem de kıskanırlar. Bu çok karışık bir iştir. Ama, sonuçta gene senin gibi güzel yüzlü, güzel elli ayaklı, güzel gülen, güzel bakan, güzel kalpli GÜZELLER kazanır. İnan buna. Unutulamazsın. Eğer, çizmeden yukarı çıkmak gibi olmasa, seni unutamayan kızların olduğunu söyleyeceğim. Özellikle N. Fakat ümitsiz bir aşk. Ümitli olamaz, olsa da bir şey çıkmaz artık. O aile aşkı daha mühim onlar için. Ailece birbirlerine âşık görünüyorlar. Anne babaya âşık. Baba anneye âşık, sonra babaya ve oğlan kardeşine âşık, sonra Karacaya âşık. Ve de hepsinin de Karacaya âşık olması gerekiyor... Gibi bir şey. Fasit daire derler... Tabii en sonunda, bilirsin böyle küçük burjuva ailelerinin Komedi Fransez Vodvillerindeki gibi, şişman hem de zengin hem de kafası çalışmayan başka bir ailenin oğluna nikah ederler. Yani aşkın mağlup olduğu bir aile sistemine girerler.

Bizim eski Suadiye'deki N. Z.'in kızı G., bebeği, alışveriş yapıyorlardı. Beni görünce, hemen, "Karaca Amerika'daymış, hangi okulu bitirdi?" diye sordu. Ben de Londra'da Ekonomi bitirdi, Dallas'ta da Tıbba devam ediyor diye birden aklıma esiverdi. N. Z.'in doktor olduğundan mı yoksa Dallas filmini herkesin sevdiğinden mi ne, öyle uyduruverdim. Onun da yüzünde, bir sempati ifadesi belirdi.

Yalnız bu son yazacaklarım çok komik. Yabancı değiller, (...) ve eşi (...). Edi ile Büdü. Birbirlerine bu kadar uyan bir çift olur. Yani karakter olarak. İkisi de kıskanç ve fesat, ikisi de cüce. Boy bos olarak. Eskiden de bilirsin ama, bu kadar da değildi, şimdi iyice kurumuşlar, kavrulmuşlar, küçülmüşler. Yaşları ilerledikçe daha da cüceleşecekler herhalde. Gözleri fıldır fıldır etrafta, beni görünce, adeta çarpıldılar, yüzlerinde gülümsemeli fakat ağızlarında şeytani bir anlamla, beni görmedikleri süre içinde neler olup bittiğini öğrenmek istediler. Sözde bizimle ilgilenmiş pozlarında. Ben hemen en büyüklerinden başladım. Karaca Amerika'da, büyük bir şirkette çalışıyor, kendisini çok beğeniyorlarmış, kalmasını teklif etmişler. Yeşil kart da vermişler dedim. (...), "Bana zaten, abi, İngiltere'de iş yok, Amerika'da maceraya atılacağım kafama koydum demişti, daha o zaman" diye fesat fesat konuştu. "Maceraya atılmadı, tahsilini İngiltere'de bitirdi, İngiltere'ye çok şey borçlu" dedim. Hastalıklarla da çok ilgili, hemen, "Senin kalbinden ne haber? Bir ameliyat daha geçirmişsin galiba?" dedi. Benden bahsedince, nedense ölen ağabeyini anar. "Ağabeyiminki de öküz kalbi idi." Büyük kalbe öküz kalbi diyorlar. "Senin ki de öküz kalbi değil mi?" Ben de, insanların yarısının öküz, yarısının eşek kalbi olduğunu, fakat bunun yaşamaya mani olmadığını ve hiçbir zararı bulunmadığını söyledim. "Ama ağabeyim öldü" dedi. "Ama o zaman yirmi beş yıl evvelki tıp ilmi gerideydi, öküz kalplileri yaşatamıyorlar" diye gülerek cevapladım. Hemen (...) bu laflara bir alay bir şaka süsü vermek için bana: "Kız benim de kalbim çok ağrıyor, çok korkuyorum, geceleri cik cik cik ötüyor, acaba bu ne demek oluyor?" dedi. "Bir doktora sorsan daha iyi olur, bu iş pek şakaya gelmez" dedim. "Kız vallahi şaka etmiyorum. Kız vallahi çok korkuyorum, akşamları..." vesayir diye sululuğunu sürdürürken, ben "Siz ne tarafa gidiyorsunuz, ben sizden ayrılacağım" dedim. "Biz çekimizi bozduracağız, şöyle beş yüz binlik tarafından" diye gene sululaştı, sonra "Kız vallahi yalan sakın inanma, bir binlik çek bozduracağız" dedi. "Bizim karı çalışıyor da biz yiyoruz." Ben de, birinci kata çıkıyorum, dedim. "Yanlışlık olmasın, ikinci kat Kambiyo" dedi (...) Ben de "Karaca azıcık sizin çek gibi dolar göndermiş de onu bozduracağım" deyince "Ulan (...) bu Sevim'in de amma talihi var be..." dedi. (...) tasdik etti, "Evlattan yana talihli, kocadan yana da talihsiz" diye sözü bitiriverdi, (...) başladığı gibi... İşte böyle sınta sırıta, el salladılar arkadan bu hayat arkadaşları. Uzun uzun mu anlattım bilmem ama bana bu türlü karşılaşmalar ve konuşmalar her gün, her saatte, uzun uzun ve hazin geliyor.

İnsanlar birbirlerine baka baka mutlu veya mutsuz olmadıklarına karar veriyorlar... Şimdi benim arkamdan, "Amma da bozulmuş zavallı, kocasından da ayrılmış" diye konuşurlarken, ferahlayacaklarını, benim sırtımdan rahatlayacaklarını biliyorum. Gene de küçük bir bölümünü sunduğum durum, en iyi durumdur. Çünkü ben de burada, onların durumunu sana anlatarak aynı ferahlamayı duyuyorum. Ohhhh... Çok şükür onlardan çok iyiyim. Kıskanmıyorum, kendimi onlarla kıyaslamıyorum. Evim var, eşyalarım çok güzel, her gün daha başka şeyler alabiliyorum. Çok şükür, çok şükür... Sağlığımı da düzeltirim. Eşyalar eve sığmaz duruma gelince bir ev daha alırım!

Karacacığım, biliyorum ki asıl önemli şeyleri geriye attım. En merak ettiğim şeyleri: Çünkü, onları ümit ediyorum ki, gene sen bana söyleyeceksin. Mutlu musun? Çok mu, az mı?.. Mutlu olmaya hazır bir çocuktun, her zaman varta atlatmışsındır. Yani, mutsuzluklarını atlatıp, mutluluğu aramaya koyulmuşsundur. Allah'tan. Yoksa benim gibi iki kocayla 30 yıl kalır, iki çocuk doğururdun... Şaka tabii. Benim gibi kocalarına, çocuklarına yapışan kadınlar vardır ama, erkekler yoktur. Sen bir kızdan ayrılırken, az ıstırap çekmedin. (...)'den de... Ben son konuştuğumda boynuma sarılıp "Karaca sizi sever, sizi dinler, ona söyleyin, benimle olsun" demişti. Ben de ağlayarak ona söz vermiştim. Karacayla konuşacağım, yemin ederim demiştim. "Karacanın hayatında başka kız yok" demiştim. Şimdi bunları sana yazarken, içim acıyla burkuluyor. Şu nişanlandığın, (sen onun parmağına yüzük takarken) o güzel, fıstık gibi kızın ah'ı mı tuttu da ben böyle kötü, hasta ve yalnızlıkla dolu yıllar geçirdim? diye aklımdan geçiriyorum, senin yaşamına bir anne gibi burnumu sokmuş, fakat, fazla müdahale etmiştim, neredeyse senin yerine ben öfkeleniyordum. Belki de şimdi (...)'den iki kızın olmuştu, bana arabayla getiriyordunuz, ben de seviniyordum. Bana çiçekler, çikolatalar getirmenizi bekliyordum. Kim bilir, belki hastaneye kalkmak gerekse, beni Elfe çanta elinde Hastaneye götürmezdi. Yani, yanımda bir oğlum, gelinim olurdu, torunlarım da. Yalnız kalmazdım... Böyle diyenler de var... Tabii bu lafları pek ciddiye almıyoruz. Elfe'yle göğsümüzü gere gere Hastaneye de gidiyoruz, gerektiği zaman eskiciden koltuk, iskemle de taşıyoruz. Üsküdar'dan iki kişi elli lira. Bagaj elli lira. Fakat Üsküdar dolmuşu bizi maalesef karşıda benzincinin önünde bırakıyor. Oradan Bostancı dolmuşu bulmak zor. Bir iskemle püskül ben, bir koltuk ve bir püskül, ayrıca bir çerçeve -boş- karşıya, dolmuş duraklarının olduğu yere kadar sürüklüyoruz. İŞTE: yukarıda, sana yazdığım ve bazı kişilerin söylediği şeyler o zaman aklıma geliyor. Acaba (...) ile evlenseydi şimdi biz böyle koltukları çeke çeke götürmeye çalışmazdık, Karaca kayınpederinin (nişana giderken gönderdiği) Malibu'sunu gönderirdi de daha mı iyi olurdu? Geçmiş gitmiş binlerce birbirine benzemeyen şeylere hep DAHA MI İYİ OLURDU?.. DAHA MI İYİ OLURDU?., diye bir sinema seyrediyorum doğrusu. Çünkü, yenisi yok ki... Yeni bir hayat yaratamadım, beceremedim, sayılır. Elfe "Ne düşünüyorsun, abimi mi? Acaba şimdi neler yapıyordur? Ne talihli abim, iyi ki Amerika'da, onunla iftihar ediyorum. O Amerika'da olmasaydı benim bu sevincim olmayacaktı. İyi ki gitti Amerika'ya... Acaba döner mi ağabeyim" diyor. Ben de "Döner belki ama, kalması onun için daha iyi diyorum. Söyle bakalım sen böyle kendi kendine ayakta duran Allah'ın cehenneminde, o korkunç New Yorklarda serseri olmayan, hayatını tek başına yürüten genç bir çocuk duydun mu? Duymadın tabii. Senin baban da orada bir sene okudu, tahta çantayla zor kaçtı. Var mı abin gibi bir çocuk?" "Yok anne yok, ağabeyim çok iyi, ben de onun gibi olacağım." Sen onun gibi olamazsın sen daha kaç yaşındasın? Daha şimdiden, belli olamaz. Hayır Karaca en iyisi. "Evet anne ben de Karaca ağabeyime bakacağım." Paketler de göndermiş, zaten hep gönderir. Sen böyle abi zor bulursun. "Bulamam anne. Karaca ağabeyimi babamdan çok seviyorum ama, çok uzakta o anne, çok uzakta, çok özlüyorum, ağabeyciğim benim." Böyle söylese konuşa, ağlaya zırlaya babana gidiyoruz.

Bizi gören, çok önemli bir yere gittiğimizi anlıyor, ben de Elfe de etrafa önem vermiyoruz, sevinçten uçuyoruz.

Karacacığım, sana bundan sonra daha kısa ve hemen aklıma gelenleri ve sana soracaklarımı yazacağım. Böyle uzun zaman bekletmeyeceğim. Şimdi hele bu mektubu bitireyim, yeni yazacak şeyler başlar. Bir buçuk ay önce ilk parayı aldığım sefer konuştuğumuz zaman telefonda sesini işitince çok sevindim. Biraz özlemimi giderdim diyebilirim. Ama gene de özlemimin yanında bir su damlası kadar bir şey. Telefonda sesini değişmiş buldum, hem de çok. O eski, tanıdığım sesi duyunca ilkönce sevindim, artarda kendinize iyi bakın "ELFE'YLE HARCAYIN PARAYI KENDİNİZE" diye tekrarladığın cümleler yerli yerinde, güzel kullanılmış bir Türkçe. Ama gene de dura dura kelimeleri arayıp bulmakta güçlük çekiyormuşsun gibi, ya da çok heyecanlısın da, kesik kesik, dura dura konuşuyormuşsun gibi. "Karaca Türkçeyi mi unutmuş biraz? Cümleleri onun için mi kesik kesik?" diye aklımdan geçti. Türkçeyi bu kadar çabuk unutamaz, cümleleri bu kadar dura dura yapamaz, herhalde o sırada heyecanlıydı diyorum, yoksa dura dura konuşarak, yavaş yavaş bizi de unutmaya başlar, sonunda da büsbütün unutur mu acaba gibi, saçma sapan düşüncelerle geçiriyorum zamanı o sırada. Oysaki, ben de bayılmıyorum Türkçeye, ama ne yapalım ki başka dil bilmiyoruz. LİONS KULÜP'ün Hilton'da bir gün sonraki yemeğine davetiye almıştım (...) davet ettim. 10 gün kadar bir izin yapmış, bu bakımdan bankadan o öğle yemeğinde izin alıp gelemeyeceğini, başka bir gün gelebileceğini belirtti. (LİONS KULÜP'ün yemeği saat 12 ile 14 arasında idi.) Bir de kermes hazırlamışlar, giyecekler, şunlar, bunlar satılıyor, eğlenceli bir yemek. Fakat çoğunlukla kadınlar bulunuyor, erkekler gece başka kulüplerde toplanıyorlarmış. (MASONLAR) Genellikle hanımlarıyla birlikte olmuyor, erkekler toplantısı yapıyorlarmış. İngiltere'deki yalnız bazı Lordların gittiği sessiz kalınan kadın azasız Kulüpler gibi. Ben de (...) hanımı -bir anda kafamda bunları düşünerek- madem ki erkek yok, bari bizim eve davet edeyim dedim. Ve en yakın zamanda bize davet ettim. (...) Türkiye'de bankaların yetiştirdiği Bürokrat ve Demokrat, orta halli, biraz dikkatli biraz da ağzı sıkı, herkesten kuşkulanan biri. Şöyle özetleyeyim. (...) Hanım Bankacı ve de dolayısıyla ister istemez para alışverişleri ve telefonlarıyla, gelen giden tüccarlarla, İŞ ile haşır neşir olmuş, bu yüzden konuşması ve hareketleri biraz erkekleşmiş bir orta sınıf bürokratı tipinde... Özelliklerini bilemem. Bakalım telefon edip gelecek mi? Aslında pek ortak yanımız yok. Benim için tek konu sensin, onu da konuşmaya yanaşmıyor, hakikaten seni tanımıyor, edebiyatla ilgisi yok. Artık, ben orta halli konular bulup onu hallederim.

Ömer tamamen tekaüt olup, istediği ressamlık serüvenini sürdürüyor. Bütün sergilerinde çıplak kadın resmi var. Sipariş üstüne resim yapan satan bir ressam oldu çıktı. İşte, Elfe bunları bildiği için çok üzülüyor. Erkeklerden çok çekiniyor. Bir arkadaşlık kurabileceğini sanmıyorum. Şimdi zaten çok erken fakat ilerisi için çok korkularım var... Ne yapacağım bilmem Karaca? Kız çocuğunun sinirli olması ve yetiştirmesi çok güç ve acı oluyor benim için (Yani babasız) demek istiyorum. Sen ve O. İki çocuk. İkisi de yalnız... Bunu düşündüğüm zaman deli oluyorum. Eşya almaya koşuyorum. Yazı yazmak lazım. Yarın, bizim eve SALAH BİRSEL GELİYOR. Bir yıl sonra tekrar... Geçen yıl da alt katı satmadan aşağıya gelmişti. Röportaj yapmıştı. Kitabında çıktı konuşmalarımız. Benim iki tane romanım var, onları verelim basalım diyor. Bunları toparlayacak bir akıllı insana ihtiyacım var. Hastaneden çok korkuyorum. Canım Karaca, gönderdiğin paralar beni eforlandırıyor. Yazılarımı toparladım, montajını yapmaya başladım. Para hep yazdığım gibi beni iyileştiriyor, moral veriyor ama, senin orada sıkışmanı isteyemem. Ben bu mektubu kazasız belasız bitirip postaya atayım da sonra gene oturup yeni şeyler yazmaya başlayayım diye düşünüyorum. Senden cevap beklemeden. Hissediyorum mutlusun, içime doğuyor. Çünkü rüyalarımda senin mutlu olduğunu görüyorum. Gülüyorsun. Eskiden bu kadar çok seni görmezdim. Canım oğlum, evdeki hayvanlara o kadar çok bağlanma. Oya onları zaten sevip bakıyor, sen boş vakitlerinde kendine iyi gelecek şeyler yap. Bunu yıllar sonra öğrendim. Sokakta gezmek, sokakta yaşamak... insana hürriyet veriyor, moral veriyor, insanlar ve mekânlarla karşılaşıyorsun. Bak baban senelerdir sokaklarda yürüyor. Canı istedi mi bir yere gidip oturuyor on dakika, o kadar. Orada canı sıkıldı mı hadi başka yere gidiyor. Ne çocuk ne çoluk sıkıntısı onu bağlamıyor. Ömer de öyle, her gün sokakta gezmelerde, içki bile onlara fazla dokunmuyor. Baban maşallah çok sağlıklı, senin de onun gibi sağlıklı ve gezgin olmanı, yeni yeni insanlar tanımanı, çevreni genişletmeni, bir evin dar çemberi içinde sıkışıp kalmamanı istiyorum. Allah'tan istediğim, daima sağlıklı olman için mes'uliyet almamandır. Oğlum, ben bu sorumluluk duygusuyla eve bağlandım, ve de artık hiçbir şeyden zevk almıyorum. EŞYALARI SEVİYORUM. İNSANLARI SEVMİYORUM. ÇÜNKÜ: İnsanları sevmek için onlara ayıracak bol vaktim olmadı. Bunu eskiden bilseydim, boyuna arkadaş tanırdım, gezerdim. Sizler de olmazdınız o zaman da. Bunu düşündüğüm zaman da "boş ver" diyorum, ben de sorumlu olarak dünyaya gelmiş bir kadınım. Daima bir evi ben bekleyeceğim. Hatta (biraz acıklı ama olsun) başkalarının evlerini de ben bekleyeceğim ve başkalarının sorumluluklarını da ben yükleneceğim. Allah beni bunun için yaratmış, para da veriyor daha ne isterim Allah'tan? Geçen pazar

günü galiba baban, elinde bir kilo ekmek, 100 gram pastırma (pastırma 2.000 TL imiş... Baban söyledi), evde usta vardı, vitrinin içini kaplıyordu, yani ev dağınıktı biraz. Rakı sofrası hazırladık. "Burası eskiciye dönmüş bari bir eskici dükkanı aç" dedi. Ben de, "ESKİCİ değil ANTİKACI" diye düzelttim, bunların hepsi antika. "Hadi canım sende, bir beyaz boya çekmişler üstüne" diye o yeni aldığım yüz elli senelik on üç parça yaldızlı beyaz Lui Kenz takımıma tırnak attı. Ben de "EVET, beyaz boya sürmüşler doğru ama, tam 150 sene evvel" diye gösterdim, eski boyanın nasıl olduğunu. Sesini çıkarmadı. Anlamıyor bu işten. Sonra beni kızdırmak için -ya da hafif kıskanıyor- eski büyük iki tane aynı model pirinçten (SARI) saksı koyacaklarıma "Bunlar oturak mı" diye sordu. Evet, eski Rum evlerinde bunlara ederlermiş, sen nasıl oldu da görmedin? dedim. Hem eski bir adamsın hem de eski eşyaları tanımıyorsun. Eşya faslından sıkılmıştı. Elfe'yle balkona çıktılar, hava güzeldi. Baktım, güzel şeylerden bahsediyorlar herhalde, dedim, ya da komik bir fıkra anlatıyordun Kulağıma bir "pastırma" lafı çalındı. Sonra iyice geç bir saatte, onu yolcu ettik. Elfe'yi öptü. "Seni gidi köpek seni" diye havladı. Sonra Elfe'nin arkasında beni görünce gönlüm kırılmasın diye, "Bu arkada duran da kocaman köpektir" diye gönlümü aldı. Elfe gülmekten kırıldı. Baban gittikten sonra Elfe'ye, "Balkonda güzel güzel nelerden bahsettiniz Orhan Amcayla?" diye sordum. "Epeyi memnunsun galiba." "Hımm evet ama, çok güzel şeylerden bahsetmedik" dedi, "Doğrusu çok garip bilgileri var ama gene de hoş" dedi. "Orhan Amca, bana pastırmanın nasıl yapıldığını anlattı, sonra iyi pastırma ile kötü pastırma arasındaki farkı anlattı. Aldanmayalım diye. En iyisi Kayseri pastırması imiş, rengi koyu olurmuş, şimdi Apikoğlu'nun çıkardığı pastırmaların rengi acıkmış, dikkat etmeli bunlar sahte saydırmış" dedi. "Başka nelerden bahsettiniz, epey güldünüz" dedim. "Haaa, kanalizasyon tertibatından bahsetti. Yerin altını nasıl döşüyorlarmış. Türkiye'dekiler patlıyor, lağımlar her yana akıyormuş. Avrupadaki sistem demir ağ sistemi gibi yapılırmış, her evin altından sağlam borular geçermiş..." Elfe, "Bu Orhan Amca ne birbirine aykırı şeyler biliyor. Bir Kemancının bilmesi gerektiğinden çok" dedi... "Gırtlağına bayılır, hep böyle yemeli içmeli, tatlı tatlı konuşur" dedim.

ANNEN

NOT: Son dakika: Orhan'a telefon etmişsin, o gün telefonun zilini duymuşsun, evdeymişsin. Benden mektup bekliyormuşsun, işte gönderiyorum canım oğlum. New Yorklarda Allah seni korusun, çok dikkat et, en önce kendini düşün. Unutma, beni sonra, benim ev mev almaya kalkmadığım takdirde param yetişir, hastalığımdan eşya alıyorum. Şimdi kendime üst baş, Elfe'ye de üst baş alacağım. Ahbapları çağırıp eğlenceli yaşayacağım, sana hemen yazacağım. Salah Birsel yarın 4' de geliyor röportaja. Yazmam lazım, yazmam lazım, yazmam lazım. Sen bana kuvvet veriyorsun, lütfen sen de yaz, kendini düşündüğünü, kendin için yaşamaya başladığını. Baban "Bizim oğlan biraz hanımlara düşkündür" diyor. Bu kadar tecrübeden sonra... Artık, kadınları tanımışsındır bir tanesi de bir, hepsi bir. Mühim olan yaşlılığında sana bakacak seni sevecek bir kadındır. O zamana daha çok var ama, kendini baktırmaya alıştır. Sıhhatli yaşamak aşkın temelidir. Seni seveni sen sev. Kazanacaksın... Sevmeyeni bırak gitsin, iyiy-sen rahatına devam et. Evden başka yerlere de git, eğlen, dünyaya bir daha gelinmez. Bu nasihatlerimin kabulünü rica ederim Karacacığım.

Köpeğin kedin ne yapıyor, onlardan da bahset. Ben artık eve alamıyorum. Çünkü onlara bakmaya bir insan lazım. Ama çok çok seviyorum. Delice tutkuluyum. Bir gün ihtiyarladığımda bir çiftlik evimiz olur, köpekleri toplarım, onlarla mutlu olurum diyorum. AMA HER ŞEY BİTTİĞİ ZAMAN. Daha mutluyum. Bir şey olur, gencim, güzelleşirim gene, eskisi gibi diyorum... Hadi çok sevgiler...

17 Mayıs 1982 Erenköy

Canım KARACAM,

Sana mektup yazmam çok zor, aslında, böyle, zor, yorucu bir çalışmayı sürdürdüğüm aylardır... 4-5 aydır... Oldu mu bu kadar? Yazamıyorum sana. Ben sürekli çalışıyorum ama "sürekli konsantrasyon" a giremiyorum. Bütün mesele de bu... "KONSANTRE OLMAK." Bu lafı ukalalık zannederdim. Şimdi benim için "BÎR ŞEYE KONSANTRE OLMAK" "YAŞAMAK" "NEFES ALMAK" falan gibi bir anlam taşıyor. Çünkü konsantre olmadan yazamıyorum o şeyi (o şey ne ise). BÜYÜCÜLÜK GİBİ BİR ŞEY... Karaca, bunun ikinci anlamını da biliyorsun. "Parasız kalmamak" ki daima yetişiyor ve benim konsantre olmamı sağlıyorsun elimden tutup... Sağ ol, görüyorsun ki, canımı dişime taktım, böyle amansız bir ortamda kimse kimsenin gözünün yaşına bakmıyor... Yere sermek için herkes tetikte bekliyor, kimsenin yükselmemesi için... En başta entelektüel meşhur çevre... Ama üzülme, "Çıt çıkaramadılar" aleyhime... Fakat Sezer bir tek yazı yazmadı... ÖMER'İN ETKİSİNDE. Ben de, kendime gençlerden senin gibi idealist ve benimle iftihar eden bir küçük grupla kulis kurmaya çalışıyorum... Biri Fransız Filolojisi'nden. "DİLDE SES BİLİMİ, EN YENİ BİLİMMİŞ." Fonoloji talebesi. Ve sanat çevresi diye, Türkiye'de sadece sanat ELEŞTİRİSİ YAPAN, SAHİBİ ADNAN BENK olan bir dergi tarafından eleştirilmemi ve Türkiye'nin en büyük yazarı olduğumun kanıtlanmasını -ELEŞTİREREK- bekliyorum... Bu çok zor... İlk sayfasında YAŞAR KEMAL GİBİ ÜLKELER

ARASI ÜNLÜ biri var. Benim için beş para etmez, bir satırını bile okuyamadığım bir efsaneci ve Anadolu'nun törelerinin sömürücülüğünü yapan -bence- bir bezirgan. Tabii, Avrupa da ona yardım ediyor... GÜZİN DİNO, ABİDİN DİNO... Ve en büyük yayınevleri GALIMARD... Yıllardır reklam yapıyorlar... Bu ayrı bir ticaret... Hatta adam ille de NOBEL ÖDÜLÜ alacağım diye tutturmuş... Neyse... Ben, böyle bir yazar değilim. Herkes için için bunu biliyor... Türkiye'de çok bilinçli bir gençlik var... Onlar beni okusun istiyorum... Onun için durmadan çalışıyor ve şunu bunu düşünmemeye, sağlığımdan gelen korkuları bile unutarak, kafamı sadece yazacağım şeylere yöneltmeye çalışıyorum... Savaşım uzun sürmeyecek emin ol ama bir şartla, o da romanımın bitmesi... Bu beni ülkeler arası da kanıtlayabilir, diyorum... Ama emin ol çok zor bitirmesi... Temmuz sonuna dek bitiremezsem, çok fena olacak, çünkü yayıncıma söz verdim... Ama bu arada başka iyi şeyler oldu. Çıkan hikâyem, yaptığım konuşmalar, "CUMHURİYET GAZETESİ", Hürriyete bağlı "GÖSTERİ" dergisi müthiş bir reklam yaptılar. Sana gönderdiklerim... Onları küçümseme... Şimdi bu mektupla birlikte "CUMHURİYET"TE son bir konuşma gönderiyorum ki, bu ÖMER gibileri köşe başını tuttuklarını sanan -aslında tutuyorlar da- kişilere bir tokat oldu... İleride nelerin yayınlanabileceğini yazmış Doğan Hızlan... İşte ben en büyük iyiliği Doğan Hızlan'dan gördüm... "O biçim"lerden ama artık bu gibi terim'lerin ve adi lafların, tanımlamaların, sonu da geldi sanıyorum Türkiye'de. Hürriyet'in sahibi Sedat Simavi, yazları Bodrum'da oturup, çevresine toplanan o türlü insanlarla bir klik kurmuş ve bayağı da, onların işvereni durumuna gelmiş... Doğan Hızlan benim 25 senelik arkadaşımdır, ama onu tanımıyordum bizim eve gelinceye kadar... (Bir kere telefonumuzun olması ile işler iyi gitmeye başladı, sonra evdeki Afrika eşyaları falan ilgi çekiyor.)

Karacacığım, şimdi gene senin Oya ile benim için "ANNEME ÖZEL" diye doldurduğun kaseti dinliyorum. O kadar seviyorum ki o kaseti... Öbürkülerini de... Ne zaman canım sıkılsa iyi şeyler düşünmeye kalksam onu dinliyorum... Şimdi şu an olduğu gibi... Elfe'ye çok darılıyorum, onları çok dinliyor ve eskitiyor... Uç tanesini sakladım... Bunu tekrar temize çektireceğim daha da eskimeden...

Karaca, sana asıl anlatmak istediğim bir şey var... Dün gece KENT SİNEMASINDA ALİ POYRAZOĞLU'NUN "EVET EVET EVET" oyununa gittim. İKİNCİ KEZ... Evvelsi gün de gitmiştim... Biletlerim hazır... O kadar iyi oyuncu ki... Ne söylesem anlatamıyorum... Çünkü, herkes de tebrik ediyorlar... Çok etrafı var... Bir dakikası boş değil...

Onunla, uzun uzadıya konuşmalıyız. Ben kararımı verdim... Şuuraltımda yıllardır Müşfik Kenter yattığı halde... Ali'ye oynatmaya karar verdim... O çok tutan oyunlar seçiyor ve popüler eserler seçiyor... Şöyle sulandırılmış eserler... EVET EVET EVET de sulandırılmış bir eser bence, ama çok iyi bir seçim... Ali oyuncu gücünü boşa harcamak istemiyor ve benim SAHİBİNİN SESİ'nden gayet açık bir şekilde korkuyor... O'na "SAHİBİNİN SESİ yönetmenini bekliyor" diye bir kampanyayı başlattığını söyledim benimle röportaj yapan YAŞAR İLKSAVAŞ'ın... Çok sevindi ama belli etmedi... Dedim ki "Ben sana yardım ederim SAHİBİNİN SESİ için"... O diyor ki "Hanımefendi, büyük sanatçımız oturmuş, sahnenin içinden Bilal Beyin babasını sandal içinde geçiriyor, büyük sanatını gösteriyor, ya biz ne yapacağız? Biz, Sevim Burak'ın o zor sanatını (Piyes için de zor ve ağır) biz nasıl istediğimiz şekle sokacağız?" Benim yorumumu ona anlatmaya çalıştım. Sahibinin Sesi piyesinin çift yorumlu olduğunu, isterse üç dört yorumlu da olabileceğini de söyledim... Ama, O, "Benim kendi san'atçı yorumum da var" diyor. Haklı. "O ne olacak, benim kendi yorumum?" diyor... Ben "EVET EVET"i görünce... Ali'ye

"Sen bunu da yorumlarsın", "Sen büyük bir lokomotifsin" dedim... "Ben sana yardım edeceğim" dedim... Aslında Ali sulandırılmış -yani HALKIN ANLAYABİLECEĞİ- GÜZEL ESERLER oynuyor. Kendi gücü bu oyunların çok üstünde... Bunu O'na söyle... Artık bunu da ona söylemedim. Çünkü insanlar hemen böbürlenip seni küçük görüyorlar... Tabii, Ali için pek öyle düşünmüyorum... O kadar çok çalışıyor (ve insanlar tarafından bir anlamda eğitilmiş) ki, böbürleneceğini sanmam, gene de bunu senin ona anlatmanı ve kafasına sokmanı istiyorum ki ALİ İÇİN ÇOK İYİ OLUR. BENİMLE İŞBİRLİĞİ ETSİN. SAHİBİNİN SESİ'Nİ BİRLİKTE SAHNEYE KOYALIM. BANA İHTİYACI VAR, AKSİ HALDE TEK BAŞINA SAHİBİNİN SESİ'Nİ YORUMLAYAMAZ. BEN KENDİSİNİN İSTEDİĞİ GİBİ YORUMLAMASINA YARDIMCI OLURUM. O oyunlarında hızlı bir lokomotif gibi koşuyor... Kendi ileriye gidiyor eser geride kalıyor. Bunu söyle O'na... Biraz eseri beklemesi gerekecek SAHİBİNİN SESİ'NDE. Bu demektir ki ALİ'nin kendi san'at gücünü karşılayan belki de onu biraz durduran, bir yapıtla birleşecek. İkisi birbirine güç verecek... En olumlu köşeyi dönüş ALİ POYRAZOĞLU için budur SAN'ATSAL YÖNDE... Belki de, Tarihi olarak Türkiye'de de ilk defa gerçekleşecek olan ilk sanatsal Türk Oyunu olacaktır bu... Kitabın ve oyunun kalıcı olacağına sonsuz inancım var... Görürsün Karaca, SAHİBİNİN SESİ UNUTULMAYACAK, ileride daha çok anlaşılacak... Kim oynarsa oynasın... Bir gün çok büyük bir eser olduğu kanıtlanacak... Daha eleştiriler başlamadı, yavaş yavaş kokusu çıkacak diyorum sana ve bu, yıllar sürecek... Benim susuş bekleyiş yıllarımdan uzun ömürlü olacak en kısa bir ihtimalle... "Bütün mesele kibriti çakmaktır."

Piyesin içindeki bir cümle... "MÜHİM OLANI KİBRİTİ ÇAKMAKTIR" Bu bir harptir, nasıl biteceği belli olmaz. Bir kere kibrit çakılmalıdır... Yani Türkiye'de bir kere bir sanat eseri (Türkiye edebiyatında) oynatılmalıdır. Başlatılmalıdır... Nasıl biteceği belli olmaz bile değildir... BELLİDİR... AMA bu piyesi ilk kim oynamak cesaretini gösterecek? İşte, ben Ali'yi seçtim... O da buna razı olursa, hemen benimle biraz kafa antrenmanı yapmalıdır... Birlikte onun istediği şekle de sokabiliriz. Belki bunları sen konuşmadan önce ben de konuşabilirim. Şu sıralar da oyunu çok iyi gidiyor, şimdi evden aradım, belki bu akşam evde bulurum ama, telefonda olmaz... Uzun uzun konuşmalıyız, onun için bu hurda teferruatı buraya döktüm... Ayrıca Yanık Saraylar için en büyük güç SİNEMA... O zenginliği vermek açısından... Yakında sinema teklifleri almaya başlayacağımdan da kuşkum yok... Bizim Erden Kıral meşhur. Şimdilik toplumsal filmlerden ödüller aldı. Başkaları da var. Geçtiğimiz perşembe İstanbul Radyosu TRT'de 18.30'da son dakikada çok uzun bir program yayınlandı... Son dakikada diyorum çünkü İstanbul Radyosu bir gün evvel bana Ankara'dan sansür kurulundan geçemedi. YANIK SARAYLAR ÖYKÜSÜNÜN ANLAŞILMASI ZOR OLDUĞUNDAN diye telefonla bildirdiler. SONRA ANKARA VE İSTANBUL RADYOLARI İKİSİ BİRDEN YAYINLADILAR YAYINLANMAZ DEDİKLERİ ÖYKÜYÜ VE BENİM İÇİN HAZIRLANAN KONUŞMALARI. TRT 1. KANAL VE TRT 2. KANAL ikisi birden yayınladılar. Ne olduğunu İstanbul'da programı hazırlayanlar bile anlayamadılar.

O yayını bant'a aldılar, senin Oyayla bana gönderdiğin bant'ı radyoevine bıraktım. "Oğluma Amerika'ya göndereceğim" dedim. Ama sana nasıl göndereceğimi daha araştıramadım. Dinlersin, ananla o zaman daha çok övünürsün. Sesimi de dinlersin... Hiç olmazsa yanında olurum sesimle... Karacacığım, bana imdat gibi yetiştiğin için sana teşekkür etmeyeceğim, eğer sağlığım bozulmaz da bu tempoyla çalışabilirsem... ÜÇ GÜNÜM GENE GAZETECİLERLE GEÇTİ BU HAFTA. NİŞAN VARMIŞ GİBİ DİVANDAN PASTALAR GETİRDİLER.

YAŞAR İLKSAVAŞ, YANINDA BOYFRENDİ HERHALDE, SONER ŞAMU DİYE BİR MİLYONER TİP, HERKESİ TANIYOR DOĞAN HIZLAN, FOTOĞRAFÇI CENGİZ CIVA ÇİFTİ, SANATÇI FÜSUN ONUR, MEVHİBE TEYZEN, NEBAHAT - BENİMLE YAŞIYOR DAKTİLOYLA SABAHLARA KADAR BİRLİKTE ÇALIŞIYORUZ, O OLMAZSA İŞLER YÜRÜMEZ (Bunu da teyzen hallediyor, Teyzenin sözünden çıkmadığı için evinden ayrıldı benimle yaşıyor... Ona da ben bakıyorum). İşte böyle anormal çiftler geçtiğimiz cumartesi günü evinizi şenlendiriyordu Karaca bey... Şaka söylüyorum... Anormal çiftler derken... Basbayağı normal işte... "SAN'ATÇI ÇİFTLER" EVİMİZİ ŞENLENDİRİYOR... Türkiye'de de işler Amerika'daki gibi biraz...

Ama, konuşmaların, dedikodu vesayirlerin etkisi beni üç gün falan kendi dünyamdan uzaklaştırıyor... Şu konsantrasyon meselesi... Tekrar kendimi bulmak için sana şimdi bu mektubu yazıyorum...

Haa çok mühim. Bir de bu çiftlerden gayri MURAT BELGE geldi. O çok ciddi ve TÜRKİYE'DE ÇOK ÖNEMLİ BİR FELSEFECİ ŞİMDİ. HERKES ONU TAKDİR EDİYOR. BİLİMSEL YAZILARI ÇIKIYOR CUMHURİYETTE HER GÜN. POLİTİKACILIĞA DOĞRU GİDİYOR KANIMCA. ÇOK YAKIŞIKLI GENÇ. BELKİ DE YAYINEVİNDEN TANIYORSUN, MEMET FUAT ONU ÇOK TUTARDI, ŞU FAULKNER'İ İLK ÇEVİREN... Senin şu JAMES JOYCES'UN GENÇ BİR ŞAİR OLARAK PORTRESİ... DÖŞEĞİMDE ÖLÜRKEN... Cuma günü de o geldi. Benim öykülerin sızdırılmış fikirler "SÜZÜLMÜŞ FİKİRLER" olduğunu söyledi. "ÖZGÜRSÜNÜZ SİZ, HER ŞEYİ YAZMAYA ÖZGÜRSÜNÜZ..." dedi. SEVİNCİMDEN UÇTUM.

Murat Belge gibi bir fikir adamı ve yalnız JOYCE'u tutan bir entelektüelin benim hikâyelerim için böyle demesi çok onur verici benim için... Tabii, Murat Belge'yi telefonla ben aradım...

O da gelmeyi kabul etti. Senin anlayacağın, kendime göre gizli kulis çeviriyorum. Murat Belge'den kimseye bahsetmem, çünkü herkes ona yaranmak istiyor bugünlerde... O da kimseye yüz vermiyor... Fakat, bana, benim evime gelmeyi hemen kabul etti ve bunları söyledi... Radyo konuşmasında Belge'nin 14 yıl önce Yanık Saraylar hakkında söylediği övücü yazıya da yer verilmiş... Zaten çocukcağıza herkes, o günden beri, (Beni övüyor diye) düşman olmuştu. Ömer de ilk o zaman benden boşanmaya kalkmıştı... İlk -Döşeğimde Ölürken kitabından sonra ilk- eleştirisi benim Yanık Saraylar kitabımdı. O günden beri eleştiri yazmıyor. Şimdi de kendini felsefe yazılarına verdi... Senin anlayacağın, Türkiye'de 14 senedir değişen bir şey yok. Onun için yazdım sana Murat Belge'yi... Emin ol piyes oynayacak ve para kazanacağım. Şimdi elimde bir hikâye kitabı olacak, bu bir hafta içinde 7 tane hikâyeyi ADAM YAYINLARI'na teslim ediyorum. Gene iyi iş çıkardım... Bu hikâye kitabı romandan önce yayınlanacak. Sonra roman...

Canım oğlum Cevat ağabeyi görüyor musun, o Dandi Selçuk Gerede ve burjuva karısı Canan Vafi'yi? (Meşhur Vafi ailesi Şevket Bey amcanın akrabasıdır.) Şadiye hanıma Kuzguncuk'a hiç gidemedim, acaba ne yapıyor? İnşallah bu sene de onu sağ ve salim bulurum. Karaca, Osmanlı Bankası hikâyesindeki Kediler... Fransızca-Osmanlıca lügat kullanarak yazdım. Nasıl beğendin mi? Çok hoşuna gitmiştir değil mi? Karacanın çok hoşuna gidecek burası diye düşünmüştüm yazarken. Hele Oya. O da bayılmıştır. Bir de HAKİKAT ŞU: Kedilerle köpekler arasındaki kavga daha da şaheser değil mi? Telefonda bana: SENİNLE İFTİHAR EDİYORUM dedin... Her şeyden daha fazlası ile sevindirdi işte beni bu... Demek ki amacıma ulaştım, daha da savaşıyorum ve savaşacağım... Ayrıca tenkitlerini ve fazla beğendiğin yerleri de söyle ki, ben yeni yazılarımı ona göre yazayım... Senin eleştirilerine itimadım vardır. Ayrıca fikirlerin her zaman bana uygun gelmiştir, kullanmışımdır. Unutma, Ford MACH I'da çok yardımın oldu... Yayınlandığında göreceksin. Olduğu gibi senin mektubunu aldım, çok güzel bir biçim oluşturdu... ROMANIN İÇİNDE EN GÜZEL KOMPOZİSYONLARDAN BİRİ -HATTA BİRİNCİSİ- de diyebilirim... Oğlum, lütfen boş kaldıkça bir şeyler yazmaya çalış, malzemeler topla... Kendi hayatından, yahut başkasınınkinden, yahut eşyalardan, makine parçalarından, istersen molozlardan olsun. Malzemeni topla. Her şeyin felsefesini yaparız Karacacığım. YAZARLIĞIMI İLERİDE SANA DEVRETMEK NİYETİNDEYİM. ELFE'DE HAYAL GÜCÜ VE ROMANTİZM BENİM YAZARLIĞIM İÇİN GEREKTİĞİ KADAR YOK. ROMANTİZMİNİ BİRAN ÖNCE YAZILARINDA GERÇEKÇİ BİR BİÇİMDE KULLANARAK BAZI DUYGUSALLIKLARINDAN (belki benim sebep olduğum) kurtulman için ve benim gibi, İDEALLERİ / O ERİŞİLMEZ BÜYÜK İDEALLERİ / ki öyle bir ideal yoktur, O'nu insan kendi yaratır, özlemlerini kendi mayasından çıkarır / işte, böyle şeylerin benim gibi 13 sene kaybetmeden bilincine varıp kendine göre bu romantik mayadan sert, elle tutulur gerçekler çıkarma yoluna git... Küçük küçük notlar tut... Fevkalade gözlemcisin. Senin gözlerini kendi gözlerim olarak görüyorum. Emin ol, erkek olsaydım, hem senin gibi çalışır hem de çalıştıklarımı da yazardım. Her şeyden bir bok çıkarmak FRANSIZ ENTELEKTÜELLERİNİN ŞAŞMAZ KURALIDIR. Sarkis AVUSTRALYA'DA HER ŞEYDEN BİR BOK ÇIKARDI. HER GÜN FİLMLER İZLEYEREK, O DA BÜYÜK BİR YARATICI OLDU. POSBIYIK (YÜKSEL ARSLAN PARİS'TE) da MARKS'ın siyasi felsefesini resimledi. Felsefeden çıkardı, san'atını. Artık her türlü, yaşam felsefeleri resim, heykel haline geliyor. Eski yaşamlar, eski eşyalar, eski korku filmleri, eski eşyalar bugün, bir san'at eserini oluşturuyor. Çöplükte yaşasan / o çöpleri, seçtiğin bir felsefenin üstüne oturtarak bir yaşam biçimi kuruyorsun, kurabilirsin. Altında yeter ki bir baz olsun. Benzetmelerle, çağrışımlarla. Ama şimdi ilk önce o hurda teferruatı yaz, ileride bir bazın üstüne oturtursun. Sana çok önemli bir kitap gönderiyorum... Bu kitapta neler demek istediğimi anlayacaksın, istediğin kadar kaynak var... Bütün san'atçılar başkalarının yaptıkları sanat üstüne kurulmuşlardır. Kaide bu... UNSAL OSKAY'IN BU KİTABI BÜYÜK BİR ARAŞTIRMA / BÜTÜN DÜŞÜNCE VE ETKİLENME YOLLARINI AÇACAK / FORMÜLLER HAZIR / O ESKİ FİLMLER VE BUGÜNKÜ ÇAĞDAŞ FİKİRLERLE DÜŞÜNECEK OLURSAN, BİR KIYASLAMA DEĞİL BİR KARIŞIM. VE DE YENİ OLAYLARI YERİNE KOYARAK O DRAMATİK KALIPLARI KULLANABİLİRSİN / BU BENİM İÇİN DE VARİT / BEN BU KİTABI DAHA ÖNCE GÖRSEYDİM / YA DA ENTELEKTÜEL OLSAYDIM / DAHA ÖNCE NE MODERN ŞEYLER UYDURABİLİRDİM; onların üstüne neler kurardım... Bütün iş onlardan kendi hayat biçimini çıkarmak / DAHA DOĞRUSU O KORKUNÇ FİLMLERE YA DA FELSEFELERE HERTÜRLÜ SİYASİ YA DA SAPIK İDOLOJİLERE BAKARAK KENDİ BİÇİMİNİ ÇIKARMAK, ONA BİR ŞEYLER İLAVE ETMEK / ONDAN ETKİLENMEK / ONDAN KENDİNİ YARATMAK / YENİDEN / YAHUT DA AYNI ŞEYİ BİR DAHA TEKRARLAMAK / HEPSİ BU KADAR / GEREKİRSE BAZI YERLERİNİ ÇIKARARAK AYNI ŞEYİ YENİDEN YAZMAK / NE DE OLSA ÇIKARIRKEN ACEMİCE BİR ŞEY YAPARSIN / BU DA SENİN OLUR / BU KADARI DA YETER / BİR KERE TAKLİT ETMEYE KALK DA GÖR / TAKLİT EDE EDE NELER ÇIKARIRSIN, NELER UYDURMAYA BAŞLARSIN / BAŞLA DA GÖR / EMİN OL YAZARLIK BUDUR / TAKLİTTİR / SONRA UYDURMADIR / BİR DE KENDİNE HEYECANLANDIĞIN BİR MODEL SEÇMEKTİR / bak Henri Miller seksi seçmiş / yaptığı ettiği şeyleri yazmış / tabii ben bunları yazarım diye de, bir kabarma, bir tavır / bazı gözlemciler / ve bazı yazarlar okumuş /

"Dostoyevski'yi taklit etmek istedim, altından çıkamadım, Kafka gibi" diyor. "Ben de oturup erkekliğimle övündüm ve beni övecek çevrelerde dolaştım. Paris'te benim gibilerle güçlendim" diyor... Ama, bence en güç yol bu. Bugün bunlara gerek yok. Modern Fantazya oturduğun yerde sana yardım edebilir. Karacacığım, benim bugün için elimde eskiden kalma çok hurda teferruat malzemelerim var, daha iki sene yeter... Romanım da bitiyor. Ondan sonra eski film ve eski efsaneleri anlatmaya başlayacağım hem de fazla değişiklik yapmadan... Her şey bizden önce yapılmış ve her şey yaşanmış / ona yeni bir biçim vermek kalıyor... Elfe'ye yazdığın kartı, Elfe arkadaşlarına da okudu. Etkilendi ve iftihar etti sanırım... Karaca telefon et... Çok ÇOK sevgilerimle...

Bana gece gündüz yardım eden Nebahat teyzene (BAKIRKÖY'DE ONUN EVİNDE kalmıştın bebekken) bir kart atarsan -bizim eve- çok sevinir... Oya'ya da sevgiler.

Allahaısmarladık şimdi.

Annen

Sevim Burak not: Kitabı sana ithaf edeceğim Hikâye kitabını, hangisini istersin? Roman da senin değil mi?

S.B.

8 Temmuz Kuzguncuk

Karacacığım,

Bu mektubu, son bir hamle ve denize düşerken simide sarılır gibi sana son gönderdiğim, şu telefonda konuştuktan sonra geçen olayların bir çizelgesini, (Oztürkçe imiş) hülasasını yapayım dedim. Bizim yalıda dünya önümüzde. Hemen hemen, en büyük transatlantikler ve de turistik yatlar, büyük deniz yatları, kotraları ve de her çeşit turist motor ve gemileri geçiyor. Trafik çok yoğun ve deniz bir dakika boş değil, bu açıdan düşünülecek olduğunda, evin bütün odalarında koltuklarında oturup denize bakmakla seyretmekle eğlenebiliyor insanlar. Hele elinde bir de dürbün olursa. O gemilerin içinde olup bitenleri de izleyebiliyormuşlar. Ben dürbünsüz bir hareketler, acayip gölgeler ve dalgalanmaları, birinin bana el salladığını, neredeyse gülmeye benzer bir şey yaptığını, hatta, şöyle bana bakıp birkaç kelime (artık Rusça mıdır Iranca - Hayır - FARSICE midir?) söylediğini, başını bana doğru iki yana salladığını "Seni gidi seni" yaptığını sezinleyerek mutlu oluyorum. Seviniyorum. Gemilerle konuşuyor, gemilere laf atıyor onlarla köpekmiş, insanmış gibi diyalog kuruyorum. (Her biri gerçekten de insanlara, tanrılara, Tarih öncesi ejderhalara, mitolojik hayvanlara, yarı tanrılara benziyor) Ama acaba Oya için bu sevilecek bir şey mi? Daha açık söyleyeyim; bu gemiler deniz manzarası, koca bir rıhtım bizim için bize ait. Şimdi duvar oyularak bizim için ayrı bir kapı sokaktan giriş kapısı Tünel yapılıyor. O zaman alt kattakilerle hiçbir bağımlılığımız kalmayacak şimdi. Denize girmek için bir alt kata inip kapıyı çalıyorduk ya da onlar bize kapıyı açık tutuyorlardı. Nefis, tuzsuz, diri ve derin bir su. Gireni kesiyor ilk anda, adeta vurulmuş gibi, yanmış gibi oluyorsun. Ve hemen geçiyor bu his, yerini doyulmaz güzellikte bir deniz suyuna bırakıyor. Dinliyor, hiç çıkmak istemiyorsun. Kaptanlar, denizde biraz açılana düdük çalıp geri çekil diye azarlıyor. Peş peşe düdüklerle akşama kadar, deniz sefası devam ediyor. Bazı kaptan, başını kaptan köşkünden dışarı çıkarıp denizde üstüne yüzen birine küfür ediyor. Burada küfürleri sıralamaya gerek yok. En ağdalılarından, hatırlarsın, analı-avratlı düz gidiyor. Bütün bunlar bizim hoşumuza gidiyor. Gezi gemileriyle geçen turistler de, biz masada oturmuş, yemek yerken, ya da onlara el sallarken bu yalılara hayranlık gösterilerinde bulunuyorlar. Öpücük gönderiyorlar. "Ah, keşke biz sizin yerinizde olsaydık" gibi bakıyorlar, şarkı söylüyorlar. Ama, bu sadece dış görünüş. Evin içindeki tuvaletin musluğu, Şaziyanım'ın evindekinin aynı. Eski kurşun borular. 100 senelik ev ve boruları, içinden iplik gibi su akıyor, gerektiğinde tuvalete şemsiyeyle girmek ihtimali de beliriyor. Çünkü, rezervuar çalışmıyor, pas tutmuş. Ayna, arka odada büfeye benzer bir dolabın üstünde, şifoniyer falan, eşya getirmedik. Eski bir Laz gardırobu var, her şeyi onun içine koyuyoruz. Bir de gene yukarıdan aşağıya bir camlı eski raflık var. Evin raflığı, oraya da tarak, varsa ruj, kolonya gibi karışık kitap, anahtar gibi şeyler koyuyorum. Gene odalarda, hep, Lazların takımları yani eski model koca koltuklar, ve de bir büyük masa. O masayı ben, sana mektup yazmak için kullanıyorum. Üstünde gene kitaplar, kâğıtlar, para çantam, omzuma astığım o eski çantam, (sokak çantası) hani Karamürsel'deki Amerikalılardan almıştım. O zamandan beri kullanıyorum. Oradan aldığım ruju hâlâ dudağıma sürüyorum. Ve de oradan aldığım şaheser bir koku'nun[1] sadece

---

1 Ralph Lauren

şişeleri duruyor artık. Onu da camlı rafa koydum. Üstündeki etiketi de ustaca yırtıp, sana mektupla yolluyorum. Aman Karacacığım, bana o kokudan, Amerikan yapımı (Fransız pahalı parfüm istemiyorum) mutlaka gönder. Erkek için losyondu galiba ama, onu ben kadın olarak kullandım. Ve de çok sevdim, hâlâ kapağını kokluyorum. Acı bir çam, ya da karaağaç parfümü ya da losyonuydu. Yazı yazacak mısın? Ne düşünüyorsun? Hikâye yazacak mısın? Ben, senden haber bekliyorum. Yalancı küpe ve yalancı yüzük yazmış mıydım? Eğer çok ucuz kol saati varsa gösterişli ya da second hand de olabilir... Mektubun -uzun- eline geçince yaz.

(Tarih yok)

KARACACIĞIM

Şimdi sana bazı haberlerim var, bunlar senin için de, benim için de büyük bir aşama, hatta şans kullanma niteliğinde: EĞER ŞU İKİ AY İÇİNDE İYİ DEĞERLENDİREBİLİNÎRSE... Benim için böyle...

SENİN İÇİN BU SÜRE, BİR YIL GİBİ, UZUNCA GÖRÜNEN ZAMAN... Şimdi, mesele şu: CEVAT ÇAPAN İngiliz Filolojisi'nin Profesörlük kürsüsünde 10 yıldır oturduktan ve de Güzel San'atlar'a tiyatro bölümü Prof. Devlet Tiyatroları Dramaturg Bölümü Şefliği'nin yanında Sanat dergilerinde İngiliz şairlerinden çeviriler yapmakta ve kendi de şiirler yazmakta. Bir Yanık Saraylar Tutkusuna kapılmış ve onu unutamayan, ondan etkilenen bir şair dost. Ömer abi'nin Robert Kolej'den sınıf arkadaşı olduğu için yıllardır Ömer'i evine çağırmakta ve eline gelen -Sergiler açması gibi yabancı ülkelerde -dostları çok- Türkiye'de de Ömer'i KÜLTÜR SARAYI SAN'AT DANIŞMANLIĞI MEVKİİNE OTURTMUŞTU. Sonra bildiğimiz hükümet değişikliğiyle her şey geri ellere devredildi. Benim Piyesin seçici kurulunda DEVLET TİYATROLARI REPERTUVARINA ALINMASINDA SÖZ SAHİBİ OLMUŞTU. HÜKÜMET DEĞİŞMESEYDİ BİLİYORSUN, 79'da oynanacaktı. Şimdi Cevat ÇAPAN, bütün çalışma ve incele melerini TİYATRO üzerine yoğunlaştırmış durumda. VE BÎR YILLIĞINA NEW YORK'a Tiyatro ÖĞRETİM ÜYELİĞİ Vasfıyla, Tiyatro yönetmeye, çalıştırmaya, her neyse, konferanslar falan dahil büyük bir titr ile geliyor. Oraya, New York'a, senin yanı başına. O kadar mutluyum ki bilemezsin.

Sana yazmamıştım bundan bir ay önce, Kuzguncuk adresimi alan, Milliyet muhabiri olan ZEYNEP ORAL, BANA RÖPORTAJ yapmak için haber gönderdi. Ben de daha bir süre röportaj yapmayacağımı, gelmemesini bildirmiştim. Benimle röportajı yapmak isteyen Zeynep Oral Milliyet San'at'ın danışmanlığını yapıyor. Figen de, Milliyet'in Karacan yayınlarının roman danışmanlığı sekreterliğini yapıyor. Roman'ı bitirirsem Milliyet yayınlarına verebileceğimi söyledim. Fakat bu arada Devlet Tiyatrolarında HİS MASTERS VOICE oyunumu kitap olarak bastıracağımı bildirerek bir kopyasının Kuzguncuk'taki adresime gönderilmesini yazdım. Ondan önce, bilmem, sana yazdım mı? GENCO ERKAL diye bir tiyatro oyuncusu, yönetmeni, daha çok GOGOL'UN Bir Delinin Hatıra Defteri'ni oynar, durmadan oynar nedense. Öyle isim yapmıştır. İşte Genco kapımı çalarak, Kuzguncuk'taki evimde bir saat dil döktü, benden piyesimin bir kopyasını istedi. Ben de, "Piyesin kopyası olmadığını -DOĞRU- ve devlet tiyatrolarından isteyip ona okuması için vereceğimi" vaat ettim. Ama, doğrusunu istersen, ben Müşfik Kenter'in "BİLAL BEY" olmasını istiyorum. Onun için niyetim, Müşfik Kenter'e vermekti hemen elime gelince. O arada, Cevat Çapandan bir haber geldi gene, FİGEN ile, "SEVİM beni arasın, piyesini vermeden Genco'ya, acele konuşalım" diye. Ben de (Bu evvelki gün oluyor) tutup bizim üst kattaki ev sahibinin telefonunu verdim Cevat beni arasın diye. Dün CEVAT'la telefonda, ev sahibinin telefonunda belki 40 dakika kadar konuştuk. Sana yukarıda yazdığım gibi Amerika'ya bir yıl için gideceğini, (EYLÜL BAŞINDA) senin Amerika'da hele NEW YORKTA olduğuna çok sevindiğini, senin orada olduğunu bilmediğini, sürpriz bir haber olarak nitelendirdiğini, netice olarak: İstanbul'da Nişantaşı'nda çok büyük bir yayınevinin bir milyoner öğrencisi tarafından kurulduğunu ve Bu Yayınevinin, Listesinin ilk başında ("Şereftir Yayınevi için" diyor) benim FORD MACH I'ı -ROMAN- yayınlamayı kararlaştırdı.

Biliyorsun ben âşık olmuştum. O tarihte, 40 yaşımdaydım, Elfe de benden hiç ayrılmaz, arabaların peşine özellikle MACH'in peşine düşerdik. Mach I'daki kazık gibi bir köylü zengin oğlan kucağımda Elfe olduğu halde beni gördüğü halde, KÖY KAFETERYA önünde durmuş durmuş beklemişti, MACH I'a bineyim diye. Ben binmedim ama içim gitmişti. Sonra bir kere sokakta yalnızken peşime düştü kapıyı açtı. Ben nereye gitsem o da benle olan, yeni zengin, cahil, kaba saba idi ama, ben araba yüzünden ona yüz verecek hale gelmiştim. Oğlana değil de arabaya âşıktım. Bir kere bile o arabaya binemedim. AMA, evde oturup o'na destanlar yazdım. Yani arabaya. İşte bu roman benim son gençliğimin ve aşkımın romanı idi. Hâlâ bitiremedim. Çünkü, arabadan başka birine âşık olamadım. İşte Karaca, sana annenden gerçek bir itiraf, yani itiraf değil de, o zaman gerçekti...

Keşke arabaya değil de adama âşık olsaydım mı acaba diyorum, hayatım hep roman yazacağım diye geçiyor. Amacım bu benim artık. Bana yardım eder misin? Roman olacak kadar çok malzemem yok. Bu yüzden yeni bir biçime ulaştım. Bölümleri artırdım. Her bölümü en az iki kez tekrarlıyorum. Ve bu roman dört ayrı isim altında toplanan bölümlerden oluşursa, bu dört ayrı isimdeki bölümler ikişer kere tekrarlanırsa -8 bölüm eder- az... İki kişi daha bulup altı bölüme çıkarırsam 12 bölüm eder. Bu 12 bölüm de artık yeter. Ancak, malzemem yetişmeyecek. Bir de 1974 senesinde Cumhuriyet Bayramı da var. Köprünün -Boğaz köprüsünün- açılışı da Cumhuriyet Bayramı da. Bu arabalar gece Fenerbahçe'de toplanıp Ankara asfaltında BARACUDA ile Mach I'ın yanına gidecekler. Asyalı-Avrupalı diye arabalar ikiye ayrılmış. Mach I, Bağdat caddesinin arabasını Asya yakasını temsil ediyor Baracu'da

Avrupa yakası arabası İKİYE AYRILMIŞLAR. Asyalılar mı Avrupalılar mı ilk Boğaz köprüsünden geçecekler? İşte yarışı kim kazanırsa o, ortaya konan parayı alacak ve de meşhur olacak. Günaydın Gazetesi'nin baş sayfasında resmi çıkacak. Bende 1974 senesinin Rallicilerinin gazeteden kesilmiş resimleri bile var. Sevim Sipahi-Ali Sipahi diye. Bunlardan da biraz isim olarak bahsedeceğim. Roman, KARACA - PALYAÇO RUŞEN - ATİLLA - BEKÇİ bölümleri altında yaşıyor. Mach I'ı Palyaço Ruşen'in ağzından hayali bir kahraman olarak izliyoruz. KARACA bölümünde ise gerçek Mach I anlatılıyor. İşte orada Fenerbahçe'de toplanan yarışçılar falan var. Sonra Palyaço Ruşen'in Medrano Sirki'nde ne numaralar yaptığı anlatılıyor. Arabası parçalanma numarası, sonra Palyaçonun yaptığı başka numaralar, pastayı suratına sürmek, ipten düşerken kurtulmak, ağzından alev çıkarmak. Bir de lastik adam olmak varmış. Birisi anlatmıştı bana o numaranın nasıl yapıldığını, hatırlayamıyorum. Yerlere falan düşüp zıplama gibi bir şey. Aslında Lorel Hardy gibi numaralar topluyorum. Karacacığım Romana boyut kazandırmak için Palyaço numaralarını öğrenmek, izlemek, sormak lazım. Bizim Türkiye'ye bu yıl daha gelmedi. Bana sor soruştur öğren dört bölümlük numara yolla, yaz lütfen. Ve de Amerika'daki Pisin yarışlarının, püf noktalarını, tehlikeli birkaç numarayı, ne duyduysan, gördüysen bana yaz bir zahmet, bu romanı beraber yazıyoruz. 1974'te seninle başlamıştık, araba bile aldık, yarışları izlemek için. Bu bakımdan Türkiye'nin en (okunmuyor-y.n.) yazarı sayılabilirim. "Bir hikâye yazmak için bir araba aldım" dediğim zaman Salah Birsel "Bu yazdığın şeye bağlı, senin yazman için ev bile almaya değer" diye cevap verdi. Bunları övünmek için yazmıyorum. Biliyorsun otomobilli arkadaşların arasında, otomobilsiz olmak da acı bir şeydi. Asıl sebep buydu, onlara yetişmekti tabii. Çevreye uymaktı. Ama, bunlar benim gibi birinin üstünde büyük etkiler bıraktı. Gördüğüm şeyler, yaşadığım kısa sevinçler büyük bir olay haline geldi. Ve taştı. Hayalgücümü de kullanarak yaşadığım hayatı hep biraz abarttım. Böylece kompleks yenmek dışında kompleksimin üstüne çıkmaya çalıştım. Ama bu da uzun bir hayat parçasına mal oldu. Sekiz uzun yıl. Ve hâlâ da bitmiş değil. Malzeme eksik. Az yaşamışım, biraz da arabayla yaşamam lazımmış. İşte onu sen -altında en iyi arabayla- tamamlayacaksın, bu eksikliği gidereceksin. Lütfen, arabanı anlat bana ve başka arabaları ve de aramızda kalsın -YALNIZCA- ortaya çıkacak olan romanda adlarımız olacak, canım oğlum.

Sana seninle son telefon konuşmasından sonra yazmaya başladığım mektup parçasını da gönderiyorum. Yarım kaldı. Üzüntülü bir mektup olacaktı. O gün bana bazı lafların çok tesir etti. "Şimdi neden anlaştığımızı anlıyor musun" gibi... Yavrum, hayat anlaşmaktan, karşı, karşıya gelip iki çift laf konuşmaktan başka bir şey midir sanıyorsun? Hayat, iki kişinin beş aşağı beş yukarı birbirinin anlayacağı hikâyeler anlatmasından ibarettir. Bunun dışında, büyük aşk yoktur. Buna inan. Ne mutlu koca Amerika Kıtası'nda yalnız değilsin. Kafası çalışan ve seni seven bir kız arkadaşın var. Senin kafandaki şeyi biliyorum. O bir hayal ve romantik bir özlem. Hatıralarına sıkı sıkıya bağlı olman beni bir yerde üzüyor çünkü, sen, mutluluğunun farkına varmak istemiyorsun. Hiçbir duygu sonuna kadar gitmez, her şey değişir. Aşk dediğin şey seks'tir. Bunu yitirdiğin zaman yalnız kaldın ve mutsuzsun demektir. Düşün ki senin önünde milyonlarca gün var, bütün bu günleri, romantik bir duyguyla dolduramayacaksın. Hayat seni kucağına aldı bile, sen, en sağlam bir gerçeğin kucağında yaşıyorsun. Çalışıyorsun. Seni seven var, herkes tarafından beğenilen birisin. Kendi hayatın için hayal kurma, ben burada senin için de düşünüyorum. Gerçekler var. Orada her şey var diyorsun. Aşk için her şey var. Moral bozacak ne olabilir? Herkesin hayatında başka türlü bir aşk mı var sanıyorsun?

Aşk bir türlüdür. Yukarıda yazdığım gibi sekstir. Bunun dışındaki düşünceler, romantiklikten de öte bir şımarıklıktır. Bunu senin için söylemiyorum, asla yanlış anlama. Başka türlü anlatamam. Ben arabaya âşık olacağıma bir adama âşık olsaydım çok daha mutlu olurdum. Sen ne sanıyorsun?.. San'at yapacağım diye, yaşamdan kopmaya, hayal alemine dalmaya değer mi? Hayal aleminden yeni bir gerçek çıkarmaya çalışmak üstelik de. Düşünürsen saçma bir şey. insanların romantik olması, hayalindeki bir düşünceye ya da arzu'ya kavuşmak için, yaşadığı güzel günleri görmemek - görmek istememek. Aşk hep birdir her yerde ve her zaman her türden insanla. Yaşamak budur. Genç kalma budur. Hayal, insanı yıpratır bir şey kazandırmaz. Kazandırdığı zaman da senin koskoca ömrünün yarısını alır. Ben senin yerinde olsam, her günümü gün ederek, yaşımın tadını çıkarırım. Sen çıkarmazsan senin yerine başkası çıkarır. Benim roman yazmam, kitaplarımın basılması seni (okunmuyor- y.n.) hayali değil gerçeğe dayalı (okunmuyor-y.n.).

Sıhhatli, sapasağlam bir hayat kurarız. Benim için geç. AMA, sen daha işin basındasın. Bazı gerçekler ve hayat benim gibi hayalperestler için çok geç anlaşılıyor. İş işten geçmiş oluyor. Ben artık AİLE imiş, İYİ aile çocuğuymuş, Soyu sopu şuymuş, buymuş, yok gururmuş, yok toplummuş, yok zenginlikmiş yok çocukmuş, yok sorumluluk duygusuymuş bunları tanımıyorum. Tanımak istemiyorum. Çünkü o zaman benim hayatım gidiyor, başkasınınki kalıyor. Mutlu olmak için bir iki şeyden fazlası lazım değil. GENÇLİK, SAĞLIK... Gerisi arkadan gelir ne gelirse kabul et. Geri çevirme... Yolda, kapı önünde, arabada, Kahvede, Çarşıda, Çöplükte, Hela aralığında, en zengin odada, en fakir bir semtte, Her yerde karşına çıkan her şeye evet de. Yaşa. Yaşamının bir saniyesini düşünceyle geçirme. Koş, zıpla, evde oturma, çocuk bakma, dırdır dinleme, şarkı söyle, ıslık çal, herkesle konuş, herkesi sev... Yaşa oğlum... Bir de Arthur Milleri oku Amerikancasından. "Bedel" diye bir Tiyatro eseri vardı, harikadır. Eskici bir Yahudi'nin son alışverişini işler. Karacacığım, fikirlerim değişmiş bulunuyor. Eskici Yahudi olmayıp antikaları satacağım. Ve eşyaya paydos. Bomboş bir ev istiyorum. Ve yazı yazarken koşmak istiyorum. Sen de Oyanın çektiği fotoğraflara bakıp belki "Öyle yap" dersin. Bundan sonra paramı artıracağım, gezmek için, geniş mekânlarda koşmak için. Burayı önümüzdeki yaz için yeniden angaje edeceğim, inşallah sen de bir dahaki yaza gelmiş olursun.

Bana doldurduğun kasete teşekkür ederim. Çoktandır kaybetmiş olduğum parçaları oraya doldurmuşsun. Tekrar eski günleri yaşadım. Diyorum ya, hatıralarına çok bağlısın. Bir yerde beni mutlu ediyorsun ama, bir yerde de kendine karşı tutuculuk oluyor. Eskiyi bırak yeniyi yaşamaya bak. Bak, ben eskilerin hepsini, hatıralarımı yok etmek için satacağım. Senin yeni suratını görmek istiyorum. Bana daha da başka, başka resimlerini gönder. Okul resimlerini falan Oya gördü, istedi verdim. Artık koca adam oldun. Çocukluğunu ne yapacaksın? Şimdi daha anlamlısın. O resimler yüzünden babanla kavga ettik. Biraz kıskanıyor. Biraz da tutucu. Kendi gençliğini unutmuş sanki.

Her şey birbirine bağlı, yıllardır geçirdiğim büyük mücadeleler ve para meseleleri beni, en ufak kendime ait gizli bir mutluluktan yoksun bırakmış. Şimdi bunu iyice anlıyorum. Eksik tarafımın, ileride, kendi meselelerime eğileceğim zaman geçeceğine inanıyorum.

Geçen ay Taxi Driver'i seyrettik Konak Sineması'nda. Ben müthiş heyecanlandım, New York'un o gece hayatını görünce. "Karacanın bu New York'ta işi ne? Orada ne yapar? Hemen yazmalı Karaca ya dönsün buraya, ya da gidip alıp getireyim" diye yüksek sesle Elfe'yle konuştum. Yanımdaki kadın duydu. Bana eğilip "Benim kızım da Orada, çok korkuyorum çok üzüldüm, ne biçim memleket?" diye o konuşmaya başladı etraftan bize "sus" falan dediler. Karaca, sen nasıl orada kaldın, başın belaya girmeden muvaffak oldun? Büyük bir güç ister, büyük bir akıl ve şans ister. Robert De Niro'nun hoşlandığı bir kızla ilişki kurmak için silahlandığı, teröre kalktığı bir acımasız ve yabancı ortamda insan nasıl tesadüfen kurtulabilir? Robert De Niro nasıl canını tehlikeye atarak ve de kahraman olarak bu yaşam savaşını kazandı? Olur iş değil doğrusu. Çok güzel bir filmdi. Robert De Niro da iyi bir yabana oyuncu. O'nu "Avcı" filminde de seyretmiştim. VE kalbimden hastalanmıştım. Sinirlerim bozulmuştu. Amerikalılar da çok sert film çeviriyorlar. Avcı kadar değil ama ona yakın bir sertlikte. Zaten Taxi Şoförü filminde "Avcı" filminin etkileri vardı bana göre. Silah kullanması, silahla oynaması... Her iki filmin ortak sert yanları ve de en güzel yanlarıydı. Bir de, "AMARCORD'u gördük, FELLINÎ'nin bir sanat şaheseri. Akdeniz'in yarı komik (duygusal yönden) yarı trajik mizah dolu bir öyküler zinciri. Daha doğrusu bir Parodi. Nefis şiirle (okunmuyor-y.n.) bir donanmış Transatlantik ışıklar içinde yüzüyor. Dibinde de, o transatlantiği seyreden fakir küçük bir kasaba.

İşte Karacacığım, sana bu mektubu bu haberleri vermek ve gene çalışmanın başına geçmek üzere yazıyorum. Senin için bu haberin ne kadar önemli olduğunu biliyorum. Çünkü benim eserlerin tekrar yüz üstüne akması, (inşallah) hayatımızdaki müşterek düğüm noktasını çözecek. İkimiz de problemlerimizi bir an içinde -MANEN DAHA ÇOK- ÇÖZMÜŞ OLACAĞIZ. Yılların götürdüğü sevincimiz, hayallerimizin, kapanmış bazı kapılarını tekrar yüzümüze açacak. Bize istediğimiz yaşam tarzına benzer bir yaşam ve insan seçme, inceleme, yeniden bazı hayaller kurabilme hakkını verebilecek. Türkiye'ye, geldiğinde inşallah anneni, adı hâlâ anılan şerefli bir yazar olarak isim yapmış bulursun. Böylece, ben de yaşlandığımın farkına varmam. Sen de beni çirkin ve ihtiyar da olsam beni sanatın o güzel, hayal gözüyle görürsün. HAYALLERE DALMIŞ GİDEN BİR KADIN. KARACACIĞIM, BU işin ne kadar zor olduğunu sana anlatmak istemem, bütün bu yazdıklarımdan sonra tekrar moralin bozulmuş olur. Oya'ya çalışma vaziyetini ve kâğıtların yayılma durumlarını, tül perdelere kadar tırmanan cümleleri, yani çalışma yerimi gösterip, şunun resmini de çek, diyeceğim.

Oğlum, bu yarış arabalarına, ya da son model arabaların hava atmalarına, New York'ta adı geçen isimlere, araba üstlerine yazılan edebiyata ait ne biliyorsan bana yaz. Bu roman senin katkınla gelişti.

Bağdat caddesindeki bir iki oğlanın arabaları üzerine yaptıkları espriler, öğünmeler, bir de, Medrano Sirki'nde çalışan Palyaço Ruşen'in arabasının üzerindeki Dal tonlar Çetesi, ŞELTOKS Reklamı Sivrisinek resimleriyle süslü arabasının sirkte kapılarının düşmesi, karbüratöründen su fışkırtması, direksiyonun çıkması, sonunda infilak etmesi gibi hikâyeler var. Palyaço Ruşen, geceleri hem MEDRANO sirkinde çalışır, hem de Fenerbahçe'deki yarışları takip ederek yavaş yavaş kendini Ford Mach I gibi görür. Mach Tın demir gövdesine neredeyse kendi insan vücudu perçinlenir. Bu, Divan pastanesinde olur (okunmuyor-y.n.). Ford Mach I, romanda, koşan, boyuna sokaklara dalan - Postaneden "KADIKÖY İLÇESİ SINIRI" ÖLÇEK 1/10000 aldım. Orada bütün sokakların adı yazılı. "Hep şu sokağa girdim, bu sokaktan çıktım. Bağdat Caddesi'nde (Ralli takviyeli) bir CARRERA ve RENAULT ALPİNE yaklaşır gibi oldular. Tam Divanın önünde Mach I'ı sollayıp makas atmak istediler, Fakat Mach I başını çevirince bir Show numarasıyla sekerek uzaklaştılar. Mach I bu şakayı ciddiye almak istemezdi ama onun her zaman yolunu değiştiren ve çıkmaza sokan böyle olaylardı. Bu yüzden Mach I bu şakaya mim koydu. Virajlarda Rallici Carrera ve Alpine'i kollayıp STİM'e girerek (hiç değilse birini) burun köprüsünden vuracaktı." "Bir solukta Moby Dick'i geçti. Ca'Fe POOL'e vardı..."

"Mach 1, 120'yle Caddebostan, Foil Oil, Borsa 2, Borsa 3'ü, Bağdat Caddesi'nde sırayla ağaç gibi dikilmiş Vhinlex -Vhinlex Karven tabela (okunmuyor-y.n.) Göztepe Benzinci kavşağında (Beyaz şapkalılar orada çeviri yapıyorlardı ama Mach buna pek aldırmadı) gözünü caddenin ucuna ayarlayarak kendisini bir, iki kilometre sürükleyecek kadar kuvvetli bir patinaj çekti. (On birinci kilometreye giriyordu) Sonuca yaklaştıkça, caddenin biter gibi olduğu yerde yeni kuvvetlerin belirdiğini gördü. Düşmanın kökü sonundaydı. Bittiği yerden besleniyordu. Mach I kaç düşman öldürmüşse sanki o kadar düşman (aynı sayıda) kan öcünden gönderiliyordu. Hiçbir şey değişmemişti. Ve Mach I hiçbir şeyi değiştiremezdi. Mach I deliydi, oradan dönse savaştan vazgeçse daha iyiydi. Ama Deli Mach I biliyordu ki başını çevirecek olsa düşmanlar yok olurlardı ama Mach I bakmak istiyor, hiçbir şeyi değiştiremese de görmek istiyor o düşmanları. Mach I'ın eli başına gitti. Miğferinin altındaki bir delikten kan fışkırıyordu. Başından fışkıran kan ve zonklamayı bastırmak için bir o tarafa bir bu tarafa yön değiştirerek gidiyordu. Başını ne yöne çevirse o yanı ağrıyor, caddede iki metrelik büyük zikzaklar çiziyordu, BAĞDAT CADDESİNE kendi adının harflerini sanki kanıyla yazıyordu M. A. C. H... I..."

Bu, kendini Mach I olarak hisseden Palyaço Ruşen'in düşmanlarla yarışa girmesi ve yaralanmasının anlatılışı. Kendi dramatik görüşüyle Bağdat caddesindeki diğer arabalar ona düşmandır. O hepsini yarışta geçer, O bir kahramandır. Otomobil kılığına girmiş bir insan Palyaço Ruşen kısmında hep Mach I'ın harpleri, motorunun gücü, savaş kazanmaları, Mach I'ın doğuşu bile anlatılır. Roman, şimdiki tasarıma göre, bir de gerçek yönde anlatılır. Bu da KARACA başlığı altındadır. Sonra bir de Palyaço Ruşen'in gerçek işi, Medrano Sirki'nde

Palyaçoluk, araba parçalanması numarası, bu da ATİLLA diye Bağdat caddesindeki gene arabalı bir çocuk tarafından, yer yer de, çok konuşmalar ve alaylar arasında, öbür Fenerbahçe yarışlarına giden gruplar arasında alay konusu olarak konuşulur. Arabasıyla alay ederler. Aslında romanın kahramanı Palyaço Ruşen, yani Mach'in benliğine giren kahraman bendim. Sekiz yıldır çalışmalarımda bir arpa boyu ilerledimse, hep "BEN" "BEN" diye idi. Sonra, Mach I olmak isteyen bir kadın olarak hemen anlaşılacağımdan SEVİM olarak tanınacağından vazgeçtim. "KADIN" diye Mach'ı anlatan bölümleri Palyaço Ruşen olarak değiştirdim. Biraz Efemine bir palyaço oldu. Cinsi sapık gibi bir şey. Ama olsun. San at eseri bu. Adamcağız bazı yerlerde "KOŞ MACH I KOŞ. BENİ DE AL GÖTÜR. BENİ DE KENDİNE ÇEK" diyor...

Bir yerde de, Divanda Reksona KADİL Sabun Reklamı'nı Mach'den kıskanıyor:

Dur Mach I
Dur
İşte şimdi Divandan geçiyor
Dur Mach I
Dur
Bir geri vites
Bir geri vites daha alarak
Kendini kaldırıma çekerek
Divanın tarhlarına yaslanıp dondurma yiyerek
O KİME BAKIYOR?

Beyaz kadife gibi tenli bir kadın Mach I'a bakıyor. Bembeyaz dişleriyle (Her gülüşte diş etleri biraz daha beyaz görünüyor) Gülüyor

Bayan Reksona Kadil O Sabun Kadın

Gereğinden çok rastladığı her kilometre başında karşısına çıkan

BAYAN REKSONA KADİL

Mach I'ı çağırıyor, eliyle masayı işaret ediyor

"Otur" "Otur" diyor o kadar zarif ki, işaret bile etmeden

Masanın altından mini eteğinin pililerini sallıyor

Pilili eteğinin altından ayağını uzatıyor

Sallamadan ve uzatmadan o kadar nazik ki Nazikliğinden ayağının tabanını yere değdirmeye alışmamış olan Bayan Reksona Kadil ayağını öptürmek istiyor öptürmek bile istemeden

Kaç Mach I kaç

Mach oturmuş Bayan Reksona KADİLİN PASTALARINDAN yiyor

PEPSİLERİNDEN İÇİYOR Gazla

Mach gazla Oturmuş Bayan Reksona Kadil'in MY WOMEN'ini DANlEL'ini dinliyor

Çık buradan Mach çık

Arada sırada Bayan Reksona Kadil belindeki küçük meşin keseden para veriyor Mach I'a...

Ya da Mach I küçük meşin keseden Reksona Kadil'e

Hadi Mach arş...

AT o dondurma külahını elinden

Çık şu pastaneden

Geri yap...

Karacacığım, aman mektubumu alır almaz cevap yollamayı geciktirme. ŞU bilgileri, aklına gelen ne varsa toparla çabucak gönder. Kuzguncuk'ta Şadiyanım da sana sevgilerini gönderir. Oya'yı evine götürüp çektirebilirsem resimlerini çektireceğim. Benden daha sıhhatli, iki günde bir, bir kilo pirzola yiyor. Ona beraber alışveriş ediyorum. Gönderdiğin çayı Madam Nıvarta vermiş. O karıştırıp başka çayla tekrar getirecekmiş. Ben de mektubu postalayıp, Şadiye Hanıma et, kedisine de yarım kilo kıyma alıp, postaneden eve döndükten sonra şöyle 24 saat masadan kalkmamak üzere bir posta çalışacağım. Durum, biraz kritik, vakit az. Elfe'yi iki günlüğüne babaannesine gönderdim çalışmak için...

Hadi benim güzel oğlum neşeli günler ve hayırlı işler diliyorum. Yakında Oya gelince, daha rahat edersin. Sana o da anlatır.

Oyayı sevdim. Seni iyi arkadaş seçmede tebrik ederim... Şimdi, Amerika'dasın, seviliyorsun ve senin için ne güzel...

Yaz bana acele, bekliyorum, telefonunu da... Sevgiler

Annen

NOT: Karacacığım, mektup sana kitap haberlerini vermek ve de senden "san'at malzemesi yardımı istemek"ti. Emin ol, bu yönde, sen de mutlu olursun. Sıkı bir kalemin var, korkunç bir kompozisyonun var. Ama, ben sana kompozisyon çiz ille bana da demiyorum. O iş sağlam kafa ister, bol vakit ister, insanı yorar. Bana, küçük küçük notlar gönder. Ayrı ayrı parodiler şeklinde. Mektubumun başlarında anlattığım, romanımın gidişine bakarak, VE o parçaları okuyarak. Ona göre bir şeyler, bilgiler gönder. Sade BİLGİ DE yeterli olabilir. Yarışlar, sür'at arabaları konusunda senin bıraktığın yerdeyim. Onun için BİLGİ DE YETERLİ OLABİLİR. Bu sebepten sana romandan parçalara yer verdim. Onları o kadar uzun yazmayacaktım. Mektubu daha uzun yazacaktım. Ama, şimdi EKİM'de bitmesi gereken Roman Mach I ağır basıyor. Bana, bu bilgileri gönder, parodi veya herhangi bir şeyleri PALYAÇO RUŞEN bölümü için bir bölümlük sirk numarası topla. Ağızdan da ahbaplarına sorabilirsin. Sirke gidenler sana nakledebilir. Senin Sirke gitmene gerek yok. LASTİK ADAM neymiş? gibi garip numaralar. Karaca ana mesleğine sıkı sıkı sarıl, sen sürdüreceksin. Buna yüzde yüz eminim. Senin romantik tutumların, eskiye bağlılığın, bazı duygusal şeylere hâlâ sarılman, hatırlaman bunu kesin olarak kanıtlıyor. İleride, mutlaka bunları çok alaylı bazı taraflarını çarpıtarak dile getireceksin. İşte benim sana en büyük sevgim, sana bunları yazmaktır. Ayrıca en büyük analık vazifem. Çünkü sen bana Oğulluk vazifeni, mutaassıp bir biçimde yerine getiriyorsun. Seni yetiştirdiğim gibi sen de beni yetiştiriyorsun. "ANNE, SU KOYVERME, PİYES Mİ OLUR HİKÂYE Mİ OLUR YAZ BİTİR ŞUNLARI" diye. "ANNE PİYESİN OYNANIYOR MU? ANNE HİKÂYE NE ZAMAN BİTECEK. BİTİR ŞUNU" diye "EFORLA", "ÇIKSIN" diye benim için ne kadar üzüldüğünü biliyorum. Daha küçücük yaramaz bir çocukken, uykun gelir, bana "SEN YAZINI YAZ ANNE" derdin. ŞİMDİ kocaman bir adam oldun hâlâ aynı "SEN YAZINI YAZ ANNE" diyorsun. Senin gibi bir oğlandan büyük bir yazar çıkar oğlum. Hayatına devam et. Şimdi, Cevat Çapan gelecek ailesiyle beraber. Fevkalade san ata düşkün insanlar. Cevat Çapan, gençlerin, edebiyatı sevenlerin manevi babasıdır. Çünkü TÜRKİYE'DE İngiliz Filolojisi'nden çıkmış yüzlerce talebesi var. Bugün, hepsi Cevat Babanın manevi desteği sayesinde ya şair ya romancı oldular. Tabii TÜRKİYE çapında. Bugün yayınevleri açanlar gene ona danışıyorlar. Benim kitaplarımı basacak olan NAZAR BÜYÜM gibi. Evlerine her zaman gidebilirsin hiç rahatsız olmazlar. Sadece günlük esprileri konuşsanız yeter. Çok mizahtan hoşlanır. Doğru dürüst, erkekçe, hakça hareket eden gururdan eser olmayan bir kimsedir Cevat Çapan. Selçuk Gerede gibi Aristokrat, Snob değildir. Karısı Gönül Çapan (Gönül abla) evlerine gittik, sen tanırsın, onlar da seni tanır. Cevat'a nispetle çok daha tutucu ve iltifattan hoşlanan, Snobizmini belli etmeyen akıllı bir kızdır. Onun Snobizmini anlamak için bir tek misal vermek yeter. Çocuklarına karşı uyguladığı metot. Çocuklarının (Üç çocuk) insanlardan uzak olmaları (Misafirlerden demek daha doğru olur) bakımından birinci katta çocuklarına oda yaptı. Misafirleri salona ikinci katta ayrı bir daireye kabul etti. O ikinci katta özel olarak evin ortasına açtırdığı tahta bir kapakla -küp kapağı gibi, tahtadan bir kapak- çocukları yukarıdan kontrol ediyor. Ağlayıp ağlamadıklarını, birbirini dövüp dövmediklerini, işeyip sıçtığını doldurup doldurmadığını, acıkıp acıkmadığını kapağı açarak bakıyor, vaziyet iyiyse, (Bir oda dolusu gençlerden oluşur genellikle) misafirlerinin esprilerine cevap veriyor. Gülüyor, konuşuyor dostlarına yemekler ikram ediyor, içkiler falan. Fakat eğer kapağı açtığında aşağıda durum kötüyse "Bir dakika Sevim BURAK, BİR DAKİKA ECE AYHAN, ben şu çocukları ayırayım" yahut "Leyla çiş etmiş paçasından akıyor gidip altını değiştireyim" diye koşarak alt kata iner işini bir çabuk yapıp yukarı gelir, konuya kaldığı yerden devam eder. Özellikle ince bir mizahla dedikodu yapan erkeklerden yanadır. İşte bu kontrol kulesinde büyüyen iki kızı, daha sonra küçük oğullarını göreceksin...

30 Ağustos

Canım Oğlum,

Sana 10 gün önce, çok uzun (benim roman konumdan ötürü) bir mektup yazdım. Eline geçtiyse, o mektuba yarım sayfalık, sana "İçine koydum. Yazıp da bitiremediğim bir küçük mektup başlangıcını. Fakat mektubun içine koyuyorum" dediğim halde, gene koymayı unutmuşum. Neyse, artık senin sesini yorgun duyduğum için üzülmüştüm, üzüntülü bir başlangıçtı, iyi ki sonra iyi şeyler oldu. Ve de Cevat Çapan'ın benim roman yazmam için telefonlarda seferber olması, eve adam göndermesi -gene telefon etti- "Ben Çarşamba günü New York'a gidiyorum, Karacanın telefonunu, adresini ver" dedi verdim. Güzel, ferahlatıcı haberler gibi, iyi olaylar olması, ileriye dönük, ümitlendirici haberler beni tekrar sevindirdi. Ayrıca Cevat Çapanın bile New York'a gitmesi benim bir parçammış gibi -ne alakası var- beni mutlu ediyor. Ama, her şeye rağmen üç ay öncesine göre, her şey daha iyi gitmeye başladı. Devamlı WILLIAM FAULKNER'in DÖŞEĞİMDE ÖLÜRKEN'ini okuyorum. Murat Belge'nin güçlü bir çevirisi. Sanırsam, romana ilk adımımı atmama yardım edecek nitelikte büyük bir eser. Senin bu kitabı İngilizcesinden okuyup anlayabileceğini katiyen sanmıyorum. Türkçesini bile (Murat Belge, o kadar uğraştığı halde) zor anlamak. Neyse, roman macerasına nasıl atıldığımı sana anlatmak için bu kitabı okuduğumu yazmam gerekti. İnşallah, bitsin de bunların önemi yok. Çünkü, en zor yazı tarzı, etkilenmeyle ortaya çıkan eserlerde oluyor, boyuna onun etkisinden kurtulmak çabası harcıyorsun. O üstündeki etkiyi atmak ve kendi benliğini bulmak. Bütün çaban bu oluyor.

1- Başkasından etkileniyorsun. Buna göre yazıyorsun.

2- O yazdığını, tekrar yeni baştan kendine göre değiştiriyorsun. Yani iki kere yazıyorsun. Hele benim gibi titiz, otantik, sinirli biri, doyumsuz ve komplike olayları bir arada ele alan biri için ne demek olduğunu anlayabiliyorsun sanırım. Öyle sanıyorum ki, sana yazdığım mektupların her biri yaşam içinde benim geçirdiğim, ufak maceralar, sevgiler olarak bir romanın, bir bütünün parçalarıdır. Sana yazdığım şeyler, yaşadığım hissettiğim şeyler, hepsi bu romanın parçalarını oluşturuyor. Her şeyi kullanıyorum, malzeme olarak. Hayatım var, onun için buna sen de giriyorsun ve emin ol büyük bir yer kapladın. Ford Mach I'da büyük bir yer kapladın Karaca. Çok bölümlerin var, benimle arkadaşlarınla, arabalarınla iç içe. Dua et, dua et. Şu yıllar süren mutsuzluğumu dile getirebileyim ki, onların, büyük şeyler olduğunu, bizim hayatımızdan, etimizden kopan canlı parçalar olduğunu ortaya koyabileyim. Bir Tanrı buyruğu gibi. Dünyaya yaşadığımı duymak için Tanrı'nın beni gönderdiğini ve bunları yazmamı istediğini... İspat edebileyim. Sevgili Karaca şimdi Oyayı bekliyorum. Ayrıca bir iki gün benim evimde kaldığı için, okunmuş sayılır. Yani okuyup üfledim. Büyü yaptım. Sana saadet dolu yıllar getirecek. Ne de olsa bu kadar yazılı kâğıtlar arasında onlar da asılı kaldı ve onun için okunup üflenmiş diyorum sana. Benim yazılarla beraber iki gece geçirdik. Şimdi Oyaya son geldiğinde Ömer'le karşılaştığımı söyleyeyim. Ömer uzun süre gitmedi. Oturdu. Onlar gittiler. Senin Bo Derek'in mali müşavirliğini yapan bir uzmanın yanında sekreterlik ya da Menajer muavinliği yaptığını[1] söyleyince gözleri fal taşı gibi açıldı. "Karaca zaten girgin çocuktur, iyi çevre bulur, belliydi" falan dedi. Sonra da "Ama san'at çevresini tanımıyor. Benim

---

1 New York City'deki ilk işlerimden biri, Zeiderman&Oberman şi - ketinde şoförlüktü. Şirket, önde gelen Hollywood yıldızlarının mali müşavirliğini yapıyordu.

sergim olacak Amerika'da" diye hemen kendinden bahsetti. Ben de, san'at çevresinin, New York'ta artistlerin çevresinden geçtiğini söyledim. Her şeyin ticari bir amaçla düzenlenmiş bir san'at çevresinde, sanattan bahsetmenin küçük esnaflık olduğunu ilave ettim. Karaca ise büyük tüccarlarla çalışıyor dedim. Mosmor oldu, hemen konuyu değiştirerek: Reagan'ın dünyayı harbe sürüklediğinden, bu günlerde harp çıkacağından bahsetti. Tam o sırada Boğaz'da bir harp gemisi filosu belirdi. Senin dürbünle bakıp, haberi patlattı. Amerikan Destroyerler. Hakikaten Amerikan Harp filosundan üç parça Karadeniz'e geçti. "İşte dediğim çıkıyor" dedi. "Boğazlar harp gemilerine açıktır, anlaşma var" dedim. Dedim ama o, ille de harp çıkacak diye benim keyfimi her zamanki kıskançlığıyla bozmak istedi. Sonra da Elfe'yi verdim gitti. Elfe bir gün sonra geldi. Gene kendi getirdi. "Karacadan ne haber" falan diye sordu. Senin anlayacağın, Ömer'in rüyalarına giren bir yaşam içindesin dış görünüşüyle. İç yüzünden sen yoruluyorsun. Tam bilmiyorum. Lütfen yaz da yalan yanlış şeyler düşünmeyeyim boş yere. Oya biraz bahsetti şu Bo Derek'in menajerinden. Fevkalade hoşuma gitti. Böyle bir çevrede tutunmak çok zor oğlum. Bütün kibarlığın ve zekanla sen, kendine iyi bir çevre edinmişsin. Aralarında çok kötüler olabilir ama, bu daima, her zaman böyledir. Tam rafine bir şey yoktur. Güzel bir şeyin yanında pislik de vardır. Bunu bilmek insanı yüceltir. Sen, benim tanıdığım en genç, yüce bir insansın. Yüce bir talebesin. Talebe demek daha iyi olur. Yaşadığın New York'ta ne hocalar, ne ustalar olduğunu biliyorum. En iyilerinin yanına git oğlum. Kötülerin de ama, onların zaten yardıma ihtiyaçları vardır. Kendini koruyarak yardım edebilirsin. Zaten akıl en büyük koruyucudur. Akıl her zaman seni korusun ve de yardım etsin oğlum, yarım akıllı bir insana Allah yardım etmez çünkü. Karacacığım, seni sevgiyle kucaklar öperim. Elfe'yle beraber ağlaşıyoruz sevinçten.

I I EKİM 1982
Kuzguncuk

Karacacığım bir kaç gün önce mektubunu aldım, resimlere ve açıklamalara mersiler. Ben, hem araba, hem Sevim, hem ihtiyar kadın, hem Karaca, hem de Karaca'nın bazı arkadaşları, hem de Erenköylü Yaralı yüzlü ihtiyar İngilizce komşumuz hanım olarak Ford Mach I'e devam ediyorum. Bitecek. Ama, hemen değil. Telefon ettim. Sana da tekrar yazayım, bana verilen süreyi geçecek bitirmem... Çünkü, roman olarak kabul edilemez bir olay bu. Bittiği zaman bunu sen de anlayacaksın, şimdi bunu anlatmak zor. Ama belki çok az olmakla beraber, şizofrenik boyutlara ulaşan bir yapıt oluyor. 8 yıldır uğraşılan, ama beş sene bırakılan tekrar ele alınan bir konunun yıllar sonra ortaya çıkardığı görünüm biraz acıklı ve benim kendi öz yaşamım ve sinir durumlarımı içeriyor... En kötüsü bitmemesi, işte sana bu kadarını söyleyebilirim. Bitince annenin ne hale geldiğini okuyacaksın. Sinir durumu olarak. Bu uzun bir mektup olacak sana. Ve en büyük yaşayacak bir hatıram... Müşterek hatıralarımızın yıllar sonra nasıl bir gelişim gösterdiğini eksiksiz görebileceksin. Bu bakımdan bana artık bitir desen de demesen de ben elimden geleni yapıyorum. Günde 5 saat masada oturuyor geziniyor, bazen hiçbir sonuç alamadan işi ertesi güne bırakıyorum. Toplama safhasındayım. Hiçbir şeyi kaybetmeden yazmaya çalışıyorum, emin ol. Sevgili Karaca, sana tekrar yazacağım. (Bu akşam, yazarken bu kısa mektubu yazdım) Sağlıklı olduğuma şükrediyorum. Henüz Hastaneye kontrol için gitmedim. Şu roman bitsin giderim diyorum her şey için öyle diyorum. Şu roman bitsin her şeyi yaparım... Her şey gelip romana bağlandı. Canım oğlum, şimdilik soracağım şeyleri yazamayacağım. Belki bazı şeyleri sorarım gene belki de biter sana sormadan. Yazdıklarının bazılarını geçirdim... Elfe senin gönderdiğin kaseti dinliyor aynen senin gibi bağırta bağırta. Belki on kez aynı şarkıyı çalıyor. Bu devirleri sen de atlattın. Karaca, Oyaya da yazacağım. Yeni işe başladı mı? Hiç üzülmeyin. Başarırsınız. Sıhhatinize bakın.

Ali Poyrazoğlu ikilisi epeyce ün yaptılar. Maalesef göremedim. Piyeslerim, aralık-kasım aylarında kitap olarak basılıyor. Benden müsvetteleri istemişti. Kitabı okur. Yanık Saraylar da 2'inci baskıyı Yılbaşında yapıyor. İçine bir hikâye (Yeni) daha yazdım koyuyorum. Eline eski şarkılar geçtikçe kaset olarak gönder. Dinliyorum. Karaca babanı hep yol yürürken görüyorum. Bir iki laf konuşuyoruz. O yürüyerek mutlu. Herkes bir yol tutturmuş gidiyor. Kuzguncuk'ta çok eski bahçe içinde denizin üstüne oturmuş tarihi bir yalı var -yıkamıyorlar- belki onu tutmak imkânı olacak! Yaza gelirseniz daha büyük ve de bahçeli, bahçede bir müştemilatı daha var. Ama Elfe istemiyor eski diye ve de Beylerbeyi'ne giderken Deniz okulunun yanında biraz tenha koca bahçe içinde... Bakalım, sana yazarım. Seneye orası daha uygun olursa geçeceğim ama yüzde yüz değil. Sana daha uzun yazacağım. Necla ablanın oğlu bir gece kulübü açtı. Necla'nın sevgileri var... Bana yaz bekliyorum. Havalar açık gidiyor. Bugün denize girdik. Nebahat hâlâ daktilo çekiyor sanırım.

Karacam içimde kendi kendimle (FORD MACH I'la) dışımda 'Yazı ağaları' YAZKO gibi (Yazarlar Kooperatifi) ideolojik bir sürü sanat mecmualarıyla (hiçbiri benden söz edip eleştiri yazısı bile yayımlamıyor. Metih'ten geçtik, yukarıda açıkladığım gibi artık zirve'ye bir adım kalmış o adımı atmamı da istemiyorlar) çarpışarak, neyse ki "Palyaço Ruşen'i" çıkararak o adımı attık ama o adımı da adım kabul etmediler. Bugünkü Cumhuriyet'te sana gönderiyorum. "Sulhi Dölek" gibi kendi içlerinden birini seçtiler ve aynen Yanık Saraylar'da olduğu gibi bana kaybettirdiler. Beni telefonda arayan Filiz Ali Laslo. Girmiş olduğum Sabahattin Ali öykü yarışmasında jüri bulunuyor ve aynı zamanda S. Ali'nin de kızı. Babasının Nazım gibi ideolojik olarak kafalarda yaşatılması için bana "hayır" oyu veriyor. Halbuki kadın bana "Afrika Dansı" için "Müthiş bir olay herkes çarpıldı. Her yerde senin kitabın methini işitiyorum. Ben de bayıldım..." gibi laflar söylüyordu, daha yılbaşında telefonla beni tebrik ediyordu. Bu sabah, kapalı oyla Sulhi'nin kazandığını çünkü, bu yarışmanın edebiyata teşvik, yeni yazarlara şans tanıyan bir ödül olduğunu, benimse PROFESYONEL bir yazar olduğumu, evrensel boyutlarda olduğumu söyleyerek teselli mükafatı gibi benim öykülerimi de ikinci bir antolojide yayınlayacakmış. Cem yayınları eledi... ve Sulhi Dölek'in kazandığı ödülde ikinciliğe oynayacağım? Tabii ki kibarca "Öykülerimi geri alacağımı" söyledim, çok şaşırmadı aslında. Benim başa oynadığımı biliyor bir antoloji ile ikinci sırayı alamam. Sonra Sulhi Dölek de profesyonel -amatör değil ki- ama Cumhuriyet gazetesinin Pazar şakalarında toplumsal eleştiri niteliğinde yazılar yazıyor. Cumhuriyet Gazetesi'nin nasıl toplumcu, ilerici! olduğunu bilir... Dolayısıyla aynı çizgide olmuş oluyor Sabahattin Ali ile... Aynı çizgideler. Ve bana o zirveye çıkma şansını vermemek üzere ikinci bir Antolojide öykülerime bir dereceye kadar önem verdiklerini ama ödülü vermediklerini kanıtlamış olacaklar. İşte böyle bir ortamda sana tek yaşama şansını ADAM YAYINEVİ veriyor... Ona sarılmaktan başka ne yaparsın? Benim Afrika Dansı'nı bastığı için epeyi düşman da kazandı. Fakat çok başka alanlarda da genişlediği ve zengin olduğu için aldırmıyor. Homurtuları duymazlıktan geliyor. Zaten "Sizin kitaplarınızı ancak biz basabiliriz. Ben tek tek kelimeleri kendi elimle dizgiye veriyorum. Kimse bu sanat eseri ve zor yazıları yayınlamaz" demişti Memet Fuat. Ama ben gene senin kontratı verdim. Onu da hoş karşıladı Memet Fuat. Adam Yayıncılık'a karşı beni korudu. Böylesine düşman bir ortamda MİLLİYET SAN'AT'TA o büyük ilan basıldı. Millet meyhanelerde bu ilanı kim verdi? diye günlerce konuştular ve ilk önce Milliyet San'at'ı kınadılar. Milliyet San at Dergisi bana Murat Belge'yi aracı koyarak -gene Milliyet San'at dergisinde- "bu ilan oğlum Karaca tarafından verilmiştir" diye bir açıklama yapmamı istedi. Ben reddettim, "İlanla uğraşacaklarına, kitapla uğraşsınlar ben yanıt vermeyeceğim" dedim. Tabii, bu cevabı benden isteyen Zeynep Oral'dı ki (Milliyet gazetesinde katı burjuva ahlakını gizlemek için, toplumsal yazarları övücü yazılar yazıyor böylelikle o da bana karşı onlarla birlik oluyor, o da o ideolojik toplumsal fukaralık yazarlarına ve eleştirmenlere) YAZKO'ya -Yazarlar kooperatifine- dahil olarak bana karşı onlarla birlikte cephe alıyor. Bir tek Hürriyet o da çok zengin olduğu için "Gösteri" dergisinde büyük reklam yapmaktan çekinmedi. Doğan Hızlan Cumhuriyet'te de büyük yazılar yazdı. Millet beni müthiş tanıdı her taraftan gençlerden telefonlar alıyordum. İş bu hale gelince, Doğan Hızlan da (çünkü o da yazarlar kooperatifinden yazılar almazsa olmaz. Gösteri sade benimle yürümez) bu yüzden o da daha ufak fakat müthiş güzel (metin yazarı, 12 öykü değil 12 metin gibi) yazılarla, hem beni hem yazarlar kooperatifini darıltmamak için işi iki taraflı idare etmeye çalıştı, çalışıyor. İşte, o Milliyet San'at'ta çıkan yazıyı skandal boyutlarına çıkarmak için sesler yükseldi -ve ben telefonda sana ilk korkumu belli ettim- İş yatışsın diye sessiz soluksuz bekledim. İşte o günler çok kritik bir durum ortaya çıkabilirdi ben "İlanı oğlum verdi" diye açıklamayı yapsaydım... İlan ters tepki yarattı diye korktuğumu sana açıkladım, seni üzdüm telefonda o zaman... Fakat gerçek buydu. Korkudan ölecektim ama başkalarına hiç belli etmedim. Kimseye taviz vermedim.

Korktuğumu, istismar edilebileceğimi -yazarlığımın- "SEVİM BURAK kendi kendi için ilan vermiş" demeye kadar ileri gittiklerini sana anlattım. Sen de "Bu geçer, unutulur" diye beni teselli ettin. Neyse ki öyle oldu, ben üstünde durmayınca... Bana daha bir kinlendiler... Nefis "Palyaço Ruşen" eserimle girdiğim S. Ali yarışmasında bu kinlerini ortaya koymuş oldular. İşte hep o bir adım kaldı meselesi... Bu Palyaço Ruşen'i de ancak gene Adam yayınlayabilir Türkiye'de, bütün kitapevleri bana kapalı (bir Ferit Edgü var o da şimdi Adam Yayınları'na elindekileri devretmek istiyormuş). Bu durumda. Yanık Saraylar için kaynak vermeden ilan veremezsin. İlan verebilirsin Cumhuriyet Gazetesi'ne (Melih Cevdet de kendi paralarıyla ilan veriyorlar) ama Adam Yayınları adı gerek burada. Ayrıca unutulan o Gösteri'deki ilanın tepkisi tekrar ortaya çıkarsa bu kez Adam da beni feda edebilir. Onun için benim sevgili oğlum, bu da kitap yayınlandıktan sonra, ya da 10 gün evvel olabilir. Daha küçük boy ilanlar üst üste Cumhuriyet'te daha etkili olur. Okuyucusu bin misli fazla Milliyet Sanat ve de Gösteri dergisinden. Ben böyle karar vermiştim, fakat sana telefonda kötü haberler verdiğim için sitem ettiğin için çok üzüldüm ve bunları söylemekten vazgeçtim. Bu sefer bana daha çok kızacaktın ve üzülecektin. Ben sana sonradan bu ilanın yararlı bile olduğunu söyledim. Ama bugün, birincilik vermedikleri için bu ilanın kızgınlığı da ufak çapta etki yapmıştır diye düşündüm. İnsan sivriltmek istemiyorlar. Bir tek Sait Faik'i başlarının üstüne çıkardılar. O da kendini Bohem hayatına vermiş, bir balıkçı, bir küçük insan, balık tutan, meyhanelerde oğlanları kovalayan eşcinsel ve yırtık pardösüyle gezdiği için fakir diye... Halbuki Sait Faik bir burjuvaydı. Zengindi. Bunu küçük insanları, hamalları, balıkçıları, meyhaneleri yazdığı ve buralarda sümükleri aka aka dolaştığı, kolunun yeni ile burnunu sildiği için sevdiler. Balıkçı, üstü başı dökülen bir ayyaşı başlarının üstüne oturttular. Bir mit yarattılar "Küçük adamın dramı" diye bir mit. Bu mit'i kimse yıkamadı, fakat çok eskidi, kendilerine gene kendi dillerinden, aşağıdan konuşan bir halktan yazar arıyorlar. Fukaraları tutan meyhanelerde sürünme numaralarına giren. İşte resimde Ömer aynı bohem ve sarhoş küçük adam olarak 20 yıl süründü. Şimdi tanındı, Avrupa resmini inkar eder oldu -burjuvaların kölesi oldu- para harcamadan sefillikle ün yaptı. Ama bugün Paris'te diye Babıali ona da ateş püskürüyor. İçki paralarını bize ödetti, halbuki Paris'te yaşayacak kadar zengin diyorlar...

İşte bu vaziyette, bizim daha sinsice ve kurnaz davranmamız gerekiyor. Amerika'da para, reklam geçerli olabiliyor. Ama burada reklam için bir yazarın ilan vermesi hoş karşılanmıyor. Hele benim gibi zirveye bir adım kalmış bir kadın yazar için... Kendi hayatımda hastalığımla, perhizle, kendi kendimle uğraşırken -para meseleleri- gittikçe küçülen o parayla nasıl yemek yiyebileceğimi hesap ederken bir de dışarıdaki meselelerle her an korkuda yaşamak bana gerçekten kötü etki yapıyor. Devamlı bir kuyuya atar gibi eriyip giden paralar, bana gönderdiklerini düşündükçe içimden kahroluyorum. Bütün bunları ADAM yayınevine telefon edip konuştuktan sonra daha da bir ciddi olarak sana açıklıyorum. Cevat Çapan yayın şefinden aldığı bilgiyi aynen iletti. Yanık Saraylar, ilk etapta en başta yayınlanacak. Bundan sonra Adam Yayınları ancak üç ayda iki kitap çıkarabilecek. Bunların birincisi Yanık Saraylar. Oyun dalında ikinci etapta İşte Baş İşte Gövde İşte Kanatlar. Sonra elimde şu ödül vermedikleri Palyaço Ruşen yapıtım var. Everest My Lord ve Ford Mach I var. Ama Adam yayıncılık roman üstünde duruyor Mach I'ı istiyor. Onu basmadan öbürküleri basmak çok uzun zaman alabilir. Çünkü Cevat Çapanın yayın müdüründen aldığı bilgiye göre, Yanık Saraylar Nisan, Mayıs, Hazirana kadar uzayabilirmiş dedi. Zaten, bütün resmi bültenlerinde ilan da ettiler. O gazeteyi, diğer gazetelerin arasında Adam Bültenini gönderdim. Orada Cevat Çapan benim İşte Baş İşte Gövde İşte Kanatlar'ın Devlet tiyatrosuna seçilerek çok ilgi toplayabilecek bir eseri de Adam Yayınları basarak kıymetli bir eser daha topluma kazandıracak... gibi ilk etapta oyun olarak onun basılacağını vurguluyor. Füsun Akatlı diye çok yönlü entelektüel bir eleştirmen Yanık Saraylar'ı isteriz diye not vermiş. Beri yandan Vedat Günyol ve Aziz Nesin, Adam Yayınları'nın tam zirvede olduğunu, kitaplara çok yatırım yapıp bu zararları nasıl karşılayabileceğini, Aziz Nesin Remzi Kitabevinin nasıl doruk noktasındayken iflas ettiğini, Adam Yayınları'nın bu büyük açılışının bir tehlike olabileceğini vurguluyor... Yani Adam'ın da kitap yayınlamasında büyük bir seçmeye alması biçiminde ve dikkatli davranmaya iten sebep bu. Bir yıl içinde 135 kitap yayınlamış. Bu Türkiye'de en büyük rakam, o bakımdan, ilk basacakları Yanık Saraylar için "baskıda" terimi kullanmışlar korkudan. Aslında beni ellerinden kaçırmak istemiyor Nazar Büyüm ama, o en başta Sahibinin Sesi için yaptığı büyük özür dileme REKLAMI çok kıskançlıklara yol açtı. Yazarlar "Bizimkini de yanlış basın da böyle kocaman ilan verin" diye sitem etmişler. Karacacığım, Cevat Çapan sağlığımı da sordu. Perhiz falan, hastane kontrolü benim moralimi sıfıra indirdi dedim. Cevat Çapan, "Ben Karaca'ya mektup yazarım, merak edecek bir şey yok, annenin yapıtları Türk edebiyatında hiç unutulmayacak. Sonra her yıl iki yapıt vermek edebiyat tarihi için ne büyük bir hızla çalışma... Çünkü böyle bir kitap 10 yılda bile yazılamaz. Ne mutlu Karaca'ya ki bir yılda iki kitabı yayınlandı annenin... Keşke her yıl iki kitap yayınlayabilsen, çünkü artık sen Türkiye edebiyat tarihinin sayfalarına geçtin, Afrika Dansı' 100 yıl yaşayacaktır." dedi. Memet Fuat da "Sevim Burak, senin moralini bozmak için Yanık Saraylar daha iyiydi diyecekler. Afrika Dansı gibi çok geniş ve Yanık Saraylar'dan daha mükemmel olan Afrika Dansı'nı kötülemek için Yanık Saraylar daha iyiydi diye kutlayacaklar. Sakın bu adamlara taviz verme. Afrika Dansı'nın daha büyük bir sanat eseri olduğunu söyle" dedi. Ki bu Memet Bey için gerçek bir ustalaşma. "Yanık Saraylar bir tohumdu şimdi çiçek verdi. 17 yıl sonra daha da ustalaşmışsın" deyip duruyor. "Bizi birbirimizden koparmak isteyenler var, dikkat edin o kıskançlıkla dolu sorulara cevap vermeyin. Sadece sağlığınızı koruyun." Bizim Afrika Dansı için "Türk edebiyatının dünyaya açılabileceği ve 100 yıl yaşayacak bir sanat şaheseridir" diyor. Yürekten inanıyorum Memet Fuat arkamda, gölge gibi. Her şeyi, benim aleyhime olan yazıları benim lehime kullanıyor. Cevat da sana tekrar bir mektup yazacağını söyledi. Daha ne istiyorsun, Türkiye'nin en büyük yayınevinin yöneticileri sana hesap vermek istemeyebilirlerdi ama senin, şahsiyetini ve gençliğinin ateşini takdir ediyorlar ki, Memet Fuat gibi Nazım Hikmet'ten başka kimseyi kabul etmeyen bir namuslu adam- ikinci olarak beni tutuyor- her zaman arkamda olduğunu söylemiş. YAZMIŞ SANA. Canım Karacam, sen hâlâ, bu işlerin, büyük isim yapmanın, ne gibi düşmanları yenmek ve kulaklarını dışarıya kapayarak aynı bir hapis gibi dış dünyayla ilişkisini koparması ve bunun için de yalnız kendi kendinin kaynaklarına inmesi ve gerçek yaşamla ilişkisini kesmesi lazım geldiğini bilmiyorsun... Ama bana yemeği kim gidip alacak? Her gün et yememi kim sağlayacak? Böyle perhiz yemekleri restoranı bulsam hiç olmazsa yemek, alışveriş konusu hallolabilir. İnsanın bir yardımcısız yaşaması imkânsız. Erkeklere kadınlar alışveriş, perhiz yemekleri yapıp kocalarına bakıyorlar. Türkiye'deki yazarların 100 de 100'ü kadın sırtından geçiniyorlar.

"Koca mı bulayım?"[1] diye çıkıştın bana. Karaca, kocayla uğraşmak san'at hayatını öldürmek, adamın hesabına

1 1982, zor bir yıldı benim için New York'ta. Anneme elimden geld - ğince yardım etmeye çalışıyorken, bazen onun akıl almaz istekleri karşısında çaresiz kalıyordum. Bir telefon görüşmemizde, çaresizlikle, sonradan çok üzüldüğüm bu sözü sarf ettim.

çalışmak demektir. Ben bana yardım edecek birini arıyorum, yoksa, kafamı bu yönde işletirdim. Hâlâ belki kadın olarak bir yere girdiğimde ilgi çekiyorum. Ama benim beğendiğim biri de beni beğenmiyor. Çünkü bütün erkekler kadınlar gibi. "Biz de kadınlar gibiyiz, kadınlar nasıl kendini ağır satarsa biz de ağır satarız. Biz de kadınlar gibi övülmek istiyoruz. Niye ben kadının peşinden gideyim? Benim de onlar gibi gururum var, onlar da bizim peşimizden gelsinler" diyorlar. Senin şaka kabul ettiğim "koca mı bulayım?" lafına biraz üzüldüğüm için bunları yazdım. Benim en iyi yapabildiğim şey "yazı yazmak" olduğu için tek orada konsantrasyona girdiğim zaman, dışarıdaki dünyayı unutup, kendime göre kurduğum bir "ikinci yaşama" oluyor, gerçeklerden çıkmış bir rüya görme hadisesi.

Bütün mesele kendini dış dünyadan soyutlayarak -koparak-yeni bir yaşama benzeyen ikinci bir yaşam kurmak... Böyle bir erkek elbette vardır. Ben Afrika Dansı'nda niye SAMUEL BECKETT'i âşık olarak seçtim? Benim aradığım erkek oydu. Onun kafasıydı, yaşı başı beni ilgilendirmiyordu. Demek ki kafa yapısı beni ilgilendiriyor. Erkek arayanlar her yanda bulurlar. Benim yalnızlığım, çalışamayacak kadar dışarı ile problemim olunca, iktisadi durum ağırlaştıkça, haliyle iç dünyamdan dış gerçek dünyaya dönüp konsantrasyonumu ikide bir bozdukça yazamıyorum. Parasızlık ve de Hastanede pek ümitsiz kaldığım için yazı konsantrasyonuna giremiyorum. Bir yazar erkek olmalı ve karısı ona yardım etmeli -ki bu hep böyle oluyor- ama bir erkek sadece benim yazı yazmam için bana bakar mı? Karşılığında istediği şeyleri biliyorum ve kusura bakma ama erkeklerin kadınlar kadar fedakâr olmadıklarını biliyorum. Çünkü bir erkek ne istediğini bilmediği için, her zaman başka bir kadın arar, bunun sorumluluğunu da kadın taşır. Çünkü kadın erkeğin istediği modele göre değişir, değişkendir. Ama hep erkek için değişir. Erkek de aslında ne istediğini bilmez. Onun için kadına bir model verir, kadın da o modele uyunca bu sefer başka bir kadın modeli gösterir, kadın gene değişir adamın istediği modele uyar ama adam onu da elde ettikten sonra bıkar ve tam tersi bir model verir oğlansı bir çocuk tipi mesela. Ben hayatımda bundan daha aptalca bir oğlan-kadın modeli düşünemem ama, bu tip kadınlar da uzun süre erkekleri büyülediler. Ve bu modeli erkekler yarattı. Sonra erkek eskiye dönüp burjuva asil kadın tipi istedi, kadınlar da hemen değişmeye hazırlar zaten... Böylelikle bu değişik misaller uzayıp gidiyor. Kadın erkeğin ne istediğini bilememesinin de sorumluluğunu almak zorunda. Onun için... Annenin erkek arayacağı yerde, erkek hayaliyle yetinmesi, bunu erkeği, gerçekdışıymış, makine, belki de herhangi bir eşyaymış gibi yeniden ele alması ve kendi edebiyat dünyasına çekilmesi gerekiyor. Ama, tabii bunları her zaman anlatacak değilim. Yalnız aklında olsun diye bu meseleyi uzattım, özür dilerim. Şimdi erkeksiz olmanın gerektiğini ve her yere benim koşmam gerektiğini, para kazanmak, perhiz yapmak, ilaçları aksatmadan kullanmak ve kendi kendime bakmak ve bu evi yıkmamak zorundayım. Ve edebiyat çevresinin tutumuyla benim yaşamımdaki tutumum gayet tabii ki, gizli bir derdi belli etmemek şeklinde oluyor. Hastaneye gittiğimi duyunca, herkes birden bundan bahsettiler. Ben de hastalığımı belli etmemek için İMZA GÜNÜNE, Hastaneye Elfe'yle getirttiğim çok şık ve şeytan çatlatan cinsten bir sıkı belli ve fiyonklu tafta kadife karışımı bir Afrika elbisesi giyerek gittim. Şaşırdılar. Üstüme de bir hastabakıcı pelerini alıp Cağaloğlu'ndaki YA-DA merkezine gittim. Ve çarpıntımı belli etmeyerek, soğukkanlı, kitaplarımı imzaladım. Akademi kitapevindeki Şubat 24 Cuma günkü imza günü daha samimi bir hava içinde geçti. Bursadan CİCİ ANNEN İffet halan ve kızı Süeda ve Süeda'nın küçük oğlu da geldi. Kitaplarımı imzaladım. Baban bile geldi. Burnunu elleyerek beni nasıl tebrik edeceğini hesaplıyordu. (Benim kitapların gördüğü haklı ilgi bile onu alay etmekten alıkoyamıyor.) "Sen o yazılarla tımarhaneye git daha iyi yazarsın" gibi sözde şaka yapıyor, eşek şakası... Öküz ölmüş ortaklık ayrılmış daha benden ne istiyor? Neyse şimdi:

1- Yanık Saraylar en erken Mayıs en geç Haziran, çıkıyor.

2- Reklamı kitap çıkmadan önce -gene Adam Yayınları adı altında- yapmamızın gerektiği gerçeği var unutma.

3- Daha uzun bir süre var. Ben Ali'yle zamanı gelince hallederim. Zaten bugün telefon ettim. Mayıs sonuna kadar ilan vermek için zamanımız var diyecektim. Bulamadım İsmet Ay'la konuştum, senin Ali'ye telefon ettiğini söyledi. Ben de Ali'yi tekrar arayacağım dedim. Tabii, senin telefonunu kapatır kapatmaz Adam'a telefon açıp Cevat'a sordum. Ve Hazirana kadar uzayabileceğini öğrendim. Bu yüzden aceleye gerek yok.

Karacacığım, perhizden, tuz, çay ve sigarayı da bırakınca. Hastanede de "Rapor sonra" dedikleri için büsbütün kötüleştim moralman. İştahtan kesildim, 5 kilo verdirdiler. Bu durumda bir buçuk aya yakın ne sana ne Sarkis'e yazamadım. Resimleri bile gönderdiği için teşekkür edemedim. Buson mektubu çok güzeldi. "Senin için dünyaları ayağa kaldıran o sevgili oğlun bana Amerika'dan iki kere telefon etti" diye yazıyordu ve çok övücü şeyler... İşte ona da şimdi yazacağım, haber vereceğim Yanık Saraylar'ın Nisan'la Haziran arasında yayınlanacağını... Karacam, artık, benim moralim ve sağlığımın düzelmesi ile yeniden bu adamlarla savaşmak mümkün olacak. Evin hem erkeği hem kadını bendim. Şimdi fileyle yiyecek taşıyamıyorum. Yooo haftada iki kez hizmetçi geliyor ama, yemek işiyle uğraşamıyor. Benim ilaçları zamanında almam için muntazam yemem lazım. İktisadi durum benim ilaçlarımı bile almamı güçleştiriyor git gide.[(1)] Bu durumda hem kendimle hem

---

1

iktisadi meselelerle, hem de Mach I'la uğraşmam imkansız. Sigarayı ve çayı birden bırakmam –tuzu kaldırmam- bende ölüm korkusu yaratıyor. Çünkü yemek yiyemiyorum, her şeyi yiyemiyorum falan. Seni fazla sıktım. Karacam, bana sık sık Bankayla ufak meblağlar gönderirsen, birden parasız kalmam. Ama devamlı. Başka çare yok, şu Hastane raporu tehlike göstermiyorsa, Mach I'ı bitirmek gücünü yeniden kazanabilir ve gizli mücadeleye devam edebilirim. Karaca, durumun nedir? Burada her şey çok karışık. Çok zengin olmadan bir gün yaşayamazsın. Dayanamazsın. Fevkalade bir teklif bulunabilirse, o zaman refah içinde gelirsin. Yoksa İstanbul çok değişti. Aklın durur. Dayanamazsın... Oyaya teşekkürler. Hastanede Canan Efendigil benim Afrika Dansı'nı okumuş; öyküdeki raporlar onun bana verdiği Kateter raporlarıydı o yüzden çok beğenmiş. Beni lüks, tek kişilik banyolu bir odada parasız olarak yatırdı. Ben de ona Cumhuriyet gazetesinde bir teşekkür edemedim. Dört sütuna teşekkür ilanı 15 bin TL. Bir elime para geçerse o ilanı vereceğim ve gidip raporumu alacağım. Sağlığım en başta geliyor. Bana mektupla cevap vermeye bak. Telefonlar şimdilik üzücü, iyi haberlerde konuşalım. Karacacığım, sana küçüklüğüne ne kadar benzediğini ispat etmek için küçüklük resmini gönderiyorum. Yüzün yuvarlanınca çocuklaşıyorsun hiç de yaşlı gözükmüyorsun. Ancak, sağlığa çok zararları var. ilerisi için biraz daha dikkatli davranabilirsin, zayıflamak gerek, sporla...

Sana Şubat'taki imza günündeki meşhurları gönderiyorum. Ali de var. Amerikan sefirine mektup yazıp kitaplarımı göndereceğim. Ali adresini verdi. Çok başarılıymış. Beni İngilizceye çevirsin diye... Cevat da sana bir karı kocanın ismini vermiş İngilizce çeviri için. "BRAVO" dergisindeki yazı -çok önemli- san'at açısından şaheser diyor ve James Joyce ve Beckett ile ölçüyor. O eleştirmenin çok entelektüel olduğu söyleniyor. Bravo gibi ticari amaçlı bir mecmuada çıkan sanat yazısı çok kişilere -özellikle gençlere, Bravo çok satılan bir dergi- yayıldı. Elfe'nin okulundaki bütün kızlar (zengin) annen neymiş senin meğer? diye beni ve dolayısıyla Elfe'yi tebrik yağmuruna tutmuşlar. Bundan iyi bir şey olur mu? Sonra Salah Birsel'in benim için SERGÜZEŞTİ NONO BEY ELMAS BOĞAZİÇİ'NDE'deki Paylot bahsi gene bir kıskançlık yarattı, kudurdular kıskançlıktan. Salah Birsel 12 sayfa nasıl Sevim Burak'tan bahsedebilir? diye, millet unutamıyor. Sense unutmuşsun bile... O eski idi diyorsun. Burası Amerika değil oğlum. Her gün yeni bir yazı çıkmıyor. Benim için çıkanlar kimse için çıkmadı. Bu denli onur verici ve kudurtucu. Sen hâlâ beğenmiyorsun, ben ne yapayım? Gene de bana bu eserleri yazdıran sensin, onun için, ne büyük bir destek olduğunu anlatmak için sana, "Yalnızım, senden başka kimse yok" diyorum. Bana koca bulman için değil. Teşekkür ederim, mersi... (Şaka aslında senin hiçbir lafına alınmıyorum, çünkü eninde sonunda, üzüntüyle ağzından çıktığını biliyorum. Aynen benim geçen telefonda, geçmiş olayları sana anlatmam gibi...) Oysa bunlar anlık küçük sapmalar insanlar tekrar düzelebilirler. Bazen bir eşya, bir yüzük hastanın elinde kalmasın diye, çıkarılabilir. Bu eşyaya verilen değer insana değer vermiyor demek değildir. Babanın Memet Fuat'a saçmalaması da, cahil ve cimriliğinden geliyor. Ama ben bazen bunları düşününce insanlardan çok korkuyor ve paniğe kapılıyorum. Hatırlamamam, unutmam gerekir bazı şeyleri.

Ekim 1982
12, 13, 14/ Salı, Çarşamba, Perşembe
Kuzguncuk

SON GÜN:
Taşınıyoruz. Hakkı Ustayı ve kamyonu bekliyoruz.

Canım Karacacığım,
Hem de pek pek sevgili değerli oğlum...

Sıkıntı ve üzüntü (Şöyle buhran, sinir krizleri gibi bir şeyler, günlerdir) geçiriyordum. Kendimi caddeye atayım. Kuzguncuk-Beylerbeyi caddesine...

Şöyle kamyonlar, dolmuşlar geçiyor 120 ile... Belki çarpar da kurtulurum, ya da çarpmaz da daha iyi düşünürüm hayatımızı... Seni, kendimi, istikbali... diye... Açılayım, ferahlayayım diye... Bizim yalının merdivenlerini inince senin mektubu buldum... Son anda imdada yetiştin... Hemen oracıkta aslan heykelinin altında merdivenin başına oturup mektubu açtım... Bütün korkularım ve bunalımım geçiverdi... Okudukça açıldım, gülmeye başladım. Gülmelerim kahkahaya dönüştü... Yukarıda pencereden beni izleyen Efruz Hanım (evsahibi bir dindar) "İyi haber, iyi haber, oğlundan, oğlundan, maşallah, maşallah Sevim Hanım artık sıkıntın geçmiştir inşallah" diye konuştu... Demek benim sıkıntımı biliyor... Nereden biliyor, ben ona bir şey belli etmiyorum ki?.. Demek, dışarıdan anlaşılıyorum?.. Eskisi gibi bağırıp çağırmam yok, daha bilicime kapanık oldum, kendimi dâhi zannediyorum!.. Üstüm başım pek düzgün değil, saçlarım taraz taraz, bakışlarım dalgın. Hep kitabım ne zaman çıkacak diye düşünüyorum. Yazın Kuzguncuk yalısında bol bol temiz hava alıyorum, yüzemiyorsam da denizin üstünde arka üstü yatıp gökyüzünü seyredebiliyorum. Bu da bir marifettir benim gibi bir kalp ameliyatlısı için. Biliyorsun sol kolum ve ayağım, denizde kulaç atmaya pek müsait değil, o Amboliden sonra. Beni denizde dalgaların üstünde yatarken, gökyüzünü seyrederken görenler, geçirdiğim hastalığı hiç bilmiyorlar. "Bravo, nasıl böyle dalgaların üstünde kıyıya yanaşıyorsun?" diyorlar. Ben de bunu bir şişman adamdan gördüm. Küp gibi bir göbek denizin üstünde, kolları -iki kolu da- ensesinin altında keyif çatıyordu. Bizim yalının önündeki bir dalganın üstündeydi, bana yakındı. Balkondan bağırdım, "Batmıyor musunuz?" "Batmıyorum" diye teklifsizce cevap verdi, hem de dalganın üstünde uzaklaşmaya devam etti "batmıyorum, batmayacağım da. Benim gibi rahat ol... Göbeğini dışarda tut yeter, bütün mesele göbeğini çıkarmakta..." Ve dalgayla Beylerbeyi'ne doğru uzaklaştı. Ağzında bir piposu eksikti o çırpıntılı suda... Bizim denizde dalga hiç bitmez... Okyanus gibi... O şişko gibi yaptım ve denizde sandal gibi yüzmesini öğrendim. Yalnız çok büyük bir tehlikesi var. Sen yalnız gökyüzünü görüyorsun, evleri falan görmüyorsun, böylece yüzüstü döndüğünde kendini Üsküdar vapur iskelesinde ya da Ortaköy Camii'nin önünde ya da bir Rus vapurunun burnunda bulabilirsin... Çünkü dalga akıntıyla seni o yöne götürüyor. Daima açığa ve daima Şemsipaşa'ya doğru. O göbekli adamın nasıl olup da o gün dalganın üstünde kendini koyvermiş Beylerbeyi'ne doğru gittiğinin sırrını bir türlü çözemedim daha. Bir daha seneye onu gene Beylerbeyi istikametine gidiyor görürsem bunun sırrını öğreneceğim inşallah. Herhalde çaktırmadan ayaklarını motor gibi kullanıyor. Sen hatırlar mısın bilmem hâlâ.

Eskiden, Kandilli'yi geçmek isteyen kayıkları hatta motorları bile karadan iple çeken paralı bekçi hamallar vardı... Omzuna ipi asar ve sandalı akıntıdan geçinceye, köşeyi dönünceye kadar iple çeker para alırdı. Şimdi o adamlar kayboldu. Deniz motorları kuvvetlendi... Seneye Kuzguncuk'a gelirsem, senden bir lastik bot isteyeceğim. Ama şöyle kotraların arkasından fiyakayla geçen kürekli büyük bir bot. Elfe kürek çeker ben de Kandilli'ye kadar gitmiş olurum...

İşte böyle benim hayalperest anasının hayalperest yavrucuğu... Demek beyaz saç da çıktı? Benim iki tane uzun var desem kıskanır mısın? Bu soya çeker. Bir de, bir gece içinde saçları sakalları ağaran bilginleri, büyük bir sıkıntıyla yaşlanan adamları düşün. Senin soyunda saçları ağaran kimse yok. Allah baba büyük bir sıkıntı da vermez inşallah, bence, saçların beyazlanmayacak ama kel kalırsan karışmam... Baban vaziyeti şakayla makayla idare etti. Ona tam bir KEL ADAM denemez ama saçındaki beyazlar o'nun pek fazla dünya işlerine sıkılmadığını gösteriyor. O KARPUZLAR FALAN... Gene söyle de gene bozulsun. Pek alıngandır bu yaşta, gerçeklere hiç tahammül edemez, onun için fıkra anlatır durur. Bu fıkralar kendisiyle ilgili olsa fıkra anlatmaktan da vazgeçer. İşte o koca çocuk böyle kendi kendini eleştirmeden -ALAY ETMEDEN-yıllardır tatlı hayatını yaşıyor. Kendi kurduğu bir lokantada içkilerini yudumluyor... Ara sıra kendini iğneleyecek bir söz işitirse, pek rahatı kaçıyor. Şimdi hayatla değil de, uzayla ilgili Kromozomlar, atom zerreleri falan gibi hayatın dışında dünyamızdan uzak şeylerle vakit geçiriyor. Uzay kitapları biriktiriyor, (sakın söyleme) Elfe'ye anlatıyormuş.

İşte canım Karacam görüyorsun ki, geçirdiğimi sandığım kriz, o sokağa fırlamak, senin mektubunu almadan önceydi, geçti, o kadar doluyum ki seninle konuşmak istiyorum dereden tepeden ve rahatlıyorum. Çünkü sen benim bir parçamsın, seninle bütünleştiğimiz sevgimiz, özlemimiz, kimseciklerle gerçekleştiremediğimiz bir hayatımız var, şimdiki hayatımızın dışında kaldılar onlar. Onları ne de olsa hep arıyorum. Yarım kalmış gibi ne de olsa, sen kaç yıldır uzaktasın ve bunu ben istedim. Kendi umutlarımı, düşkünlüğümü, fikri faaliyetlerimi seninle kapatmak istedim. İNGİLTERE beni delice etkiledi... (Hâlâ diyorum ki LONDRA'da yaşanmadıkça hiçbir şey anlaşılamaz. Ne müzik ne edebiyat ne insanların onurlu yalnızlıkları.) Kültür ve insan ve müziğin ACI'sı İngiltere'den başka bir ülkede çıkmaz. Londra'da her şeyin, insanların karşısında, Hyde Park'ta nasıl ezile ezile dolaştığımı unutamam. Lordların devam ettiği o soylu kadınsız Kulüpleri, o yalnızlık dolu, kadife perdeleri, sonra halkın çan çalıncaya kadar içip içip -su sızıncaya kadar- yani sıksan içki sızacak kadar içki içilen GLOUCESTER ROAD'daki Pupları. Sokakta konuşan delileri (kimsenin ilgilenmediği) köpeğiyle dilenen Kings Road'daki akordiyoncuyu, bitpazarlarını, kurulan pazarları, kilometrelerce içerdeki deniz üstündeki gemici kulüplerini, denizin üstünde yüzen lokantaları ve acısıyla yoğrulmuş aristokratları. Sert adamları... Afrika'dan geldiğimde, İngiliz erkeklerinde o acıyı ve sertliği, içine çekilmişliği ezilmişliği görmüştüm. Bu bizim memleketteki ezilmişlikten daha acıklı bir şey... Yılların getirdiği örf ve adet, ve içinden çıkılmayan bir kaos. Neyse, EVEREST MY LORD'da bu acıyı hissettiremeyecek kadar, Şarklı olduğumdan, Hyde Park'ı Gülhane Parkı yaparak İngilizlerle Türkleri özdeşleştirmeye çalıştım. Hyde Park'ta Türkçe konuşan bir Lord ve Başvekili anlattım, bir bölümü bu. Diğer bölümlerde de, Everest My Lord'un Türkleştirilmesi çabasına TÜRKÇE ATATÜRK'ÜN İLK TÜRKÇE ALFABESİNİ öğrenmeye çalışmasıyla ortaya çıkan dramatik bir tarz özdeşleştirmeyi ve dramatik bir anlatımın ipuçlarını buldum sanıyorum. Bu benim İngiltere'ye hayranlığımdır sanıyorum. Ayrıca en kuvvetli, işi kökünden kuran, kelimelerle ve harflerle tek tek kuran yeni bir şiirimdir. Bir dil çalışmasıdır. Bundan sonra

Everest My Lord'u hep yazacağım, bitmeyecek. Ne Everest My Lord (Büyük özlemlerime rağmen) Türkçeleşecek ne de ben (Bütün dil ve duygu imkânlarımı sonuna dek harcayacağım halde) İngilizleşebileceğim. İşte Everest My Lord'un konusu bu, daha doğrusu bir özlem şiiri benim için. Belki kimse gene anlamayacak, ama sen anlayacaksın ki: Ben sana niye ille "LONDRA'YA GİT" dedim... Kendi arzularımı, "Keşke bir İngiliz genç kızı olsaydım" diye kurduğum hayalleri, sana enjekte ettim. Belki yüz kere, "GİT GİT" dememden etkilendin. Acaba doğru oldu mu? Acaba başka türlüsü olabilir miydi? Annenin kaderi çocuğunu etkiledi mi? Daha emin değilim... Bir yere kadar geldin. Bunlar kendi adımlarınla oldu. Bundan sonra da kendi adımlarını takip edeceksin beni değil. Gittikçe pişiyorsun hayatta. Ama hareket halindesin, gençsin. Ben durgun ve yorgunum. Eskisi gibi de düşünmüyorum. Yok doktora tahsiliymiş, yok profesörlükmüş, yok kariyermiş, vız geçiyor. Geçen seneye kadar böyle düşünüyordum. Bütün bu eski şeyler eski düşünceler EVEREST MY LORD'u yazınca ortaya çıktı. İnsan yapmak istediği, yapamadığı şeylerin peşinden gitmemeli. Bu özlemimle alay ettim EVEREST MY LORD'DA... İnsan gerçek hayatta bir tek özlemin peşinden gidemez. Akıllıca, arzuluca olduktan sonra başka şeylerin de peşinden gidebilir. Onun için mektubun ben çok neşelendirdi. Çok güldüm. Demek, birkaç Homo arkadaşla çok içmişsin ve Oya seni evin kapısında baygın bulmuş? Sabaha karşı 5'te... Oyanın ne hissettiğini anlıyorum. Kavga ettiniz barıştınız, demek ki ikiniz de haklısınız. Birbirinizi tamamlıyorsunuz. Hayat budur. Kavgalar, feryatlar, acaba her şeyi birbirinize söylediniz mi? Bilmem. Acaba her söz söylendi mi? Bazıları öyle diyorlar... Ama ben pek emin değilim. Söylenecek çok sözler var... Bir cilt dolduracak kadar, kitaplar hep boş ve soyut şeyler yazıyorlar. Demek istediğim bağırıp çağırmanız, kelimeleriniz boş ve soyuttu... Ama siz kavga ettiniz, kelimeler söylediniz zannediyorsunuz. Hele sen böyle şeyleri yapmamam, terbiyemin müsaade etmemesi lazımdı diye kendine çok kızıyorsun... İşte buna da çok güldüm. Terbiyeli çocuk. Oya haklı sen bir çocuksun ve terbiyeli bir çocuksun. Onun için aranız düzelmiş. Kendine kızma, "Bir daha da böyle şeyler olmayacak" deme. Sigarayı da tam bırakamamışsın. AMA BIRAKACAĞIM diye konuş. Bir duvara kâğıda yaz: BİR DAHA İÇMEYECEĞİM. BİR DAHA YAPMAYACAĞIM... Akan Erbulak'ın evinde yıllar önce çok tuhaf bir itirafname görmüştüm. Karısı misafirlerin geldiği salona astırmış: BİR DAHA ZAMPARALIK YAPMAYACAĞIM, HELE DANSÖZ SEMİRAMİS'LE OLAN İLİŞKİMİ BİTİRDİM. BEN KARIMI SEVİYORUM VE ÖZÜR DİLİYORUM. BU YAZIYI HERKES OKUSUN VE ŞAHİT OLSUN diye yazıyordu. Serko, Işıl, Ömer, ben gülmemizi tuttuk. Aklıma terbiyeli deyince bu anı geldi. Altan, Bakırköylü, fırlama bir ailenin fırlama bir çocuğuydu. Ama sen ALTAN mısın? Sen bir özenti misin? Sen kelimelerin ve yaptığın kabalıkların çok üstünde büyük bir çocuksun. Pırlantadan kalp taşıyorsun. O boka da batsa pırlantadır. Oya senin kıymetini biliyor. Akıllı ve seni seviyor. Bunun dışındaki kelimeler, kulağı sağır edecek kadar çok da olsa boş ve soyuttur. Yani anlamsız. Daha yapılacak çok işler var, tırmanacaksınız yukarı, düşmemeye dikkat edin.

BANA GELİNCE: Kâfi derecede ben de boş ve soyut kendimden bahsettim sanırım, ama asıl senin sorularına daha gerçekçi bir cevap verme zamanı geldi gibi geliyor bana. İşte, bu noktada çok şeyler kaybettim, hayal kurdum. Bunlar yalnız yazı yazmama, eser meydana çıkarmama yarıyor, ama tam içinde yaşadığım gerçeğe dönmek istemiyorum. Bana bunları soruyorsun. Şimdiye kadar onları halledebildin, bana dışarıdan ve sevginle de yardım ettin ama, bugün, içinde bulunduğumuz toplum, ve bireyler olarak halimiz (Bir anne kız ve yalnız olarak) çok zor bir ortama sürüklendi. Ekonomik olarak battık. Yani ben üç dört yıl önce evi sattıktan sonra ve iki yıl faizle yaşayıp bir şeyler aldığım ve geçindiğim günler bir zengindim, benim gibi iki dairesi olanlar ve faizde parası olanlar kendilerini toplumdan soyutlayabiliyorlar, YARIN'ı düşünmeyebiliyorlardı. Bugün, benim durumumda olan milyonlarca kişi fakir oldular. Müthiş zenginler var. Her şey, bu enflasyonlar çok zenginlere yaradı... Korkunç bir zenginlik ve enflasyon üstüne enflasyon belası var... Yaşayabilmek zenginlerin harcı bugün. Hem de eskisine nazaran çok büyük zenginlerin elinde her türlü imkân. Renkli video elektronik beyinler paralarını hesaplıyor artık. Bütün zenginler yazın İstanbul'dan kaçıyorlar. Bodrum'da kaşaneler. Ege kıyıları, İzmirler, Mersinlerde Avrupai yerleşim merkezleri ve Mediteren Diskoları var. Bu diskolar MONTEKARLO'ya Amerika'ya, dünyanın en büyük pop müziği merkezlerine bağlı. Senin kasetlerin, Mediteren Kulüplerinde çalmıyor ve bizim EF EM 3. kanaldan hemen yayılıyor.

LEYLA GENCER'İ dinledim AYA İRİNİ KİLİSESİ'NDE... Elfe'yle iki bin verdik ama müziğe doyduk. Tüylerim ayağa kalktı. Neyse sana bunları niye yazıyorum? Asıl meselem, böyle yerlere gitmek değil, şu iki kişilik hayatımızı para meseleleriyle üzülerek geçirmemek.

Dün akşam Ali Poyrazoğlu'na telefon ettim. Sonra benim böyle taşınma durumum çıkınca senin mektubunu da dün alınca (Dün bugün oldu. Dünden beri sana mektup yazıyorum bakalım ne zaman bitecek, bugün bitirmeliyim) hemen evine telefon ettim ve kendisini buldum. "Beni Karacam haftalığa bağlamış" diye espri yaptım.

Biliyorsun Nebahat Teyze Yanık Saraylar'daki "Daktilo kız" tipiydi. Ne tuhaf değil mi, hem benim hikâyelerimin kahramanı hem de hem de onları daktiloya yazan insan... Aslında yeni çıkacak olan Afrika Dansı kitabımdaki "BİR GECE YEMEĞİ" öyküsü de onun hayatı... Müthiş kazık bir

Öykü, dilbilimciler çözebilirler... Herkesin anlayacağı bir öykü değil. Sanki iç içe iki roman gibi. Ben sana o öykünün şifresini veririm: Merak etme çözebilirsin... Yani özel bir dili var. Bu öyküyü hiçbir sanat dergisi basmaya yanaşamadı. Milliyet Sanatın müdürü Atilla Akal diye bir hıyar "Bu öykü bizim okuyucularımızı aşıyor, sizin için ileride sürrealist bir sayı çıkarır yayınlayabiliriz " dedi. Ben de dedim ki ona: "SANAT ESERİNİN ANLAŞILMAK diye bir kuralı mı var ki, bizim okuyucular anlamaz diye yayınlamıyorsunuz. Bir sanat eserinin anlaşılması şart değildir, bazen 10 sene sonra bazen 20 sene sonra, bazen yazarı öldükten sonra anlaşılabilir. Bazen de hiç anlaşılmayabilir, sizin vazifeniz sanat dergisi olarak ileriye gitmek ve basmaktır." Bu sözlerim üzerine koskoca herif başını öne eğdi, utançla, cevap vermeden öyle durdu. Bu bana yeter. Utandı sanırım. Şimdi ayrıca, bu yayınlanmayan söz konusu öykü, işte Adam Yayınları'nda kitapta yayınlanıyor... Ankara'dan Cahit Külebi gibi büyük bir şair ve Türk Dili Başkanı benden iki aydır öykü rica ediyor, ben ona göndermemiştim bu öykümü. Yeni hazırda da yok. Kitaptan başka öykü de yazmam gerekiyor ama öyle kazık öyküleri anlaşılması zor olanları galiba basamıyorlar. Şimdi şu para krizini atlatıp hayırlısıyla Erenköy'deki çalışma masama kavuşup çalışmaya başlamak istiyorum. İnanır mısın, 3-4 aydır parasızlıktan oraya buraya alışverişe ucuza pazara gidip yemek alışverişi yapmaktan, şu gırtlak meselesiyle uğraşmaktan başka bir şey yapamadım. Çok sıkıntı çektim, ama artık bu Ali Poyrazoğlu meselesi içime su serpti.(1) Şimdi her şey daha başka yönde, büyük yönde ilerlemeye başladı.

İlk önce benim şu bitirmem gereken FORD MACH I ROMANI VAR, TÜRKİYE'DE ROMAN YOK. BENDEN ADAM YAYINEVİ ROMAN BEKLİYOR. ÇOK SIKI VE ÜZÜNTÜSÜZ

1 Ali Poyrazoğlu, aramızdaki bir hesapla, gerektikçe anneme para veriyordu.

BİR ORTAMDA ERENKÖY'DE 2 AYDA BİTİREBİLİRİM. NEBAHAT BİZDE KALIRSA.

Şimdi sorularına cevaplar: Çıkacak olan iki kitap var Adam Yayınları'nın programında. EKİM'DE "AFRİKA DANSI" OCAKTA "YANIK SARAYLAR" (İkinci baskı). Everest My Lord'u daha vermedim. Daha doğrusu Afrika Dansı'yla beraber verdim, daha büyük bir kitap olacaktı. Fakat 50 sayfa boyunca Everest kelimesini "W" yapmışım İngilizce bilmediğimden, ve resimli ve de sayfa numaraları karışıktı. Onun için MEMET FUAT, sen bunları düzelt tekrar getir, yeni bir kitap yapalım ayrıca dedi. 4 ay geçti, yani biz Kuzguncuk'a geldik, o ekonomik bunalım içinde bir yaz geçirdik ve bugün gidiyoruz, eşyalar havada ben bu mektubu ikinci gün oldu ki bitiremedim, devam ediyorum. Bakalım Erenköy'e nasıl gideceğiz? Galiba bizim evdeki eşyaları herkes konuşuyor. Afrika mask'ları sandıklar mandıklar. Antika takım. En başta Ömer propaganda yapıyor. "Annen antika eşyaya para yatırıyor, ben size yemek paranızı veriyorum" diyormuş... İşte böyle... Bunları sana yazmak istemezdim ama herkes biliyor, Cevat ağabeyi bile. Görüşüyorlar...

Neyse, oğlum, "Bir hafta önceden bana telgraf çek" diyorsun kitap çıkmadan. Bana Eylül diyorlar sonra Ekim deniyor, listeler halinde, çıkacak kitaplar bir ay önceden yayınlanıyor fakat tam tarihinde çıkamıyor. Kâğıt sıkıntısı şu bu yüzden. SEKA'dan kâğıt bekliyorlarmış. Telefonla Memet Fuat'la konuştum ve sordum "Benim Afrika Dansı niçin bu kadar gecikti? Çok sinirlerim bozuluyor" dedim. Dedi ki, bunda üzülecek bir şey yok. Bütün diğer ilan ettiğimiz o kitaplar kâğıt bekliyor, bugün başka bir yerden kâğıt bulalım, yarın basılır, bu yüzden bağlanan kitaplar (bağlanan demek dizgisi her şeyi kâğıda da basılmış basım bekleyen) bekliyor. Selim İleri'nin kitabı Ağustos'ta çıkacaktı Eylül'ü buldu hep kâğıt beldemek yüzünden... İşte böyle, ben de her gün kitabın çıkmasını bekliyorum... Çok üzülüyorum çıkmadıkça, her şey, moralim ona bağlı. SARKİS de kapağı yapıp göndereli 4 ay oldu, geçenlerde ondan da mektup aldım, kapak ne oldu, kitap ne oldu diye soruyor. Ben de uzun bir cevap yazdım. Sarkis dünya çapında bir sanatçı oldu. Dünyanın birçok büyük şehirlerinde kürsüsü var. Uçakla gidip san'at (Kavramsal san'at resim, heykel ve kitapla FİKİR'le karışık ESASI FİKÎR'e dayanan bir iş oluyor eserleri ve bu konuda kendi yaptığı işlerin açıklamasını yapıyor. Konferans ve dersleri kendi yaptığı işler hakkında) Sarkis'in benim kapağımı yapması evrensel bir kıymet ifade ediyor, ama burada değil, burada SARKİS'in işlerini tanıyan çok özel kişiler var burada tanımak istemiyorlar. Fikir ve san'at seviyemiz SARKİS'İN İŞLERİNİ anlamaya müsait değil. Ben, öykü, roman olarak, SARKİS'in yaptığı işlerin aynısı değilse bile yarısını yapıyorum. Yani Everest My Lord'da göreceğin gibi, resim yapıyorum, kelimelerin ve anlamın resmini yakalamaya çalışıyorum. Anlamı resim haline getiriyorum. Sarkis de yaptığı İŞ'LERİNDE (SARKİS SAN'AT -ESER- YERİNE "İŞ" DİYOR YAPITLARINA) FİKİRLERİ ayağa kaldırıyor, heykel haline getiriyor. Bin çeşit bayraklarla, eski hurda makinelerle canlı şeyler yürüyen konuşan fikri olan şeyler yapıyor. Yani yürüyen, konuşan, cisim haline gelen eserleri var ki, bir kitaptan yola çıkmış, içindeki fikirden -örneğin HİTLER'İN koca MEİN KAMPF- ideoloji kitabını bir sandık içinde kurulmuş makineden teypten tekrarlıyor. ÖZELLİKLE en çok bağırdığı yerleri-üst üste bağırtıyor, kelimeleri tekrarlatıyor. Böyle olunca Hitler'in fikirlerindeki o saçmalık, insan düşmanlığı -daha TRAJİK, BELKİ daha KOMİK- Trajik-Komik bir hale gelip izleyicilerin kulağında garip çağrışımlar yapıyor. Belki o fikirler başka boyutlara erişiyor. Anlaşılmazın anlaşılmasına -bugünkü çağdaş anlamı kazanıyor- sergiyi gezenler, izlemiyor, duyuyorlar. Bazen de bayrakların üstüne yazılmış özel mesajlar direklere çekiliyor.

Akşam sergi kapanırken Sarkis bu bayrakları izleyicilerin önünde yakarak sergiyi kapatıyor. Yani ortada sergiden bir şey kalmıyor. Ertesi sabah bu sloganlar -yeniden- bayraklar asılıyor ve sergi açılıyor... Yürüyen konuşan köpekler var eski makinelerden yapılıyor bunlar caddede sergiliyor. Fakat bunların hepsi bir görüş bir FİKRE bağlı. HERBERT MARCUS diye Amerika'da Kaliforniya Üniversitesi'ni kuran bir Alman Yahudisi'nin teorilerine, kitaplarına bağlı. Bu Herbert Marcus, Eksistansyalizm felsefesinden de daha sonra çıkan bir felsefe, ilkönce ilk anarşi hareketlerinin başladığı FRANKFURT OKULU TALEBELERİ adıyla başlayan yeni bir felsefe, TEK BOYUTLU İNSAN diye müthiş bir kitabı var. Sana gönderdiğim ÇAĞDAŞ FANTAZYA'DA zannedersem birkaç kez bahsi geçiyor HERBERT MARCUS'UN. Bugün artık çok tanınmış ve san'atın da fikir olarak öncülüğünü yapıyor. KALİFORNİYA ÜNİVERSİTESİ'NİN VE KAVRAMSAL SANATIN İLK KURUCUSU Amerika'da da. Neyse ben de bunu öğreneli (Kavramsal Sanatı) bir yıl oluyor. Sana yanlış aktarıyor olmak istemem... Kitaplarını okumadım, okumak istiyorum. Bugün bir fikre dayanmayan san'at geçerli değil onlar için. Ben kavramsal sanatımı kendi fikrime dayalı olarak kurdum. Ve yazı san'atımdan resimler, heykeller çıkarmaya, soyuttan somutlaşmaya çalışıyorum. Ömer Uluç'sa, fikre dayalı değil, yanaşmıyor da, çünkü fikirle uğraşacak hali yok, şimdi süslü püslü, şık, boyalı çıplak kadın resimleri yapıyor. Eskiden sanatçıydı bugün yeni bir tüccar. Galeri BARAZ diye bir galeriye resim satıyor. Video dolduruyor ve zenginlere Ömer'in resimlerini ve san'at hakkındaki konuşmalarını parayla gösteriyor. Kendi söyledi. Fakat bu tip reklamlara san'at gözüyle bakıyor... Sarkis'in benim kitabımı resimlemesi onun için bir şok oldu. "Seni ben keşfetmiştim, sana edebiyatı ben öğretmiştim bana teşekkür etmelisin" diye bağırıyor. Bir ay önce Kuzguncuk'a geldi Elfe bahanesiyle, bir ara kayboldu, benim arka odadaki yazılarımı karıştırıp Everest My Lord'u okumuş. İşte o zaman 'Türkiye'deki hakiki bir sürrealisti görsünler" diye bağırmaya başladı ve beni tebrik etmeye kalktı. İşte ben de o zaman ona Everest My Lord'un sürrealist olmadığını, yeni bir dil bilimi KAVRAMSAL SAN'ATIN İLK ÜRÜNLERİ OLDUĞUNU SÖYLEDİM. İşte yukarıda sana yazdığım lafları, "Seni ben yetiştirmiştim, ben öğretmiştim" gibi lafları o zaman söyledi. Ben SERKO'YU izliyorum, beraber çalışacağız, o bana kendi işlerini yapıyor, kapağı yaptı. Ben de O'na Everest My Lord'u vereceğim, o da onu kendi işinde kullanacak, dedim. "Ne yaparsan yap, ben sana Everest My Lord'un bir şaheser olduğunu söylüyorum o kadar" dedi. Karacacığım, böyle ayrıntılara girmeyeyim diyorum, olmuyor, sana bütün aklımı, düşüncelerimi aktarıyorum. Çünkü konuşacak insan hem var hem hiç yok. Sana sık ve kısa haberler versem daha iyi olur ama olmuyor, ya yazıya dalıyorum ya da para sıkıntısına, onun için. Telefona da müracaat ediyorum. Bu mektup seni bir ay idare eder roman gibi okursun. Nasıl okuyacaksın bilmem ki vaktin de yok... Artistlerin imza koleksiyonuna çok güldüm. Eğer şarkıcı ROD STEWARD gelirse, ondan benim için de bir imzalı resim iste. Annen de O'nu beğeniyor ne yapalım?.. Hele şöyle saçlı sakallı yarı çıplak vahşice bir resmi olursa şarkılarına çok yakışır... Çocuklar için düzenlenmiş Dünya Çocukları UNESCO gününde, söylediği seksi şarkı ve televizyondaki pullu kadın tayyörlü fakat erkeksi görünüşü benim tarafımdan beğenilmesine mazhar oldu. Kendisine iletiver tarafımdan, bir yazar olarak, çok etkilendim. Şarkıyla, çocuklarla, kıyafetiyle çok iyiydi bir san at eseri olarak. Ters şeyleri bir araya toplamasını çok iyi biliyor. Bayağı kavramsal sanat yapıyor... Karacacığım, sana gönderdiğim Ece Ayhan, Selim İleri ve BORGES'i aldın mı? Okudun, beğendin mi? Ece Ayhan'ı? Borges'i? İleri'nin benim için yazdığı yazıyı? Ece Ayhan'ı sevmeni rica ediyorum. Çok sevmen gerekiyor. T. Hanımla telefonlaştık o da Erenköy'deki eve gelip havyarlarını ve çayını almayı tercih ediyor. Hem de "Bir çayınızı içerim sizin evde" dedi. Cevat Çapan para meselesini halletmek için "ADAM" yayınevinde ek iş almış. Haftanın muayyen günlerinde orada çalışıyor. 60 bine büyükçe konforlu bir ev bulmuş, Bebek'in arkasında Etiler'deymiş. Zavallı profesör benim gibi kokoz... Artık Erenköy'e çağıracağım. Son telefon görüşmemizde "Karacaya çok ayıp oluyor, gelemedim, ona kitaplar da göndereceğim, mektup da yazacağım daha gönderemedim" dedi. Belki de şimdi göndermiştir. Belki yazdığım kitapların daha öne alınmasına belki de daha fazla para almama yardımcı olabilir?.. Bunu ondan kolaylıkla isteyebilirim. Hele Şu Afrika Dansı çıksın, bir sükse yapsın da konuşacağım. Karaca üç hastanede yattım. Ve biliyorsun herhalde 12 Eylül 1980'de ben ihtilal günü Tıp Fakültesi Haseki Hastanesi Kalp Kardiyoloji Bölümü 2'inci kat 17 numaralı karyolaya yattım. Ve üçüncü kez Kateter kalp ameliyatı oldum. Bayıltmadan kasıktan soktukları boru, ucunda çengelle kalbin istenilen yerini yakalayıp filmlerini çekiyor. Ve bunu televizyonda seyrediyorsun. Bir Paris'te, bir İngiltere'de, bir de Türkiye'de Haseki'de üç kez bu kateter ameliyatına girdim. Raporun fotokopisini sana göndermiştim galiba? Afrika Dansı'nın son sayfasına bak. Şimdi de romanı bitirdikten sonra Afrika Dansı'nın, kaldığı -daha doğrusu- bittiği yerden bir ikinci bölümünü yazmak istiyorum. İKİNCİ BÖLÜMÜ NATULİUS'TA geçecek. Natulius biliyorsun James Masonun tek başına oynadığı kadınsız bir rol. Kaptan NEMO, Denizler Altında Yirmi Bin Fersah adıyla filmi oynamıştı. Çılgın kaptan Nemo (James Mason) Denizaltında uzun romantik parmaklarıyla ORG ÇALIYORDU, çok etkileyici sahneler vardı. Ben o KAPTAN NEMO'YA ÂŞIK OLUYORUM İKİNCİ BÖLÜMDE... Güneyde PORTCROS... DİYE Afrika'yı andıran bir ormanlık adada büyük bir aşk yaşıyoruz. Denizaltımız bizi bekliyor falan, mehtap, kürekten damlayan billur taneciklerini anlatıyorum. Hepsi uydurma... Afrika'dan gene yamalar var. Büyük bir nostaljiyle anılıyor her şey... Annen bundan sonra kitaplarda yaşayacak aşkı... Uydurma aşkı... Hakiki sevgi ile seni kucaklayan Annen.

NOT: Güzin DİNO'DAN BİR MEKTUP ALDIM. Paris'ten yazıyor. YANIK SARAYLAR KİTABINDAKİ "AH YARAP YEHOVA" ÖYKÜSÜNÜ FRANSIZCAYA ÇEVİRMEK İÇİN İZİN VERMEMİ BİR MEKTUPLA İSTİYOR. Ben de senin mektubunu bitirdikten sonra ona yazıp izin ve hayat öykümü biyografimi bildireceğim. İyi haber değil mi?

Sevgiyle iki yanağından öperim benim güzel pırlanta yürekli oğlum. Oyayı da tarafımdan kucakla.

Annen

25 Ekim Pazar Kuzguncuk

Son mektubundaki bilgiler çok işime yaradı. Canım Oğlum,

Mektubun şimdi geldi. Divanın yanında, üstüme hırkaları çekmiş, balkon kapısını ardına kadar açmış, Nezle tedavisi (Bol oksijen, iyot havası alarak ciğerlerime çekip hastalığı önlemek) için dinleniyordum. Bir maşrapa da deniz suyu, ikide bir de burnuma çekiyorum, bu da nezleyi önlemek için. işte, bu tedaviler belki iyi gelmedi ama, senin mektubun gelince en iyi tedavinin mektup tedavisi olduğunu öğrendim. Bir saattir aksırık tıksırık kesildi. Hep seni ve mektubunu tekrarlıyorum kendi kendime. "Yalnız değilim" diyorum kendi kendime, Karaca imdada yetişti. Doğrusunu istersen, senin telefon ettiğin günden beri -o gün, belim tutulmuştu, bel tutukluğum geçsin diye yürüyüşe çıkmıştım- o günden bu yana oldukça, ağrılı, sancılı bir bel romatizması "KULUNÇ" gibi bir şey geçirdim. Ama, zannedersem kötü bir şey çıkmayacak. Bir kere roman çalışması benim moralimi yükseltti. Böyle bir şeyi yazmaya karar verdiğimden beri kendimi çalışan bir insan olarak görüyor ve bundan kuvvet alıyorum. Aslında seninle yazışamadığımız o geçen seneler içinde hastanelerde yattığım ve Ömer'den ayrıldığım geçen seneler çok fena idim. Tutunacak bir kimsem yoktu. Sana da yazmak istemiyordum. Çok acılar çektim. Şimdi bunların hepsi geçti... Oya geldi. Senden güzel haberler, paralar geldi. Hediyeler, her şey oldu. Yok yoktu. Bu sene altın yılım sayılır, geçen kıştan bu yana bana kol kanat germiş bulunuyorsun. Sonra da bu yaz seni seven bir insanla Oya ile tanıştım. İçim çok rahat. Kavga etmeyin diyorsam, gayet tabii ki bir şeyler hissediyorum demektir. Ben bol rüya gören bir insanım. Daha doğrusu hayal gören bir insanım. Sizin hayallerinizle vakit geçiriyorum bazı zaman. Ve "Karaca şimdi gene boş yere mi üzülüyor" diye de aklımdan geçiyor. Onun için telefonda kavga etmeyin dedim. Sonra da pişman oldum, çünkü nasıl olsa barışacaksınız. Bunu da hissediyorum. Ve o zaman "Şimdi Karaca rahat" diyorum. "Oya da rahattır." İnsanlar beraberken çok kavga ederler. Bu kanı temizler, bünyeyi yenileştirir. Tabii, kimsenin içinde kin, kötülük kalmamak şartıyla. Ancak, bana mektubunda daha ciddi ifadelere yer verdiğin şeyler var. Senin kendi karakterin var. Romantizmini yaşamak için gene telaşlanıyorsun. Yavrum, canım Karacam, ne kadar çok sevildiğin sana yetmez mi? İlle, aynı sevgiyle karşılık vermek gerekmez. Bana annene bile. Hayat çok çok uzun senin için. Benim için bile. Her şeyi istemediğin kadar vereceksin, bütün duygularını, sevgini harcayacaksın merak etme. Bekle yavrum. İlle de acı çekmek istiyorsan, ille de kendinden bir şeyler koparıp vermek istiyorsan, bunun önüne bir şey geçemez. Bence, huzurunu ve istikrarını tehlikeye atmak istiyorsun. Bu da senin yaratılışında var. Ama, sevilmek ve huzura dönmektir sonuç. İnsanların istediği en sonra budur. Bana kalırsa sen, sevginin karşılığını şimdiden veriyorsun. Ne kadar seviliyor sayılıyorsan sen de o kadar seviyor ve sayıyorsun Oyayı. Ama büyük yürekli bir erkek olduğun için, bu verdiğin sevgi sana azmış gibi görünüyor. Sen o kadar cömertsin ki karşındaki ne neler verdiğinin, ne mutluluklar verdiğinin farkında bile olmuyorsun. Oysa Oya bunu biliyor. Oya seninle çok mutlu. Senin arkadaşlığın, senin mutlu olman için çalışıyor. Ve her şey yeterli. Sen niye kendi kendinle hesaplara giriyorsun. Bir erkekle bir kadının hayatı böyle gider. Ama erkekler zamanla yaşlanmaya başlarken gittikçe daha sert ve acımasız olurlar. Bu erkeklerin yaratılışındandır. Sen en ideal en temiz en pırıltılı ve ümitli çağındasın ve etrafına ışık saçıyorsun, iyilik ışıkları. Bu iyi ışıklar zamanla kaybolur ve yerine acımasız, sert dikenler oluşur, bıçak haline gelir. Böyle olman için uzun senelerin var. Eğer sen benim anlattığım erkeklerden değilsen, ki böylesi pek binde birdir - bu kategoriye girer kanımca, kaşifler, metafizikçiler. Ama senin yolunun normal bir erkek çizgisinde zamanla sertleşip acımasızlaşacak, hayatı daha derinden yakaladıkça daha fazla hâkimiyet kurmak isteyecek, duygusallığını materyalist bir görüşe bırakacak bir erkek haline geldikçe, 25 yaşında ne kadar temiz ve duygulu bir hayatın olduğunu düşünecek ve de "Ne kadar da iyiymişim. Ne kadar da mutluymuşum. Farkında değilmişim, boş yere üzülmüşüm" diyecek ve bu genç senelerini hep hatırlayacaksın, değişmiş ama kötü (gençliğe nazaran daha kötü) bir insan olduğunu anlayacaksın, insanlar özellikle erkekler genç yaştayken en verimli ve en iyi insan modelleridir. Sonra gençlik uzaklaşınca kısırlaşırlar sadece karşılarındaki kadından isterler, kendilerinden bir zırnık bile vermezler. Çünkü aşk hayatını, ümitleri bir silah olarak kullanacak ustalığa varmışlardır. O zaman genç kız avcılığına başlarlar. Kadınların paralarını yerler. Kadınları köle gibi kullanmaktan başka bir emelleri yoktur. Biz, böyle adamların nasıl 15 yaşındaki kızı tavlamaya çalıştığını ve kullandığını daima görürüz. Bu arz ve talep meselesidir. Kız, tecrübe sahibi erkeğin hayranıdır. Başına felaket gelmesini kabul ederek böyle adamlara köle olur. Karacacığım, ama niye bizi ilgilendirmeyen ihtiyar insanların dünyasını karıştıralım?.. Bana bunları şimdiden düşündürtme. Daha hayat çok sertleşecek ve sen gittikçe daha gerçekçi olmaya başlayacaksın. O zaman sana bunları yazmam Karacacığım. Hayatının en parlak, mutlu günlerindesin emin ol ve yaşamana bak. Hayatta hiçbir ufak sevinci bile geri çevirmeye değmez. Torbaya ne doldurursan o kalıyor. Bir dilenci torbası olsun, zararı yok, yeter ki herkesin sana vereceği bir şeyi olsun. Ve herkes sana baksın. Sıhhatli ve iyi yürekli, cömert olmaya devam et. Ben seni hem çok iyi tanıdığım -her ne kadar değişmişsen de oğlum olarak- ve de seni takdir edip seven biri tarafından anlatıldığın kadar, hayatında hiç bir pürüz ve gölge yok. Hayat herkesin bakışıyla budur. Dışarıdan bakışla insanlar değerlendirilir. İç bakışa gidersek, bunlarla bırak benim gibi mutlu olmamış büyük yazarlığı oynayan, 25 senesini yazarlığa, bu içe dönüşe harcayan insanlar düşünsün. Sıhhatim bozulmasaydı (Ameliyatlar, yalnızlıklar falan) gene de yazarlığa toz kondurmayacaktım. Sana duygusallığını kullan, çiz, yaz, diyebilirdim. Bazen coşup demişimdir de. Ama bu kadar kuvvetli bir şahsiyetin ve kendini sevdirme kaynağın "SEN" varken edebiyat neyine, romantizm neyine. Hayatını yaşa torbana Allah ne verdiyse doldur. İnsanlardan ayrılma, tıka basa yaşamaktan vazgeçme. Oya ile olsun. Oya ile beraber, gene başkalarıyla, kalabalık, hep beraber severek. İkiniz de hayatınızı sevgiyle ve başkalarıyla da paylaşarak, başkalarına da yer bırakarak, onlarla da duygu alışverişine girerek, akıllı olarak birbirinize dayanarak, insanları severek yaşamaya devam edin. Bir de tabii tecrübeli bir kadın olarak, başkalarının çocuklarını görüyorum, ona göre seni çok takdir ediyorum kıvanç duyuyorum.

Mesela bugün hava çok güzel. Bu güzel havanın hiç değişmeyeceğini düşünüyorum. Gerçekte yanılıyorum. Yarın bir yağmur, bir rüzgâr hava bozuyor ama sonra gene güneş açıyor ve hava güzel ve gene ben haklıyım... Sonuçta senin için düşündüğüm her şey gerçekleşecek ve sen mutluluğun zirvesine çıkacaksın. İnşallah o günlerinde yanında oluruz. Ben de sana sorarım; Mutluluğun kaç şekil değiştire değiştire nereye geldiğini, neler düşünürken neler olduğunu. Ve hayatın ne büyük bir iksir olduğunu; tedavi edici unutturucu ve tekrar canlandırıcı, tekrar yaşatıcı bir gücü olduğunu. YETER Kİ SEN

İSTE HAYATTAN BİR ŞEY. Ümitli ol. Memnun ol hayatından. Düşünceni daraltma, daima daima genişlet. Herkes girsin seni görsün. Hayatına gizli planlar yapma. Zaten hayatın kendisi gizli. Ne planlar hazırlar bize her gün onun için sen de işleri şuur altına iter gizler -sen yaşamazsan- işler büsbütün karışır. Karanlık olur. Benim gibi yalnızlıkta ışık ararsın. Hem de tek bir ışık. Bir tek çıkış ışığı. Kurtuluş... Allah seni bu duruma getirmeyecek, ama işte sana yazıyorum bunları hiçbir zaman kulak arkası etme. Hayatında hiçbir kapıyı kapama. Hep kapı çal. Bekle açsınlar. Vermeyenin bir yüzü kara. Sırıt vermezlerse. Ama tek bir şeyin peşinde olma. Bu çok tehlikeli. Bir tek şeyle uğraşma. Örneğin, tek insanla, tek iş'le, tek yemek'le, tek kıyafet'le. Bunlar insanı başta şahsiyet gibi sivrilten şeylerdir şahsiyetli kılar. "Prensip sahibi" "Tok gözlü" falan, demelere yol açar. Sonra bu hal, gittikçe müzminleşir, hep tek olmak, bu şahsiyeti boyuna büyütmek -tek olmak- istersin. İşte o zaman bakarsın ki senelerini büyük fedakârlıklarla, mahrumiyetle, bütün duygularını bir tek şeye, bir tek insana, bir tek düşünceye her neyeyse, vermişsin ve tek kalmışsın. Herkes, senden çirkinleri senden aptalları kalabalıkta gitmişler hepsi senden daha çok şeylere sahip olmuşlar. Herkese sen vermişsin, herkes senden almış. Sana kimseler vermemiş. Onlar daha dolu olmuşlar. Teklikten kurtulmuşlar. Tabii burada önümüze başka bir örnek de çıkıyor. Bundan bahsetmeyecektik, fakat önemli değil aslında da bu yazdıklarımın arasında bu konuyu yazmam bir tesadüf. Yoksa seçilmiş değil. Zaten hiç müsvedde yapmadan yazdığımı bilirsin. Onun için ard düşüncemi yazmış olamam sana hiçbir zaman, olamayacağım da.

Ali senin arkandan telefon etti, atla bir arabaya geliver dedi. Doğrusu değerdi. Atlayıp arabaya Kuzguncuk'tan kalkan eski 61 nolu KALENDER ile Beşiktaş'a geçtim. Sonra Beşiktaş'tan Pangaltı dolmuşuna binip Kenter tiyatrosuna vardık. Piyesi seyrettik.

Alışık olmadığımız bir seyirci. Kulisten "Aaa şimdi Prens Rainer'le Monaco Prensesi Grace Kelli giriyorlar" diye anons verilirken, bir de bakıyorsun, Nişantaşı'nın bilmem ne Palas'ının kapıcısıyla, başörtülü, Sivaslı bir kapıcı ailesi giriyorlar. Sonra Nişantaşı sosyetesinin Yahudileri, zengin kızlar, oğlanlar, parfüm kokuları havada nerdeyse top top sigara dumanıyla karışık esans kümeleri duruyor ve uzun süre dağılmıyor. High school talebeleriyle yan yana Kürt zengin, kapıcı, ellerinde önceden alınmış biletleriyle bayağı tiyatro seyretmeye alışmış bir yüzle yerlerine oturup etrafı tetkik ediyorlar. Fakat piyes başlayınca -bu Homo aile karşısında- Zeki Müren'in konserine gitmek yerine, bu piyese geldikleri anlaşıldı. Memlekette yaygın bir homo esprisi var. Tabii bundan en çok sosyete ve köylüler hoşlanıyor. Entelektüellerde hoşlanıyor ama belli etmemeye çalışıyorlar. Aslında son derece duyarlı oynadıkları için, bayağı iyi bir vodvil her memlekette geçerli olabilir. Eskilerin dedikleri gibi, Cihanşümul... Ali çok iyi bir aktör 10 numara verdim. Böyle eserler oynayıp para kazanma ve şöhret olma yolunda, sonra san'at piyesine geçerlerse, benim basılacak piyeslerin oynanmasını düşünebilirim. Tabii, erkeklerimi kadın olarak oynatmayı düşünmüyorum. Karacacığım, piyesin sonunda perde beş kere açılıp kapandı. Ayakta alkışlandı. Kulis bir başka türlüydü... Ben elli bini bir zarf içinde elime alıp, sevincimi belli etmemek için, sözde bazı ciddi sorular sordum ve sözde bazı ciddi cevaplar aldım. "Ali, Karacayı nasıl buldun, iyi mi? Bir kere de anlat bana her şeyi doğru olarak lütfen, çok meraktayım, nasıl gördün?"

"Doğrusunu istersen hiç merakta olmana gerek yok Sevimciğim, güzel bir stüdyo, üst katta oturuyorlar. Evleri çok güzel. Misafirleri geliyor. Mutlular. İşte hepsini özetledim sana, daha başka bir şey sorma bana. Bana inanırsan hepsi bu kadar."

İçimden "Tabii hepsi bu kadar" diye düşünüyorum, ama sanki başka bir şey varmış gibi konuştu, hızlı hızlı, üstünden yük atarcasına. Aslında piyesteki rolünün etkisinde hâlâ, acaba, acaba, başka neler düşünüyor?

"Başka nasıllar" diye üsteliyorum. Aslında o sırada çıkıp gitmemiz lazım, çünkü altından donunu çıkarıp, iskemleye asıyor ve (Beyaz bir erkek donu) başka bir donu giymek üzere alıyor ve de o sırada, içeri başka girenlerle -İzzet Öz, TV yapımcısı, ve bir devlet balerini kız, Bodrum'dan tanıyorum- selamlaşıyoruz... Onlarla konuşuyor. O sırada hemen yanımda K. önümdeki iskemleye donunu asmış, o daha önce donunu değiştirmiş. Bana dönerek "Karacaya dargınım" diyor. Hemen bu küçük saniyeyi karşıdaki Ali kaçırmıyor, yakalıyor, o da bu saniyenin içine giriveriyor. "Doğrusunu istersen Karaca'nın aşkları beni ilgilendirmez" diye bir laf sokuşturuveriyor. Demek kulağı K.'da imiş. İçimden "Çok tehlikeli bir çift" diye geçirdim. Bilmiyorum ama, Ali'nin devamlı bakışlarının -iç bakışlarının diyelim- kökü K.'dan kaynaklanıyor. Ne kadar gezseler, ne kadar başarı kazansalar, ne kadar para kazansalar, ne kadar eğlenseler gene de Ali mutsuz gibi geliyor bana. Bu arkadaşlıktan K.'nın daha az şey kaybedeceğini sanırım. Çünkü Ali'ye nispetle çok daha hafif kalıyor. Onun için sanatsal yönü zaten yok olan bir kişinin san'at ve hayat üzerine kaybedeceği bir şey de olamaz. Belki şimdi sanatsal yönü Ali'nin pek altında diye üzülüyor ve Ali'ye gereksinim duyuyor bu yüzden. Ama ileride çok parlak bir (okunmuyor-y.n.) olacağına eminim. K., Elfe'ye dönüp bitini atıyor, "Ne kadar Karacaya benziyorsunuz. Karşımda Karacayı görür gibi oldum. Sizi evinize bırakayım" diye konuşuyor. Ve elindeki küçük bir bloknot gibi bir şeyi Elfe'nin eline veriyor "Siz bir dakika bunları tutun, ben arabanın anahtarını alıp geleyim" diye. Biz Ali'den uzaktan selamlaşıp ayrılıyoruz. K. bizi arabasıyla Beşiktaş vapur iskelesine ısrarımız üzerine bırakıyor. Son vapur gitmiş, biz de Üsküdar'a motorla geçiyoruz. Motorda Elfe söylüyor: Kızlar, Fransız okulunda K.'ya âşıkmışlar, bayılıyorlarmış, ne yakışıklı çocukmuş, falan, filan. Bu lafların üstüne K.'nın ileride değişebileceğine ve gerçekten san atçı olan gerçek Ali Poyrazoğlu'na üzülmedim diyemem; zaten sanatçı tarafı olan daima ızdırap hamallığı yapar. Meşhurluğu, hayatı, boktan yere harcanır sonunda. Ama "son" ne diyeceksin? Evet bunlar zaten, yani san atçı, zaten sonunu düşünmeyen adamdır. Sonu iyi olsun derler. Bence ortası iyi olsun, her şeyin ortası diyelim. Mamafih, bir şeyin başlangıcı sona doğru ayarlıdır. Başlangıç sonucu da getirir. Bu arkadaşlar bugünlerini yaşıyorlar. Aslında "Bu gece şuraya mı gidelim buraya mı gidelim?" diye boyuna çarpışılıyor. Oyundan yorgun argın çıkılmış bir de Kulüplerde sabaha kadar boy gösterip şöhret oyunu oynayacaklar. Bu arada o onu kaybedecek, öbürü onu arayacak, kavga, tam bir keşmekeş... İnsan böyle artistlerin değil sonunu, önünü göremiyor diyeceği geliyor. Bir gecede sonuna geliyorlar, ölmüyorlar yalnız. İşte bu. Sana Ali'nin bana telefonda "Ben de yalnızım" dediğini yazdım mı? "Tiyatroya Elfe'yle geleceğim, biliyorsun yalnızım" dedim. O da cevap olarak, "Ben de yalnızım" dedi. Sonra tiyatroda o yüzlerce kişiyi kapıcıları, zenginleri falan görünce, "Acaba yalnızlık gerçekten bu mu?" diye düşündüm. Yalnızlığa verdiğimiz anlamlar başka. Zaman zaman kelimenin anlamını kapsamıyor, zaman zaman da kelimenin anlamını aşıyor. Ali'ye göre daha yalnız değilim. Arabada K., zannedersem, Ali'nin duymayacağı bir şeyi sana yazmamı söyledi. Yoksa ben mi yanlış düşünüyorum. "Karaca bana yazsın" dedi. "Karaca benimle ilgili hiçbir haber göndermemiş, eski arkadaşız, bayağı dargınım, bunu lütfen Karacaya bildirin" dedi. Demek ki K. da yalnız. Bu insanların arkadaşlıklarını görüyor musun? O şöhretin tepesinde fakat ikisi de ayrı ayrı yalnız ve mutsuz. Başka bir insandan alaka bekliyorlar... Ali, alakalandığını belli etmemek için oyun oynuyor "Karaca'nın aşkları beni ilgilendirmez" diye yüksek sesle konuşuyor. K. ise düşüncelerini yalnızken alçak sesle bana duyuruyor "Karaca beni arasın" diye... Sana onun için birçok insanla beraber olmak iyidir dedim. Tek tek insanlar bozuluyor eskiyor, yeni ışıklar yansıtmak istiyor. Biraz da başkalarından aldığımız düşünceler, duygularla yaşarız. Cevat Çapanın mutlu evliliğinin nedeni, (pek sıkıcı ya, neyse) evlerinde hiç yalnız kalmamaları ve kapı kapı dolaşmalarıdır. Evleri de her sanatçıya, enteresan kişiye açıktır. Başkalarının masallarıyla yaşarlar bir yandan. Çünkü kendi masalları bitmiştir bir yandan. Üretici, yani (San atçı) olmak da yalnız kalmamak anlamına geliyorsa da, bu benim için değil. Çünkü ben evimde hep yalnızım ve okuyanlarımı, hayranlarımı görmüyorum. Hoş, daha Roman bitmedi ama peşini bırakmıyorum emin ol. Eskiden bırakırdım. Bitireceğim yüzde yüz de, zaman veremem, ilkönce piyesleri basarlar-zaten etraftan "Piyesleri okumak istiyoruz" diye yazılar çıkmaya başladı. İşte, Karacacığım, 5 aylık bir yaz tatili de sona ermek üzere. Bir romanla noktalamaya kalkarak günlerdir masanın önündeyim. Bu işi bırakmayacağım, bitirinceye kadar.

Bazı günler o kadar zorlandığım halde bir tek satır yazmadan kalkıyorum. Büyük bir düşünce işi. Fakat senin araba resimleriyle dolu ve motor güçlerini falan yazdığın, bazı bilgiler verdiğin mektubu olduğu gibi romanın özüne geçirdim. Yani tamamiyle aplike ettim. Çok güzel oldu. Epeyi emek vermişsin, çok makbule geçti. Şimdi gene çalışmaya başlıyorum. Bugün Pazar...

Piyesin eksik yerlerini Nebahat Teyzeye daktiloya çektiriyorum. Eksik olmasın, O da pek dertli ama, beni kırmıyor. Romanın bazı kısımlarını, parça parça temize çekti. Ben, çok beğeniyorum ama, başkaları ne diyecekler diye düşündüğüm zaman, bayağı moralim bozuluyor. Burada romanların bir edebiyat heveslisi talebenin hatıratlarından farkı yok. Adalet

Ağaoğlu ödüllü bir romanında, kollarını önünde birleştirip açmaya şöyle diyor: "Kollarımı önümde tutsak edip sonra da özgürlüğe kavuşturuyorum..." "Tezel koltuk altlarında tutukladığı ellerini tam özgür bırakıyordu, durdu. Şimdi iyice eziyor o elleri koltuk altlarında..." vb. vb.

Karacacığım, hep romanla mı uğraşacağım? Karacaya yazayım biraz da dedim ve bu mektubu yazdım. Gene fırsat buldukça yazacağım. Nebahat de şimdi soruyor, "Acaba Karaca beni unuttu mu? Benim Prens oğlum derdim ona, gene de diyorum. Selamlarımı gönderiyorum" diyor. Teyzeni Kuşadası'na mektup yazarak çağırdım. Bakalım sevgili şişkosunu bırakıp gelebilecek mi bana? Oyayı benim tarafımdan öp ve sevgilerimi dile getir. Birlikte kuvvetli ve mutlu olmaya bakın... Ayrıca yazamadığım için üzgünüm, krem de bitti diyecektim ama, şu anda nezle daha ağır bastırıyor, bol bol VİCKS'lenip duruyorum.

Ali ile K.'nın da selamları üstümde kalmasın Kuzguncuk'tan isimlerini unuttuğum, bir iki çocukluk arkadaşın da selam ederler.

Sevim Burak

20 Kasım 1982

Karacacığım,

Sana bu mektupla beraber, resimleri gönderiyorum. Sana gönderdiğim resimleri meşhur san'at fotoğrafçısı (şimdi Beyoğlu'nda Şehir galerisinde sergisi var) S.* çekti, özellikle eve gelip çekmesini istedim. Sana göndereceğimden bahsettim. "Bu makine çok şaheser bir makine, gece FLAŞSIZ DA ÇEKER" diyerek sana yolladığım evin içindeki o resimleri çekti... Senin de çocukluk arkadaşınmış... Senin resmini görünce salonda, "Benim arkadaşımın resminin burada ne işi var" diye sordu... Annen olduğumu söyleyince şaşırdı... Benim senin annen olmam o'nu kıskandırıyor olmalı. Beni sadece, tek başıma Sevim Burak olarak görüyor... Sanki yazarlar başka türlü olurmuş gibi... Ama işte tecrübesiz ve iyi kalpli bir genç, bir kıza âşık, her şeyi yanlış görüyor... Neyse, herkes senin gibi zevk sahibi ve hür ve akıllı olmaz. Ailesi, tutulmuş olduğu kız, dar bir çevrede sıkışıp kalması yüzünden işi sanata dökmüş bayağı kabiliyetli fakat ezik ve mutsuz bir tip. Sonuna kadar da mutsuzluğu değişmez gibi bir şey... Fiziksel görünüşü, kafası çok ufak da, vücudu çok uzun... Elleri parmakları fazla uzun ve küçükken bir çocuk felci geçirmiş olduğu belli oluyor. Sevdiği kızın annesi "O sakat oğlana kızımı verem" demiş, bunun da kulağına kadar gelmiş bu laf... Bundan dört, beş ay önce, (Dört aylık askere gitmeden önce) bizim eve Allahaısmarladığa uğradığı akşam, ağlayarak bunu anlattı... Zavallının şimdi askerliği bitmiş bulunuyor... Bir resim sergisi açtı. Resimleri fotoğraf gibi değil de resim gibi yumuşak ve duygulu. Taksitle, 4 taksitte ödemek üzere resim aldım. Tek başına bir gece yarısı kendi kendine duran beyaz bir küçük sandal... Elle tutulursa bir civcivi sevecekmiş gibi yumuşak bir beyaz sandal gece karanlıklar içinde... Civciv, beyaz kürkten bir nesne gibi... Sana resmini çekip gönderirim. "Karaca bu resmi sevecek" dedim içimden kendi kendime. Ama bu parasızlıkta avans olarak yiyecek parasından çıkarıp beş bin lira vermek de benim gibi duygusal bir insanın yapacağı, önüne geçemeyeceği bir iş. Resim 10 bin lira idi. Resim çok güzel. Çocuk biraz olsun mutlu oldu. SEVİM BURAK aldı diye kart iliştirmiş resmin üstüne.

Senin gözlerindeki alerji canımı sıktı... Hemen o Yahudi doktora koş. Yahudi doktorlar iyidir. Bizim aile doktorlarımız, hepsi Yahudi idi... Az para gitsin diye ucuz ilaç yazarlar (sanki keselerinden çıkıyormuş gibi). Hastalık da hemen geçmezdi, yavaş yavaş geçerdi, neredeyse, kendi halinde seyrederdi... Bunlar pinpon cimri fakir mahalle doktorlarıydı... Genç Yahudi doktor bulursan çok daha iyi... Niçin, YAHUDİ LOBİSİNE GİRMİYORSUN? Anneannenin Yahudi olması yeterli...[1] İsrail'e bile gider en üst düzeyde iş bulursun... Daha âlâsı Amerika'daki Yahudilere Yahudi olduğunu söyle... İstikbalini garantiye al, sana iş de bulurlar, eğer, kâğıt istiyorsan, sana Kuzguncuk Sinagog Hahamından iki şahitle, Yahudi ana kökenli olduğunu bildiren bir kâğıt göndereyim, bu yeterli... Londra'da Ömer Hyde Park'ta Yahudice din kitapları satan Yahudi din adamlarına müracaatla, Elfe'nin Yahudi olduğunu İsrail'e aldıkları takdirde, ne gibi avantajı olabileceğini sorduydu. Hahamlar, Yahudileri bir bir aradıklarını, Yahudi kökenli, ana tarafı Yahudi olanların İsrail'de bedava en yüksekokullarda okuma, kabiliyetlerine göre yükselme, en yüksek derecelere ayrılma, virtiözite özelliklerine kadar araştırılıp, bir büyük insan yetiş-

1 Bunu hayretle yeni öğrendim. Alışıyorum...

tirme amacı taşıdıklarını, seçme bir millet olduklarını, bütün Yahudilerin, en iyi eğitim şartlarıyla İsrail'de, Amerika'da eğitim gördüklerini, yardımlaşma ve her türlü sosyal kurumlarının, çok zengin imkânlarının bulunduğunu, amacın, dünyadaki bütün Yahudi anadan, kökenden gelenleri EN yüksek insan seviyesi ve zengin topluluk halinde birleştirmek olduğunu anlattı uzun uzun. Ama, politika başka... Bugün zengin İsrail, dünyada nefret uyandırıyor yaptığı mezalim yüzünden. İsrail halkı da politikacılara karşı maalesef istismar edilen de halk oluyor. İsrail ve Amerikan Politikacıların dümen suyundayız hepimiz, Allah iyilik göstersin...

Bana mektubunda "Yol"u gördüğünü ve beğenmediğini yazıyorsun... Bazı yönlerden haklısın (Kİ, sana ATİLLA DORSAY'ın kritiğini gönderiyorum) bazı yerlerde de haksızsın... Sana, Murat Belge'nin ve Atatürk'ün ölüm günü çıkan Bulvar gazetesinden bir parça ve Yılmaz Güney'in filmlerinde konu ettiği kendi aşiretlerinden bir grup'un aç kurt sürüleri gibi şehre indikleri, burada yiyecek, barınacak bulamadıklarının resmi ve gerçeğidir. Sanırsam benim gördüğüm, "Sürü" filmi bu konuda idi ve şaheser bir film, bir işleniş tarzı vardı (Onu da sen görmedin).

Sonra bizim dağılmış aileden Flaş haberler??? Sosyetik birini görüyorsun... Sonunda herkes tarafından tanındı. AHU Tuğba'nın resmini yaptı. Maçka Sanat galerisinde sergi açtığı halde, Ahu TUĞBA'dan dolayı MAKSİM -malum gazinodur şarkıcıların dansözlerin sahneye çıktığı -Maksim Sanat Galerisi diye özellikle yazmışlar... Gazetecilerin azizliği, doğrusu bazı güzel resimleri vardı. O'ndan bahseden yazı da, gene Sanat dergisinde (sana postalıyorum onun içinde o yazı da). Bu sergiden sonra çok içip şişmanladı, sonra da kanı zehirlendi, sıhhati içkiden ötürü pek iyi değil...

Edebiyat meselelerine gelince: Kitap 50 adet Marmara ETAP OTELİ'NİN LOBİSİNDE sergilendi... ve bitti. Önümüzdeki hafta piyasaya çıkıyormuş kat'i olarak... Ben de o kitap fuarından 4 tanecik alabildim. Sana, Sarkis'e ve Zürich'e E. ağabeyine gönderiyorum. Dün akşam gece saat üçte telefon çaldı. Sen arıyorsun sandım, baktım bizim E, Kitabımın çıktığını duymuş taa Zürich'ten... Tek bir tane Güzin Dino'ya model olarak basıp, göndermişler Güzin Dino'nun arzusu üzerine Paris'e. Bundan tam bir ay evvel herhalde o tek kitabın çıktığı dedikodusu olmuş, E. eski kulağı deliklerdendir. Geçen Mart'ta da gene benim kitabın çıktığını duymuş. Uçağa atladığı gibi İstanbul'a inmiş, doğru bana geldi... Benim gölgem gibi bir şey... O'nu erkek olarak görsem, bana âşık diyeceğim, ama, erkek pozunda benden fazla kadın. Bütün bohçalarımı falan o yapar, giyilecek, atılacak elbiselerimi o elden geçirirdi, perdelerimi o takardı, yemeğimi (nefis alafranga yemekler) o yapardı. Senin de hatırlayacağın gibi sevabıyla günahıyla sadık bir dost... Ancak benim yazdıklarımı ezbere okuyan tek insan da o... Her hikâyemi ezbere bilir... Taklit de ederek acayip uzun mu uzun öyküler yazar bana ve sarhoş olunca herkese okurdu... "Yahu bunlar Sevim'in lafları" diyecek olanlara "Artık o kadar olur, O'nun en yakın arkadaşıyım" dermiş. Bana da dedi... Neyse, şimdi tam yerini buldu... En son gitmeden, Bodrum'da o şaheser Otel'i "GÖLKÖY'DE" işletiyordu, fakat sonunda çok coşkunluklar yaptığı için orasını kapatmak ve Almanya'ya gitmek (iş bulmak için) zorunda kaldı... Yaptığı işler de biliyorsun en incesinden kadın işleridir. Elbiseye pul dikmek, pasta pişirmek, gardırop temizliği, çarşı pazar işi, ev yerleştirmek, en başta da "DANS ETMEK GELİR". Nefis dans eder, Fred Astair hiç kalır. Ayrıca bizim Sulukule ekibindekilerle de alaturka omuz titretir... Neyse çocukluğundan beri tanışırız... Sen Anadolu Hisarı'ndaki evde küçükken beraber yemek pişirip dans ettiğinizi, evin içindeki havuza atladığını (düştüğünü) hatırlamıyor musun? Sonradan o evin içindeki denize odalardan çok kişi düştü ya... Ne günler... Bizim mutfakla yatak odasının ortası denizdi... Arkadaşlar, misafirler bahçe kapısından değil. Bebek'ten motorla, denizden gelir evin içine girerlerdi motorla... Üst katta da bahçe teras vardı. Sen yeşil fasulye ayıklardın (7 yaşında elinde bıçak fasulye ayıklarken resmin bile var, Feridun ağabeyin çekmişti). Neyse, o güzel günleri de geçelim... Karacacığım, baktım ki gene hatıralara daldım.

Eskiden Işık Lisesinde Edebiyat hocası olan bir öğretmen hanım Adam yayıncılığa telefon edip altını üstüne getiriyor ki "İlle ben Sahibinin Sesi yazarının ilan ettiğiniz Afrika Dansı yahut YANIK SARAYLAR'ını İSTERİM" DİYE TUTTURUYOR... ADAM'dan da İnci Hanım benim ev telefonumu veriyor. Kadın üç gün evvel bana telefon ediyor ve benimle tanışmak istiyor. Ben de bizim evden bende kalan "Yanık Saraylar"dan bir tane götürüp ADAM yayıncılığa bırakıyorum... Üstüne de kadının ismini yazıp, TABİİ, tam tarih söyleyememekle beraber kitabın öbür kitapla (İşte Baş İşte Gövde İşte Kanatlar piyesiyle) birlikte ilerideki bir tarihte basılacağını söylüyorlar... 6 ay önce benden almışlardı. O zaman daha işe yeni başlamışlardı. Şimdi işi çok büyüttüler, yüzlerce eleman seferber olmuş, onlarca kitap çıkarıyorlar, yeni kitap almıyorlar, 1983-84'e kadar dolu diyorlar. Ama benim için böyle bir kural yok, özellikle ROMAN bekliyorlar benden... Fakat kitabın yarısını geçtiğim halde, bu başımdan geçen Banker meselesinden sonra kendimi toparladım zorlukla. Kuzguncuk'un havasıyla iyileştim. Fakat sigaraya başladım. Şimdi Kuzguncuk'tan geleli beri sigarayı bıraktım. Bu da kafamı toparlayamamamın sebeplerinden biraz... Çünkü bir sigara yakıp dertleri unutuyorum sanıyordum. Bu kez kalbime dokundu. Şimdi de sinirlerimin düzelmesi ile tekrar çalışmaya oturdum. Nebahat'i de çağırdım ama, yeniden o roman havasına girmek için adeta efor sarf ediyorum... Masanın başından gece gündüz kalkmamam lazım konsantre olduktan sonra. Kitabımın Foto Febüs ve Bir

Gece Yemeği'nin okuma şeklini yazıp gönderirim, aksi halde bilmece çözer gibi. Üstelik ikisinde de üsluplar ayrı, aynı değil, ayrı. O bakımdan kıymetli vaktini geçirme, ben sana bir dahaki sefere yollarım. İsteyerek değil, fakat zor bir çalışma oldu. Kimsenin de kolay kolay doğru yorumlayacağını sanmıyorum ve de beklemiyorum. Yalnız sana şu kadar ipucu vereyim ki, iki ayrı şeyi bir arada yazdım... Bunu açıklamak bile kafi değil. Foto Febüs'te, eski zaman fotoğrafçısı Foto Süreyya ve Foto Febüs'ü ve eski davranışları yükselten, Bağdat Caddesi'ndeki arabayla evlenmeye giden gençliği kınayan bir eski zaman kadınının -eski nikahlar, nikah fotoğrafları ve genç nikahlılar hakkındaki görüşleri- nikah resimlerini bir anlamda, eldivenler altında saklanan, vahşi hayvan, atmaca gibi kuşların tırnaklarına ve tavuskuşu tüyleriyle birbirine girecek bir erkekle bir kadın olarak yorumluyor. Bu nikah fotoğraflarının altında yatan gerçeği-bunu da eski fotoğraflarda Süreyya gibi görebilirmişiz ancak... İkinci öykü cümle cümle (şaşırtmacalı cümleler) sana Bodrum'dan Nazım'ın karısının (adını şimdi unuttum) sana Bodrum'dan yazdığı mektup Denizi PEŞLERİNE TAKILANLARI NASIL EKTİKLERİNİ ANLATTYORDU. O mektubu kullandım. Denizin adı anlaşılmasın diye Koparan diye geçiyor. Kızın adını da Banu'ya çevirdim... Kimse anlamasın, bu nikah mektubundaki olayları diye... Oysa anlamak şöyle dursun, şimdi sana anlattığım gibi açıklasam bile anlaşılması güç oldu... Çünkü o ihtiyar kadının düşünceleriyle karmakarışık bir olay örgüsü var... İhtiyar kadının anlatımı da pek katmerli onun için çok zor fakat o derece güzel bir öykü... Hadi HOŞÇAKAL SEVGİLİ OĞLUM. Bunları göndermek için zarf arayacağım daha Bağdat caddesine çıkıp... Şimdilik yanaklarından öperim... Çok özledim. YEŞİL KART ALINCA GELEBİLECEKSİN İNŞALLAH. Çok sevgiler Oyayı da öperim.

Sevgiler sevgiler mektup yaz, telefonda çok şey unutuluyor heyecandan...

Annen

NOT: Biliyorsun en büyük eserim olacağını ümit ettiğim romanı FORD MACH I'I SANA İTHAF EDECEĞİM. ÇÜNKÜ O KİTAPTA SEN VARSIN... İnşallah bu kış biter.

Not: Oyaya söyle KREMLERİM BİTTİ. Aspirin de.

9 Aralık 1982 Çarşamba
Erenköy

Canım Karacam,

Senden, bugün de bankadan para geldiği mektubu aldım. 11 bin 800 geldi diye yazıyor. Bana, sanki sen elinle yazmışsın gibi geldi. Bilemezsin nasıl sevindim. Yakıt parasını 10 gün sonraya atlatmıştım. Karacacığım, sana yazamayacağım, bir sürü işlerle -hayatın getirdiği dertler demek lazım- uğraştım, Kuzguncuk'tan geldikten beri uğraşıyorum. Elfe'yi babasından geri almak için (velayeti onda) mahkemeler sürüyor. Bu arada hayat birden pahalılaştı, on misli yükseldi her şey. Ben, ev mev alalım derken doğru dürüst geçinilemeyecek bir duruma girildi. Seni daha fazla teferruatla üzmek istemem eminim bitti bile... Senin gönderdiklerin çok iyi ve zamanında yetişiyor, ilaç gibi... Geçen sefer de -bir ay evvel- senin gönderdiğin 8 bin küsur parayı da aldım ve çok lazım olan bir borca verdim, rahatladım. Sana nasıl teşekkür edeceğim bilmem ki? Evladımsın ama gene de senden çok memnunum. Beni hiç üzmedin ve üzmüyorsun. Yalnız şu aralarda biraz sıkılıp üzülüyorum, hiç mektubun gelmedi. Para gelince senden mektup gelmiş gibi olduğunu da söylemeliyim. Telefonu açıp da çok iyi bir haber vermedikten sonra neye yarar, seni masrafa sokmak diyorum. Onun için roman bitmeden telefon açmayayım diye kendi kendime düşündüm, pek aptalca bir şey. Çünkü roman çalışmam hâlâ sürüyor ve de Nebahat 15 gündür bende. Erenköy'de daktilo kısımlarını temize çekiyor. Senin araba ile ilgili mektubundaki şeyleri otomobil markalarını ve yarışları aynen aldım. Çok çok güzel yazmışsın. Canım yavrum, sana asıl istediğim mektup değil bu. Bundan sonra uzun boylu, enine boyuna mektup yazacağım, yılbaşından hemen sonra. Sabrın varsa okumaya, her şeyi teferruatlı yazacağım, söz veriyorum. O zamana kadar bazı şeyler düzelir. Seni Oya ile birlikte düşünüyorum. Ne yapıyorsunuz? Başkalarına uyup çocuklar gibi münakaşa etmeyin. Birbirinize dayanarak ayakta duruyorsunuz. Herkes böyle olmak zorundadır, unutmayın... Oyaya da yazmak istedim olmadı. Benim kendi yalnızlığım, durmadan ayakta kalmaya çalışmak, bir genç kızla beraber, hem güzel hem de çok zor... İstanbul yaşanır olmaktan çıktı. Sadece milyonerlere hitap eden bir şehir, çoktandır bunları düşünmüyorum. Sana tekrar yazayım -romanla uğraşıyorum- bir kitap oluyor, roman değil. Benim telefonum olmadığından arayamadılar. Ben de roman bitmedi diye haber veremediğim için şu Nazar Büyüm (yayınevi sahibi) piyeslerimi ve Yanık Saraylar'ın ikinci baskısını yayınlayacak mı? Bugün telefon etmek istiyorum. Belki, bu işin bu kadar ağır gitmesini aklım almıyor. Bunun bir hayat savaşı olduğunu unutma. Bu kadar. Yıllar sonra kazanıp kaybetme savaşı haline geldi benim için. Cevat Çapana selam söyle, görüyor musun? Mümkünse dostluğunuzu kaybetmeyin. Ben Kuzguncuk'tan geldikten sonra gene bir okul, yaşama savaşı içine girdim. Sağlığım bozulmadı. 5 aylık yalı tatili bana iyi geldi. Sana bundan bir buçuk ay önce bir mektup yazmıştım aldım mı? Herhalde aldın. Kornan Abay'a senden beklediği ilgiyi -mektup gönderdin mi? Ben onlardan elli bini aldıktan sonra bir daha görmedim. Her şey -sokağa İstanbul'a inmem, birkaç kişiyi görmek- artık romanın bitmesine bağlı gibi. Emin ol bu zor. Hayat şartlarında ve bazı meseleler arasında daha fazlası olamaz. Bütün mesele bu kış sezonunda benim bu kitabı bitirmem. Ne yapalım Karaca, sana daha uzun yazdığımda ne kadar zor zamanlar geçtiğini birtakım engellerle karşılaştığımızı anlayacaksın. Bunları atlatıyoruz. Hep senin varlığın Elfe'yi de, beni de kurtarıyor. Psikolojikman ve gerçekten Oya ile durumunuzu merak ediyorum. Bana yaz lütfen.

Karacacığım, şimdi İstanbul'a gidip bazı meselelerle uğraşacağım. Nebahat (daktilo) 15 gündür bende kalıyor temize çekiyor. Daha kalacak bitene kadar. Sana çok sevgilerini gönderiyor. Ben sana bu mektubu yılbaşından evvel, birbirimiz düşünelim, hatırlayalım diye acele yazdım. Yılbaşı kartı olarak kabul et. Asıl da gönderdiğin paraların tam zamanında geldiğini ve bizi bazı meselelerden kurtardığını yazmak için teşekkür etmiyorum, "Teşekküre değmez" diye mektubunda yazmışsın... Sana yazdım. Evet bankadan gönderdiğin iki kere; bir 10 bin ve şimdi 11 bin 800 TL aldım. Hayatımızın bir kısmı neşelendi. Sağ ol. Bugünlerde vaziyet biraz kritik. Canım evladım, Oya'ya da sevgilerimi söyle. Yazsın bana. Mahkemeler, şahitler çok güzel konuştu, iyi gidiyor. Elfe için velayetini inşallah koparacağım. Zaten benden hiç ayrılmadı ki. Ben boşanırken Hastanede olduğum için ölüm falan gibi gerçekçi düşüncelerle kızının velayetini Ömer'e bırakmıştım. Karaca ben, küçük dalgınlıklar, ufak yangın başlangıçları -süt taşmaları- yemek yanmaları arasında bir şey düşünmeye ve yazmaya devam ediyorum. Seni çok özledim, ne olacak ne zaman görüşeceğiz? Yaza İstanbul'a gelecek misin? Yoksa bütün bütüne orada mı kalmak gerek? Ben seni dinliyorum ve yakında iyi cevaplarını bekliyorum sana başarılar ve sevgi dolu yeni yıllar. Oya'ya da mutluluklar dilerim. Birlikte, inşallah hep birlikte oluruz. Lütfen bu acele sıkıştırılmış satırları, bir mektup kabul etme, sadece gönderdiğin paraları aldım demek içindi, çok uzattım.

Annen Sevim Burak

Elfe çok çalışıyor. Sana sevgilerini ve saygılarını gönderiyor. Yılbaşında herhalde gene Elfe'yle ben yalnız olacağız 8-10 yıldır hep böyle. Ne zaman birlikte olacağız.

22 Aralık 1982

Karacacığım,

Söyle ben ne yapayım? Lütfen, bana söyle, bu paralarla? Ayda 100 bin gibi ancak masraf, yiyecek parasına yetiyor. Kendimi yiyecekten sıkarsam aldığım yaptığım antikalar elime kalıyor. O bana gönderdiğin toptan paralar benim bu evdeki eşyaları almama yardım etti. Çok teşekkür ederim.

Ablam bu gün gelmiş, sana yazdığı mektubu gönderiyorum. Aynen dediği gibi -YALNIZ- ben çocuk değilim. Tabii Romanı bitirebilmek için bugün sahaflar çarşısından 6 bin liralık Türk deyimleri ve din açıklamalı kitaplar aldım. Romanı dindar bir kadının ağzından vecizelerle yazacağım... Ford Mach I böyle bitecek. Adam Yayıncılık ansiklopedi ve film getirtme işlerine girişti, işi çığırından çıkararak büyüdü. Şimdi kısıtlıyor. Belki şartlarımı kabul etmez. Sen farklısın... YANIK SARAYLAR'I GENÇLİK BEKLİYOR... Müthiş telefonlar alıyorum gençlerden. Bir öğretmen kadın beni yemeğe davet etti Hilton'a. Bir gemici, kumandanmış, telefon edip beni tebrik etti. Pusulalar ve gemicilik ve seyahatleri hakkında bana bilgiler vermek istiyor. Hakkı Ustayla her gün telefonda eşyalar hakkında konuşmayı tercih ediyorum. Çok yalnızım. En sonunda bu eşyaları yazacağım. Mach I'ı ölmeden bitirebilsem! Jules Verne'nin Denizler Altında 20 bin Fersah adlı kitabının James Mason tarafından çevrilen filmi NATİLİUS adlı gemisini ve KAPTAN NEMO'YU yazacağım. James Masonla, Natilius denizaltısı arasında bir aşk hikâyesi olacak. Hayali bir şey. Port

(?) adalarına falan ineceğiz, matrak bir şey, bir çift olacağız. Sonra Din kitaplarından yararlanacağım ASLAN ÇALIŞMAM BAŞLIYACAK. AÇIKLAMALI KUR'AN KİTABI ALDIM.

KARACA YAZ BANA. ÇOK AKILLANMIŞSIN. Amerika seni eğitmiş, haklarını korumayı öğrenmişsin. Bana da öğretiyorsun. Teşekkür ederim. Sana kontratı gönderiyorum. Seni dinliyorum. Sana haber vermeden kontrat imzalamam.

İstanbul Devlet balesinden benim adıma "Sevim Burak'ın öyküsü" adlı bir modern dans teklifi aldım NASUH BARIN cümleleri levhalara yazarak yapacak. SARKIS'E, MEHMET FUAT'A, CEVAT'A YILBAŞI TEBRİĞİ YAZ.

Enis'i gördüm Ara Güler'in yanında fotoğraf çalışıyor. Denizin saçları dökülmüş.

"Foto Febüs" Gaye ve Nazım'ın sana Bodrum'dan gönderdiği mektupta. Çok zor bir çalışma... Anlayabildin mi?

Sevgiler Annen.

11 OCAK 1983

Sevgili Oğlum,

Senin o dahiyane ilanın burada pek çok yankı yaptı[1] Telefonda sana Milliyet Sanat, Hürriyet Sanat rekabetinden ötürü, bana Hürriyet San'at'ın çıkardığı "GÖSTERİ" dergisi ki (Bir cemile ve ADAM yayınlarına ve Milliyet San'at'a poz atmak, gözdağı, vermek için, benim için bir küçük ilan vermişlerdi bu sayıda) Onlar da bu işe bizden önce Milliyet Sanat mı girdi? Bu kadar büyük ilan verdiğine göre bu bizimle yarışıyor diye düşünerek bana telefon edip, Milliyetten bunu öğrenmemi istediler. Ben de öğrendim. "BİR İLAN" olduğunu söylediklerini ve ne kendilerinin tarafından ne de Adam Yayınları tarafından verilmediğini SEVİM BURAK için bir hayranı tarafından (isim vermiyorlar, isimsiz) bu ilanın dergilerine verildiğini -onların da isim vermek -ilanı verenin adını vermek prensiplerine uymadıklarını (aynen şöyle dedi Atilla AKAL; Bize gelen ilan hakkında kimseye bilgi vermemek gazeteciliğimizin şanındandır) Ben bunları Gösteri dergisinin müdürü SALİM Alpaslan'a (Tabii beni asıl başta tutan ve takdim eden eski bir arkadaşım olan DOĞAN HIZLAN'dı) senin anlayacağın, tatmin olmadılar. Bütün görüşler, Adam Yayınları'nın üstünde toplandı. En büyük tepki'yi maalesef,

---

1 1982'de annemin kitabının çıkması beni çok heyecanlandırmıştı. Uzaktaydım, sevincini somut olarak paylaşamıyordum. Böyle bir sürpriz yapmayı düşündüm. Hazırladığım ilanı Ali Poyrazoğlu'na gönderdim, o yayınlattı. Yalnızca, anneme sürpriz yapmak istemiştim. Mektuplarda, bu ilanın yol açtığı tepkileri okuyacaksınız.

üzülerek yazıyorum, çünkü daha bu yılbaşı gecesi "Ben senin benden ayrıldıktan sonra yazı yazamayacağını sanmıştım, özür diliyorum, sen çok büyüksün, fakat, ben de iyi ressamım," diyerek, barışmak isteyen, ELFE'nin adına Büyük Ada'da bir çatı katı aldığını anlatan "İlle de, yaza Büyük Ada'ya gidin, karşılıklı olalım, birbirimizi görelim" diye tutturan Ömer, bu hafta PARİS'E UÇUYOR. HAZİRAN'A KADAR. Cebinde Milliyet San'at dergisi dolaşarak, çevre'ye gösteriş yapıyormuş bir yandan da ELFE'YE: Kim yaptı bu işi diye ağzını arıyormuş. Başta, Adam Yayınları'ndan kuşkusu yokmuş. Sonra ne işittiyse doğru bir şey öğrenememiş bana telefonu açıp: "HANGİ KİTAPÇIYLA ANLAŞTIN?" diye sordu. Ben de Milliyet San'at'a telefon açıp sor, diyince "APTAL, O İLANI BEN VERDİM EŞŞOĞLU EŞEK" diye iltifat etti. Tam cevabın sırasıydı "Allah senden razı olsun, demek yıllarca beni kıskanmanı itiraf etmen doğru değilmiş. Artık sen bunu etrafa da anlat" dedim. "Ne anlatacakmışım sen anlat ve küçül" demez mi?.. Giderayak gözü arkada kaldı.

Karacacığım. Bana Cevat Çapan'a yazdığın son derece ölçülü, son derecede dürüst ve efendi mektubunun kopyası geldi. Benim için -bir yazar anne- olarak son derece ilginç. Ama, benim gibi bir yazarın Türkiye'de yıllardır bazı başka -gerici-kıskanç hepsi öyle gibi karalanmak istendiğimi biliyorsun. Cevat Çapan, bunların içlerinde en has'ı, en dürüstleriydi. Ömer ağabeyinin en iyi de arkadaşı olmasına rağmen (Robert Kolej'den bu yana) ve benim Adam Yayınları'na vermemi O, Amerika'ya giderken sağlamıştı. Adam Yayınları için "Al tepe tepe kullan" tabirini kullanmıştı. Bugün Türkiye'deki ekonomi krizleri çok büyük boyutlara ulaşmada. Hâlâ Adam, kitaptan ziyade işi ticarete döktü gibi geliyor bana? Bir ses seda çıkmadı daha. Zaten sen bana ilk telefon ettiğinde ben Nazar Büyüm'e durumu söyleyip, senin dediğince "Şubat'a kadar Yanık Saraylar ve İŞTE BAŞ İŞTE GÖVDE İŞTE KANAT-

LAR OYUNU'nu basmazsanız Yanık Saraylar'ı ve Oyunumu geri almak istiyorum efendim" demiştim, o da, gayet ciddi "Programa bakıp size bildiririm" demişti... Tabii ne programı. Adam Yayınları için, "İşi çok geniş tuttu, şimdi ayda iki kitap ancak çıkarabilir" diyorlar aldığım istihbarata göre. Bütün yayınevleri içinde yüzde 15 o veriyordu, diğerleri yüzde 12,5 veriyorlardı. Ama şartlarını bilemem. Daha, SAHİBİNİN SESİ KONTRATI İÇİN PROTESTO çekmedim. Senden, daha doğrusu CEVAT abiden cevabı bekliyorum. Artık cevabı ondan alacağız. Ve sanırım ki, bazı hesaplara Yanık Saraylar'ı feda etmek zorunda kalacaklar. KOCA İLANA RAĞMEN. Yalnız tabii bir şeyi bilmiyorlar; O da benim sana yaptığım SÜRPRİZİ. ALTTA KALANIN CANI ÇIKSIN dediğin gibi, O DA BENİM SABAHATTİN ALİ ÖYKÜ YARIŞMASINA GİRDİĞİMİ VE YÜZDE 95'LE BU MÜSABAKAYI KAZANACAĞIMI. Yanık Saraylar'ın revanşını alacağım. 17 yıllık bir haksızlık bu. Yanık Saraylar'ın revanşını OĞLUMA ... diye ithaf ettiğim "PALYAÇO RUŞEN" alacak. Cem yayınları ben kazanınca "PALYAÇO RUŞEN'İN kitabını basacak. O zaman bu Ülkede San'at yapılabilir olacak. Bu kanıtlanacak. İleriye doğru gidilmeyi tıkayan entelektüeller ağızlarının payını almış olacaklar. Bu eser Palyaço Ruşen olabilir. Bunu da kapatmaya sadece gizli övgülerle kulaktan kulağa konuşmaya, fısıltıyla... kimse, halk... okuyucu duymasın diye... O zaman benim için piliyi pırtıyı toplayıp sana mı gelmek olur yoksa, sağlığıma önem vererek kendi canıma mı sarılmak, Hastane doktor kontrollerine koşmak mı olur?.. Bilmiyorum... Çünkü ben de senin gibi inatçıyım sağlığıma mal olsa bile, tam bir ay sabahları 6.30'da yattım ve iki saat uykuyla çalıştım ki KONSANTRE OLDUĞUM KONUYU KAÇI RM AYAYI M DİYE. HATTA PALYAÇO RUŞEN'İ GEÇİP FORD MACH I BİLE YAZMIŞIM. O KADAR HIZLA DÜŞÜNMÜŞÜM VE DE NEBAHAT TEYZENİN PARMAKLARI BUNA YETİŞE-

REK, BİZ İKİ TANE BİRDEN (Tersi ve yüzü) gibi iki yüzlü -iki tarafta elli -ve iki taraflı düşünen bir PALYAÇO RUŞEN yazmışız. Birini ikincisinden zorlukla ayırarak numaraladım ve hazırda bekliyor şimdi.

PALYAÇO RUŞEN 2. NASIL, BEĞENDİN Mİ? DEMEK ANNEN SAĞLIĞINI DÜŞÜNMEZSE BİR AYDA BİR BÜYÜK ESER ÇIKARABİLİYOR. Tabii ki burada Nebahat teyzenin makinesinin durmadan sabahlara kadar çalıştığını -aynı müsfette yaparmışçasına- YAZ BOZ, ÇÖP KUTUSUNA AT, YENİ KÂĞIT AL, BİR YANDAN YENİ KASET KOY. MÜZİK DE EŞLİK EDİYOR işte böyle bir çalışma... Ayrıca Ford I'da sırada bekliyor. Palyaço Ruşen Ford Mach I'ın içinden çıkan teferruattı. Fakat ben bunu öykü yapmaya kalkınca, gece gündüz, çalışmaya başlayınca büyük boyutlara -ROMAN BOYUTUNA- ulaştı. Bu denli yorucu bir çalışma her zaman yapılabilse, ama yapılamıyor. Hem insanın sıhhati elvermez hem de, kadın olduğum için sorumlu müdür gibi her şeyi bir yana bırakamıyorum. Erkek olmalıymışım. Onlar evde oturup sadece yazıyor, başka sorumluluk almıyorlar. Kadın alışverişe gidiyor. Yemek pişiriyor, çocuklara bakıyor, adama tepsiyle yemeğini götürüyor. Gerçekten de yemek yiyecek kadar bir zaman ve düşünce kalmıyor. Konsantrasyona girince, yazmaya başlayınca... Sakatsın, körsün, topalsın, aptalsın, sağırsın DIŞARIYA KARŞI. Yalnız içinden görebilirsin kendini ve asıl konsantre olduğun kargacık burgacık diziler -laf dizileri- bir daktilo üstünde geçer, sonra kesip alt alta üst üste yapıştırır, eğilir bükülürsün yerlere halıların üstünde fal açar gibi yan yana getirirsin tutmaz tutmaz, yani fal açılmaz. Ev dar gelir. Öbür odaya koşarsın. Elfe'yle çarpışırsın hadi o kitaplarını kaldırır derslerini toplar yatak odasına gider. Bu kez bana karşı oda da yetişmez. Fal açılmaz. Hadi ben paramparça kâğıtlarımı alıp bu sefer Elfe'nin son durağı yatak odasına giderim orada o toplanmaz. Çünkü çalışacak bir yer kalmamıştır. 1,30 metrekarelik ev küçük gelir... Ben Elfe yatsa da daha yayılsam diye gözünün içine bakarım. Elfe yatar ben daha da yayılırım. Sabaha kadar odalarda montaj -fal açmak- sürer. Nihayet falın bir yerinde yakalarım aradığımı, haydi her şey ona göre yeniden yazılır. Bundan önce kurduğum biçim bozulur, iğneleri bir bir sökerim, başkalarını iğnelerim... Nebahat de yeni yeni kâğıtlar (lüle lüle saç lülesi gibi kâğıtlar) kor daktilosuna. Başka saç lüleleri üreterek. Palyaço Ruşen biter- İşte bütün öbürküler - Afrika Dansı - Yanık Saraylar (Yanık Saraylar'da uyartıcı hap da kullanmıştım. Gençtim o zaman) böyle, çıktı, hep yeni, kâğıtlar, eski biçimler dönüşerek... Bir devri daim işidir yazmak, boyuna kelimeler ve sen yer değiştireceksin. İlerde, imkân olursa bomboş bir ev, dümdüz düşünüyorum. Git gidebildiğin kadar, yazarak açıl denizlere... Burada kendi doldurduğum sevdiğim eşyaları bile görmez oldum... Karacacığım, Serko'nun bana yazdığı mektup çok kıymetli, maalesef, bana gönderdiği o kadın -kafasını Sanat için yıllardır türlü şekillere soktuğu- çalıştığı o manken kafasını, sana göndermeyi unutmuşum onu da bu mektubun içine koyuyorum. Böylece daha sana göndermeyi unuttuğum neler var diye düşünüyorum. Mesela, öykülerin içinde de oluyor düzeltmelerini yapacağım şeyleri unutup Jüriye verdim. Mesela araba isimleri yanlış yazılmış- GOUGAR mı, COUGAR mı? hâlâ bilmiyorum. Cougar yazdım öyle gitti. Şimdi doğru hangisiydi diye aklıma geliyor. Lisan bilmemezlik bir eksiklik ama, benim için -asıl eksiklik- ARAPÇAYI Farsiceyi bilmemekliğim. Nefis bir zenginlikte dil ve kaynak benim için... (okunmuyor-y.n.)

'Yok olup gitmekten söz eden felsefeler, sonunda hep böyle en son imkânmış gibi görünen bir 'yaşam'a dönüşerek trajikliklerini kaybederler, tabileşirler... Çünkü hayat dediğimiz şey, ölüme doğru götüren olaylar silsilesidir.'

18 OCAK 83 Everest

Oğlum, canım Karacam,

Sana söylediğim şeyleri Ali Poyrazoğlu'na söyleyebilir, O'nu da panik içine sokabilirdim. Gayet kararlı "bir iki gün sonra her şey yavaşlar, mesele kendi kendine kapanır" dedin... Bu sözler bende bir iyileştirici tesir yaptı, iyileştim. Murat Belge, Atilla Akal -daha büyük bir ihtimalle Zeynep ORAL- ilan verildiği tarihte Avrupa'daydı Murat'ın bana telefon ettiği gün dönmüş. Ve Murat Belge Cumhuriyet Gazetesi'nden ayrılmış, şimdi Zeynep Oral'ın Sorumlu Müdürü olduğu Milliyet San'at'a geçmiş. Bir ihtimalle, Murat Belge'ye, efkarı umumiye'ye "Bu ilanı Oğlum Karaca Borar vermiştir ona teşekkür eder açıklarım" dememi istiyor?.. Çünkü Atilla Akal çok duygulanmış. Ali'ye de bana da "Her şey gizli kalacak size gazeteci sözü verdim" demiş bulunuyordu... Benim bu şekilde Oğluma ilan verdiği için teşekkür ederek durumu aydınlatmam, herhalde Zeynep Oral tarafından isteniyor. O Milliyet San'at Dergisi'nin belli baskı gurupları var. Böyle "En Büyük San'at Olayı" diye nasıl basarsınız? Açıklayın demişler de olabilir. Sadece Atilla Akal Murat Belge'yi araya sokarak benim küçük de olsa açıklama yapmamı istiyor. Ali'ye "Sen bu adamı tanıyor musun? Ne yapmayı önerirsin? Karaca böyle diyor, sen ne diyorsun?" diye sordum. "Puştlar... Bir ilan daha alıp para mı kazanmak istiyorlar? Peze...ler... Meyhanede hep bu ilanı konuşacaklarına kitabı okusunlar. Neye kızmış bu Murat'ın anlattığı herifler?" Ben: İlan çok büyük, SEVİM BURAK ADI DA ÇOK BÜYÜK olduğu için galiba, diye cevap verdim

Ali'ye. Ali de "Pe....ler büyüğünü yazamıyorlarsa küçüğünü yazsınlar.. Sıkıysa senin gibi yazsınlar. Çok bok yemesinler. İsteyen istediğini söylesin, Karaca haklı. Hiç aldırma bu alkolik bilmem nelere... Seni kıskanıyorlar... Bilmemnemden aşağı kasımpaşa..." "Beni yiyecekler. Yanık Saraylar'dan beri düşmanlar, beni gene yemeğe kalkacaklar" dedim sadece... "Sen büyük yazarsın kızım, gö..mü yesinler onlar benim. Senin de kafanı yesinler, kolunu yesinler, bacağını yesinler, ama senin gibi yazamayacaklar. Seni bilen biliyor. Bilenler de zaten senin eserlerini bekliyorlar. Hiç üstünde bile durma. Üzme tatlı canını" dedi. Birbirimize başarılar dileyerek telefonu kapattık.

Karacacığım, sana bir daha hezeyana düştüğüm zaman asla telefon açmayacağım. Tekrar özür diliyorum ama uzun uykusuzluklardan sonra gelen bir korkulu bir rüyaydı. Fakat, hep içimde bir sevinç var yazabiliyorum diye. Düşün 1 ay uykusuzluktan sonra hastalanmadım. Sadece hafif bir grip geçiriyorum. Her ay 1 milyon 500 miligram PENADUR, Penisilin iğnesi yiyorum. Bu kalbim için. Ateşli hastalık geçirmeyeyim diye. Afrika Dansı'nda biliyorsun, okudun. En son Hastane. O güneylilerin ayaklarını altına alıp oturdukları benim kateter olduğum son bölüm-Son Hastane (HASEKİ -İKİNCİ KAT KALP VE DAMAR HASTALIKLARI YOĞUN BAKIM SERVİSİYDİ- Hani şu Flamingo Yolunu izlediğim, yatak arkadaşım kadının beyaz televizyonu falan, hepsi gerçekti) Tıp terimlerinin olduğu parçalar da benim sana bir iki yıl önce gönderdiğim KATATER RAPORU -bir anlamda Epikriz kâğıdı da sayılabilir- O kâğıdı gösterince ne bok olduğunu anlıyorlar her yerde. Yani doktorlar tabii. Benim sana gönderdiğimde, yani benim katater raporumda AORT YETMEZLİĞİ TESBİT EDİLDİ. AORT YETERSİZLİĞİ OLDUĞUNU bu kış anladım. Katiyen soğuk havada yürüyemiyorum. Kalbime baskı geliyor ayaklarım tutmuyor. Yere oturuveriyorum. Bacaklarımda kasılmalar, kramplar, çekilmeler... Bu kış sokağa çıktığımda, derhal geri dönüyorum. Soğuk havaya, hele yokuş ve merdiven hiç çıkamıyorum Hastaneden çok korkuyorum. Zaten korkumdan o hikâyeyi yazdım.

Son Haseki'ye gittiğimde, üç ay oldu. O kadar korktum ki röntgen filan çektirirken doktorun karşısına çıkmadan, sıra beklerken kendi kendime ileri geri konuşmaya başladım. Elimde de doktora vermek üzere -bana daha iyi baksın diye- Sahibinin Sesi kitabım ve Gösteri dergisindeki resimli röportajım vardı. Yattığım Hastane yani Haseki de oluyorum kontrolümü. O koridorları, beni tanıyan hademelerin, hemşirelerin yanımdan geçtiğini, bana selam verdiğini gördükçe korkum daha arttı. Ya beni yatılsınlar hemen YA DA hemen baksınlar, buradan kaçıp gideyim gibi panikleştim. Röntgenimi çeken herifle "Niye daha vermiyorsun röntgenimi?" diye kavga ettim. O sıra, bu konuşmalarımı ve sinirli halimi beni tanıyan hemşirelerden biri doktora haber vermiş (Doktor da beni orada yattığım zamandan tanıyor) bir de ne göreyim, AYŞE HEMŞİRE elinde bir koca iğneyle bana yaklaşıyor ve beni idrar odasına alıyor ve kalçamdan yüksek dozda 15 mg. bir iğne yapıyor ve "Sevim Hanım, bunu doktorunuz emretti, şimdi iyileşeceksiniz. Emin olun kalp iğnesi değil sakinleştirici, çok sinirlisiniz başka bir şeyiniz yok" dedi. Sonra, beni doktorlar odasında yemeğe davet ettiler, ben kuzu gibi baş eğdim. Bana DİAZEM iğnesi yaptılar, karnımı doyurup eve gönderdiler. Röntgenlerime kan tahlillerime bakmışlar, iyiymiş. Çarpıntı yapan, beni hasta eden sinir bozukluğummuş. Eve gönderdiler. Aynı ilaçlara devam etmemi söylediler, gün aşırı LAS1X ve 100 Mg. ALDACTON HAPI ve DİGOXİN ve günde üç adet 10 Mg. Diazem hapı... Yani hep uykuda gezer gibi olacağım. Yüksek sesle konuşmayacağım, hareketlerim kısıtlı olacak. Nasıl yazı yazarım o uyku haplarıyla? Ben günde bir kez alıyorum bu da çarpıntımı geçiriyor ama heyecanımı geçirmiyor. Beni yazdıran şey de bu heyecan (Çok hafif bir kalp çarpıntısı zaten). Daima dikkatli ve heyecanlı bir halde yazmamla ortaya bir san at eseri çıkarabiliyorum. Yani sağlığıma ters düşen bu işi yaparken mutlu olabiliyorum. Uykulu mutsuzluk konsantre olamamak oluyor... Karacacığım, bu gibi terslikler her insanın hayatında var. Mutluluğu sağlığı bahasına elde etmiyor mu bütün akıllı insanlar? Bunu kabul etmek zorundayız. Bu belki doğuşumuzla bizim çizilmiş yolumuzdur. Sana acı veren şey seni mutluluğa ulaştırabilir. Başka türlüsüne aklım ermez -olmaz zaten- Basit insanlar için de bu böyledir. Her şeyin bir karşılığı vardır. Bunu bilmek hepimizi teselli etmeli. Benim bütün şansım yazarlık kabiliyetim ve duygululuğum.

Karaca bir haftadır, evden çıkamıyorum. Dehşetli soğuklar yapıyor. Onun için ben de ateşsiz grip oldum. Sen son telefonundan sonra, epeyi olumlu yönde haberler aldım Ankara'dan. Ankara'da benim kitap daha çok satmış ve çok hayranım varmış. MURATHAN MUNGAN diye genç ve tanınmış bir şair, oyun yazarı Ankara'dan telefonla tebrik etti ilanı. Herkes, Yanık Saraylar'ı soruyormuş ve bekliyormuş. Murathan "Nokta" diye çok önemli bir san'at dergisine 10 sayfa yazı yazmış Afrika Dansı için. Bu hafta çıkınca göndereceğim. Ayrıca, yıllardır, hiç bırakmadan yazı yazan BİLGE KARASU diye bir öykücü var. Bir Gece Yemeği ve Foto Febüs'de aynı yöntemi kullanmışız. Farklı olarak. Şöyle ki: Aynı anda iki şeyi anlatmak için satır atlıyor. Ben iki şeyi iki ayrı şeyi birlikte iç içe anlatabiliyorum. Teknik olarak da, içerik olarak da çok daha ustayım. O'nu kimse okumuyor hayranlarından başka. Çok yazık, o kadar uzun boylu bir dil çalışması içine girmiş, nerdeyse benim vardığım sonuca erişmiş. Tabii sonuç olarak ama, okunması çok güç, zor ve tatsız bir yazar, Mücevherlerle (Kelimelerle) bir kümes yapmaya benzer... Sana gönderiyorum. Yalnız bana karşın çok daha değişik duygusal açıdan -daha acıklı- çünkü tıpkı Ece Ayhan gibi kendi cinslerine âşık oluyormuş. Ama Ece Ayhan'da klinik bir olay, yüzeye çıkmış (hapse girip çıkmış). Bilge Karasu, san'atında çok duyarlı bu konuda. Ece Ayhan gibi eserlerinde bu duyguyu ortaya koyuyor. Genç çocuk. Renkli donla denize giren ve eski yalıya karşı renkli donunu çıkaran bir çocuk gibi... vb. vb... Tek duygulu yazar benim onların arasında. Kadın yazarlarda zaten hiç iş yok. Adalet Ağaoğlu falan, roman ödülü kazanmış İngilizce iyi bilen, İngilizce romanlardan yürüten bir yazar. Üstelik bir satır okunmuyor. Gelelim Benim ANKARA'DA tutunmama. Bu çok önemli. Çünkü Başkent. VE kozmopolit değil. Siyasi bir üst seviyeli şehir. Ankara'da tutuldun mu, Türkiye'yi yüreğinden yakalarsın demektir. Beni Murathan MUNGAN ANKARA'YA DAVET EDİYOR, İMZA merasimleri... San'at severlerin evleri... San'at kahveleri... Ankara'da çok daha hızlı ve kesiksiz bir san'at faaliyeti var. İstanbul'da, şöhretler, yaşlılar, sana çıkış vizesi vermiyor. Adeta yaş sırasına dizilmiş gibi. Ödül kazanmanın, başa yazılmanın, Türkiye'nin en iyi öykücüsü demenin de yaşı ve zamanı var... Ankara'da, gençler hâkim. Politikada olduğu gibi, Ortadoğu Üniversitesi, şu bu, Dergiler, kulis faaliyeti daha çok gençlerin elinde. Şimdi ben hiç değilse 10 yaş genç olacaktım. İstanbul'da bile... Koşturamıyorum. Eve insan çağırsam bir kereye mahsus kalıyor. Kalbim tutuyor ya da yoruluyorum... Ankara'ya nasıl giderim? Oysa gitseydim, beni gözleriyle görselerdi daha iyi olurdu. Şimdilik kaydıyla reddettim. "Ford Mach I'ı yazıyorum gelemem bitmeden" dedim... Resimlerimi istedi Murathan. Karaca öperim, şimdilik, bu kadar.

Karaca son dakika: ALİ ile KONUŞTUM, İstanbul'a iniyordum sana selam söyledi. Müthiş bir oyun koyuyormuş sahneye "İYİLİK" diye... Konu Nazilerden alınmış. Ne yapsa "İYİLİK" için oluyormuş "Tıpkı Türkiye'deki insanların yaptıkları iyilik gibi" dedi... Çok tutar burada herhalde. Provalara beni çağırdı. Önümüzdeki hafta provalara başlıyor gideceğim. Sevgiler... İlan çıkınca tekrar haber veririm. Bu işi sen başlattın. Aferin, galiba iyi bir iş yaptın. Ödülü de kazanırsak...

24 Ocak 1983

Sevgili Karacam,

Sana bugüne kadar (yeni yayın dönemimde) aldığım en iyi kritik'i BELGE'yi gönderiyorum. Doğan Hızlan "Karacaya gönder ona selamımdır" diyor... Evvelisi gün Cumhuriyetin "YAYIN RAPORU"nda çıktı. Bu yazı çıkar çıkmaz da telefonlar birbirini izledi. Malumları tarafından, yani bir bölüm köy yazarları ve beni görmezden gelen o siyasi yazarlar (daha çok memleketin gerçekleriyle uğraşanlar) sendikaları bile var. Bana telefon ederek röportaj yapacaklarını YAZKO için, bildirdiler. YAZKO daha ziyade, çoğunluğu toplayan büyük bir yazar topluluğunu oluşturuyor. Toplantılar falan. Ve üye oluyorsun. Ben, onlara bilmedikleri bir edebiyatı, söyleyeceğim, onların istediklerini değil. Zaten hepsi benim gibi bir yazarın karşısında ne söyleyeceklerini bilmiyorlar. Doğan Hızlanın son yazısı üzerine harekete geçerek bana kendi istedikleri yönde sahip çıkmaya kalktılar: Şöyle ki, bunların felsefecileri Ahmet Oktay... 25 yıldır tanışırız. Hıyar mı hıyar. Her boktan başka bir bok çıkarmaya alışmış. Telefonu açıp bana resmen: "Biz seni YANIK SARAYLAR'dan beri anlamış, yazmış değiliz, Türk yazarı ve toplumu daha Yanık Saraylar'ı anlamadı ki sen bir de tutmuş Afrika Dansı'nı çıkardın. Şimdi kenara çekil, artık onlar toplumun malı. Herkes onu istediği gibi yorumlayacak. O bizim malımız. Türkiye'nin gençliğinin malı. Artık senin söyleyebileceğin şeyler bizi ilgilendirmez... O'nu herkes, her genç kendine göre yorumlayıp düşünecek yazacak. Bize ders vermeyin." dedi.

Bu, Doğan Hızlan'ın yazısına gelen tepki asıl. Çünkü son günlerde şu ilan meselesinden herkes bir şeyler düşünüyordu benim için iyi veya kötü. Doğan'ın bütün bunları dört koldan izleyecek ve haberlerini alacak kadar kuvvetli bir kişiliği, arkasında 700 bin adet satan bir Hürriyet gazetesi var ve pozisyonu vardır. Yalnız bu pozisyonunu çok gizli, çok ustaca ve san'atçıya yardım eder biçimde kullanıyor. Bu da, öbürküleri, sola meyilli olanları diyelim, ki çoğunun hoşuna gitmiyor, kıskanıyorlar. Mesela bir ECE AYHAN var demesine BİR SEVİM BURAK VAR demeyi ekledi Doğan, ama bunu san'attan anladığı ve çok duyarlı ve vefalı olduğu için yapıyor. Para ve menfaatten önce sevdiği san atçılar etkiliyor o'nu. SAİT FAİK EDEBİYATINI SEVİM BURAK ÖLDÜRDÜ diye konuşuluyormuş Ankara'da ve İstanbul'da da gizli gizli. Karacacığım, heyecanlanmadan beklemeliyiz bu gizli hayranlıklar ve kıskançlıklar artık baş verdi çıban gibi patlıyor. Çok yakında patlayacak ve herkes benim tarafıma dönecek. Zaten içten içe öyle. Ancak bunu söyleyeni affetmiyorlar. Doğan Hızlan benim için yazılacak en iyi şeyi yazdı.

İlan milan istemez, o ilan onların canına ot tıkadı her şeye rağmen. Salah Birsel telefon etti, "Şu Cem yayınlarının üstlendiği Sabahattin Ali öykü müsabakasının sonucunu bekle. Kazanırsın, kazanmasan da senin kitabını Cem yayınevi basacaktır" diyor. "O zaman Adam Yayınları'yla daha rahat pazarlığa girersin Yanık Saraylar, İşte Baş İşte Gövde İşte Kanatlar, Palyaço Ruşen, Everest My Lord, bir sürü kitap. Bunların hepsi yayınlanacak göreceksin, peşinden koşacaklar, Mart'a kadar bekle" diyor. "Müsabaka sonucu 2 Nisanda açıklanacak ama biz bir yerlerden daha önce duyarız. Gençlik seni istiyor, nerdeyse el çırpıyor 'Sevim Burak' 'Sevim Burak' diye, daha duymamazlıktan gelemeyecekler" diyor...

İşte Karacacığım, sana büyük tecrübelerin sözlerini, yazısını aktardım. Kuvvetli olanlar Doğan Hızlan, Salah Birsel. (Emin ol benden yazacağı şeyleri çaktırmadan soruyor, ben de çaktırmadan yardım ediyorum Salah'a) Sana gönderdiğim Elmas Boğaziçi ve Sergüzeşti Nono Bey, İŞ BANKASI'NIN büyük inceleme ödülünü aldı. 300.000 TL. Paf la Puf ve on bin basıyor İş Bankası. Oradaki bize ait aileye -sarhoş kaptan babaları- PAYLOT'u okudun mu? Ayrıca herkes bu kitaptaki Paylot bahsini "Sevim Burak'ın çocukluğu" diye okuyor ve sempati topluyorum. Gece yarısı 1 l'de babama Hahamın evinden içki aldığım için... yoksa kitabı okumadın mı? Çok güzel, şairce ve kelimeler uydurarak tatlı tatlı tarihi gözler önüne seriyor.

Karaca Nebahat Teyzeni, evini hatırlayarak çok mutlu ettin mektubunda. Hatıralarından ve eski kıskanç anılarından başka bir şey kalmamış, yapayalnız aslında bu kışta kıyamette, kendi evinde soba yakmaktan, yalnızlıktan korkuyor ama çok gururlu ve pohpohlanmak istiyor. Ayrıca geçen sefer, Afrika Dansı'nın bitiminde büyükçe bir şey hediye ettim. Şimdi ablamı, ufak tefek hediyelerle gönlünü alarak, seni ortaya koyarak, bana yardım etmesini temin ediyorum. Yoksa çekilir gibi değil, sigara dumanından boğulmamak için pencereyi açıyorum, bu kez de uzun bir nezle devresi geçildim. Ve duman zaten içime giriyor diye ben de çok olmamakla beraber sigara içiyorum. Şimdi 20 gündür bu müsabakaya Palyaço Ruşen'i yetiştirdikten sonra bir türlü başlayamadık. Çünkü dediğim gibi, hem uzun bir nezle geçirdim ve yataktan çıkmıyorum hem de FORD MACH I'a konsantre olacak gücü topluyorum. Böyle yazıdaki yazarları ve entelektüelleri yani benden gayrisini sinirlendirecek o önemli bildiri şu:

"Kitapta onbir öykü -metin demek daha doğru- var" Bu kelimeye çıldırdılar, çünkü, bu "Metin" sözcüğünün kapsamı LA ROUSSE'a göre şöyle: "Yorumlanamaz" "Değiştirilemez"

"Bir şeyin aslı" "Sağlam" "Dayanıklı". Hukuk dilinde ise: Gene "Başka bir şekilde yorumlanamaz" Yazılı metine göre ceza ve hükümler yeni bir kanunla değiştirilmedikçe "Emir" "Hüküm" Dinde 'Peygamber kelamı" "Risaleler" Yabancı dinlerdeki kitaplara göre de aynı şey: Allah'ın buyrukları peygamber tarafından müminlerine ulaştırılan emirler, Dualar -10 emir- Mukaddes kitapların yol gösterici sözleri, emirleri, kuralları oluşturan sözcüklerin noktası noktasına, virgülü virgülüne değişmez kelimeler. İşte şimdi bütün bu Yanık Saraylar için bile ağzını açmaktan, metih etmekten bile çekinmiş, fakat kulaktan kulağa beni övmüş, eleştirmenler, beni taklit etmekten bıkmayan ve beni dejenere eden -"Ah Yarab Yehova" Öyküsünün belki 9 kopyası çıktı- başka öykücüler ve romancılar, şimdi onlar NE YAPACAKLAR, NASIL SAKLANACAKLAR? ORTAYA ÇIKIP BENİM HAKKIMDA YAZMADIKLARI ŞEYLERİ YAZMAK ZORUNDA KALACAKLAR HEM DE Doğan Hızlanın gizli tehdidi altında: Bu yazara yaklaşırken alışılmışın dışında bir yazarla karşı karşıya bulunduğunu unutmamalı. Ayrıca artık O'nunla tanışma zamanınız da geldi diye gizlice kulaklarını büküyor. METİN KELİMESİNİ de önlerine koyarak "Hadi kalkın da bu yazarın metinlerini başka türlü yorumlayın, isterseniz bozmaya kalkın, o METİNLERDEN iyisini yazın, ya da gösterin de görelim" der gibi kafa tutuyor, anlayana... Anlayan anlıyor ve en başta yazdığım gibi, telefonu açıp, adeta "Biz metin yazarı falan tanımayız, haberin olsun seni istediğimiz, anladığımız kadar yorumlayacağız. Eser artık bizim, Türkiye'nin senin değil." diyor Ahmet Oktay... Hakkı da var. Çünkü başkalarının sözcülüğünü yapmayı, üstlenmiş YAZKO HESABINA. "Ben Yanık Sarayları da anlıyorum, Afrika Dansı'nı da ama bu toplum için çok fazla ileri, daha Yanık Saraylar'ı okumayan, okuyup da anlamayan varken Afrika Dansı ile karşımıza çıkıyorsun (bir arada kendini kızmaktan alamayıp) bohçalarını karıştırıyorsun" dedi... Yani, şu bohçayı kapat da, herkes rahat rahat bu memlekette düz edebiyat yapsın, kimsenin zihnini yormadan kolay kolay herkes kitap okurken, sen çıkıp okuyucunun kafasına "Afrika Masalıyla" şüphe koydun. Bizim halk, okuyucular, acaba hakiki edebiyat, çağdaş yorum bu mu diyorlar?.. Demek istedi. Mesele, benim büyük bir yazar olduğum kanıtlanırsa, yıllardır bunların edebiyat yapmadıkları ortaya çıkacak, işi bilmedikleri ortaya çıkacak da ondan...

Ali Poyrazoğlu'nun yeni piyesinin provalarına gideceğim, çağırdı. İYİLİK ismi.

Sevim

Çok iyi, önemli bir şey olunca telefon ederim.

Son havadis: ŞUBAT 11 SAAT 15-19 ARASI AKADEMİ KİTAPEVİ'NDE AFRİKA DANSI VE SAHİBİNİN SESİ KİTAPLARINI İMZALIYORUM.

BU İSTEK AKADEMİ KİTAPEVİ'NDEN GELDİ. ADAM YAYINLARI O GÜN SATIŞA BOL BOL KİTAP VERECEK... Zannedersem Afrika Dansı tükeniyor, fakat ikinci baskı ya bu bir yıl içinde (kitap bulunamaz hale geldikten sonra diye kontratta yazıyor ki bu çok lastikli bir madde. Bulunamaz hale geldiğini nasıl tespit edeceksin? ADAM'ın şimdiden, hazırlayıp biteceğine yakın tekrar basması gerekliydi). Sen kontrat meselesinde çok haklısın, İnşallah Nisana kadar başka bir kitapeviyle senin şartlarında anlaşma olur... Karaca gazetede imza günleri diye ilan da çıkacak, sana gönderirim. Epeyi kalabalık olacağa benzer. Sosyetik demek istiyorum. Telefonu ilk açıp "MİLLİYET SANATA İMZA GÜNÜNÜ VERDİM" Zeynep Oral'a. 11 Şubat'ta görüşürüz dedi, gayet nazik ve bir şeyden haberi yokmuş gibi (şu ilan meselesi) öbür mektubumda yazmıştım. Aldın mı? Sevgiler...

Son dakika:

Dün gece saat 11 'de baban telefon edip, hayli edebiyattan, içki şakalarından sonra benle konuştu, yarım saatten fazla. Bunun üzerine sana bu notu yazıyorum. Babana hiç ciddi, hayati meseleleri içeren mektuplar yazmayıp, gayri ciddi olan şeylerden, şakalardan, makalardan laf açıyormuşsun. Neredeyse bundan dolayı, senin orada rahat olduğuna kanaat getirmiş ve hatta artık senin, gelip de kendisinin, maddi durumunu sana göre tekrar düzenlemek zorunda kalacağını ve bunu istemediğini, açıkça ima etti. Belki de ufak bir şantaj veya ufak, gizli bir tehdit. ÇÜNKÜ SEN ARTIK BENİM NEŞRİYATIMLA İLGİLENİYORMUŞSUN. Buna karşılık "Elfe sana bakacak, benimse kimsem yok" diyor. Bütün korkusu, senin dönüp dönmemen.

Karaca, senden önce Yeşil Kart meselesini babana karşı bir açıklığa kavuşturmanı, ciddi bir mektup yazmanı ve bu mektupta bana para yardımı yaptığından bahsetmemeni istiyorum. (Çünkü dün akşam belki kıskançlık saikasıyla telefon etmiştir. Babanı bilirsin telefonu ciddi bir mesele için kullandığı pek azdır).

Bu notu biraz da babanın isteği üzerine yazıyorum (Demek senden çekindiği -yazmaktan- bir durum var ki). Bu yüzden senin ona vereceğin cevap ölçülü olsun.

Annen

11 Şubat 1983

Adam Yayınları'na yarın gidip alacağım.
Galiba, YS, İşte Baş İşte Gövde İşte Kanatlar

Karacacığım,

1.02.1983 / New York tarihli mektubunu aldım. İçindekileri, her bölümü dikkat ile okudum. Merak etme, hiçbir mektubunu da atmış değilim. Hele kontratın muhteviyatını perdenin üstüne astım, tam karşımda, her dakika görüyorum. Harita imiş gibi, yazdığın şeylerin girinti ve çıkıntısını takip ediyorum. Ezberledim de her maddeyi -kitap çıkmadan evvel-çıktıktan sonra ezberledim. Hiç şüphen olmasın. Hele bugünkü gelen mektubun. Onu da tahmin ediyordum. Yani yakında böyle kitabın şekline ve detaylarına inen içten gelen çok güzel bir mektup alacağımı da biliyordum. Sanki içime doğmuştu. Onun için, hiç üzülme, ben de aynen senin gibi detaycı ve biraz da hayalperestim. Akşamları -bu son günlerde oluyor- iyi iş çıkaramadığım, boşa giden saatler olunca aklıma hep Ford Mach I bitince, nasıl herkesi şaşırtabileceğimi, içindeki haritaya (Suadiye'nin sokaklarını gösteren Mach I'ın girip çıktığı gezdiği yerlerin adlarını v.b.) varıncaya kadar (Onu haritayı tam orta iki sayfayı kaplayacak şekilde bir bütün yol haritası olarak koyduracağım. Bir kocaman hayat ağacı var. Onu da ağacı şamdan şeklinde, dallarını yukarıya doğru koydurup, yaprakları göz şeklinde, el şeklinde, kirpik şeklinde, su damlası şeklinde, kadeh şeklinde, üçgen şeklinde, ev şeklinde, çiçek yüzlü, dört ayaklı kuş şeklinde, benim arzularımın ve sembollerimin somut biçiminde çizdim. Onu da tam iki sayfa kendi özel yazı biçimim şeklinde, bu romanın bazı yerlerindeki meselelerin harfleri olarak sembollerinin anahtarları olarak onu da koyduracağım. Tam bir deli çalışmasını andıracak şekilde olacak. Buradakiler homurdanıyorlar "Ne biçim edebiyat?" diye ama işte, ben onlara kabul ettirinceye kadar çalışacağım. Toplumsal öykülere, başı sonu ortası olan ezber gibi okunacak ya da ille de Türkiye'nin bir gerçeğini ortaya çıkartacak idealist öyküler geçerli. Ben böylesini yazamam. Onun için lütfen ve lütfen anla ki, çok zor bir ortamla karşı karşıyayım. Bu ortamda, Cevat Çapanın benim yanımda olmadığı anlaşıldı ne sana ne bana cevap yok. O memleketin durumuna göre çok dürüst ve genelde efendi bir insan. Afrika Dansı gibi büyük soluklu bir çalışmaya karşı çıkmadı öbürleri gibi... Fakat benden yana da olmadı bugünkü durumda. Maalesef kariyer ve memleketin politikasını takip etmek zorunda. Toplumsal yazarları çeviriyor daima. Tutumu belliydi ama bana Amerika'ya giderken o denli yakınlık gösterdi ki? Ben sanıyorum bu gerçekti. Afrika Dansı kitabının daha ortaya çıkarmadığı büyük gerginlik içinde o da susuyor. Doğan Hızlan bir yerden çok güzel patladı son mektubumda (Bugün attım) yazdım, "METİN" diyor yani YORUM YOK, işin aslı kendisi, diyor. Dikkat edin diye uyarıyor. Ondan sonra toplumcu eleştirici Ahmet Oktay'dan telefon geldi; hepsini sana yazdım. Bütün mesele senin yazdığın gibi yayınevi aramak, kontrat şartları şu bu değil şimdi. Herifler beni kabul etmemek için -YENİ BÜYÜK BÎR. EDEBİYAT ÇÜNKÜ. BEN YALNIZIM ORADA- ellerinden geleni yapıyorlar. Doğan Hızlanın dışında ki, o Hürriyet'e bağlı olduğu için hiçbir şekilde bu KLİK'e girmeye ihtiyacı yok. Ayrıca gençlerden yana ve de gençlere soruyor benim için. Onlar (GENÇLER) beni beğenip okuyorlar. Selim ileri benim için

"Ustam SEVİM Burak Türkiye'nin en yüce yazarı" demekten çekinmiyor. Murathan Mungan, o da çok ödüllü bir genç şair, "Afrika Dansı'nı bir solukta okudum, nefes almadan ve yirmi kez okudum üst üste" diye yazıyor. Bunlar genç senin yaşında ve senin gibi aynı heyecanı taşıyorlar, aynı şeyleri düşünüyorlar. Murathan Mungan Ankara'dan telefon edip İlan için "Ben Sevim Burak olsam boyumca ilan yapıştırırım kendim için sokaklara, kendime vitrin yaparım, kendimi gösteririm, her yere asarım resimlerimi ne derlerse desinler" diye konuştu. İstanbul'daki dedikodular için. Onun için, ilerisi için ümitli olabiliriz. Karacacığım, Ben Ford Mach I'ı bir bitirebilsem tamam. Belki de bir kaç tane daha var Everest My Lord, Arslan, Palyaço Ruşen'in tamamı (Yarısını hikâye olarak verdim. Sabahattin Ali müsabakasına, öbür yarısını saklıyorum) inşallah büyük bir aksilik olur da kazanamazsa -kazanırsa da- bendeki parçayla birleştirip bir roman yapacağım. İşte ben böyle her şeyi iki kere kabul ettiriyorum. "Bir Gece Yemeği"ni 'Toto Febüs"ü de anlamadılar. Ben de ikisini de ikişerden ikiye ayırıp, 4 hikâye eder 4 ayrı hikâye olarak Palyaço Ruşen'in yanında müsabakaya gönderdim. Nisan 2' de açıklanacak. Bu da önemsiz. Önemli olan benim, Mach I'ı bitirmem. Karaca, Palyaço Ruşen'de tam 20 gün uykusuz çalıştık. Bir aya yaklaştık, nezle, grip ve yorgunluk sinirden kurtulamıyorum. Tabii arada soğukta sokağa çıkmalar zorlu bir kış devam ediyor yazıya oturmak konsantre olmak ve masadan hiç kalkmamak gerek. Şimdi buna başlıyorum. Bu çılgın yere yayılmalara. Senin mektuplarının ve telefonlarının bana bu yardımı çok oluyor. KARACA da istiyor hep benim için hayal kuruyor. Bu, bana bu güne kadar güç veren tek şey... emin ol. Ama, düşünüyorum Sevgili Karaca, senin idealinde olan başka şeyler yok mu? Onlar nelerdir? Senin yaşındakileri görüyorum, onlar pırıl pırıl. Hiç geleceklerini düşünmüyorlar. Ama senin gibi, bir yol çizmek durumunda olunca, kendi yollarını çizmek için, bir yol bulmak için hepsinin bir engeli var. Kendilerince. Senin yolun nedir? Seni çok uzun bir hayat bekliyor. O kadar uzun ki, düşününce gözüm kararıyor. Bütün o uzun hayat yolunda neler yapacaksın acaba? Sen beni görmek isterken ben de seni görmek istiyorum. Anne şu idealim var şöyle bir şey onun için şöyle bir yol seçeceğim. Hoş, biraz biliyorum, ama ne zaman birbirimizi göreceğiz? Şu babanın kuşkularının hiçbiri yok bende. Sana sonsuz güveniyorum. Ve ileride yükseleceksin biliyorum. Artık biraz da kimseye güvenmemeye bakalım. Karaca roman bitsin, şu Nisan bitsin. Sürprizlerin her çeşidi olabilir. Bütün mesele benim kendimi yalnız ve yalnızca yazı yazmaya adamam, bir Mevlevi gibi. Başka türlü olamaz. O zaman bir, beş, on eser olunca akan sular durur. Bu ortamda bu gergin sanat ortamında paniğe kapılmadan, daima beni takip eden genç nesli düşünerek, onlardan ve senden kuvvet alarak yazmalı, yazmalı, yazmalıyım. 25 gündür yazamadığıma o kadar üzgünüm ki... Senin için hayat çok uzun, bana saatler hızla geçmeye başladı gibi geliyor yazının başına oturduğum zaman. Eyvah, eyvah günler geçiyor, daha günler günler, aylar lazımmış, yıllar lazımmış gibi çok karışık ve fazla yazacaklarım. Hepsi telaştan birbirine karışıyor. İki öyküyü birlikte çıkardım, iki romanı birlikte çıkarıyorum. Ama bunun ortaya çıkması tabii ki bir tanenin ortaya çıkmasından zor. Ama ben nedense kısa yolu seçtim. Az vakit varmış gibi. Panikleşiyorum. Başka türlü yazamam artık. O kadar hızlı düşünüyorum ki düşüncelerimi geçiyorum. Araba gibi geri geri geliyorum. Tekrar ileri atlıyorum. İşte bu ileri sonra geri gidişlerin şeması benim yazdıklarım. Sür'atim belli oluyor mu? Hiç bir yorum yapmadın öyküler için. Hangisini sevdin? Bir de Osmanlıca Fransızca Lugattan çalışıyorum. Daha doğrusu yürütüyorum. Kendi yorumumla bir montaj yapıyorum. Asıl uzun süren, yorucu olan montaj. Çünkü, her türlü montaj mümkün, bu mümkünün içinde bir tanesini seçmem güç. Bu montajları daktiloda Nebahat alt alta getirip yazıyor. Belki yirmi defa ayrı yer değiştirerek alt alta diziyor zavallıcık. Karacacığım, şimdi ayın 11'i Mayıs CUMA günü oldukça önemli bence. O gün, Adam Yayınlarından -Hatta sabahtan imzaya gitmeden- ADAM Yayınları'na bir telefon edip Yanık Saraylar'ı ve İşte Baş İşte Gövde İşte Kanatlar'ı geri isteyeceğim. Şartları kabul etmezlerse. Salah Birsel 2 Nisana kadar bekle diyor ama ben isteyeyim diyorum. Salah, başka bir yayıneviyle anlaşmadan isteme diyor ama cesur bir hareket değil bu. Belki Doğan Hızlan'a açarım. Bakalım her şey Mach I'ın sona doğru gidişine bağlı -bir bitirebilsem, o kadar zor geliyor ki- o zaman hiç korkmayacağım. Sana bu mektubumda sadece bunu anlatmak istedim. Gene uzattım şikayetler ettim kendimden. Fakat inan buna ben yazdıktan bitirdikten sonra hiçbir şeyden korkmayacağım. Sanırsam Adam yayıncılık da benden bu romanı bekliyordu bir yıl evvel. Fakat başka kitap çıktı Mach I'ın içinden. Şimdi bütün işim gücüm Mach I'a girişmek, onunla güreşmek. Senin yazdıkların ufak detaylar kalır bu romanın bitmesi yanında. Tabii devamlı konsantrasyon halinde çalışmak, başka Mach bitirmek gerekiyor. Gerçek ün, gerçek şöhret insandan büyük fedakarlıklar bekliyor. Nitekim. Y.S.' dan sonra az iş yapmadım, bu da yetmez (SAİT FAİK EDEBİYATI'nı bitirdim) yeni bir çığır açmam için çok çalışmam lazım. Ona göre telaşlanma, sabırlı ol, sana her ilerlemeyi yazıyorum, adım adım haber veriyorum. Sevgili Karacacığım, biraz da kendini düşün, çok gençsin ama gene de bir yol çiz, bu yolda merhamet, zarar getiriyor. Karacacığım, teşekkür Sarkis'e telefon için. Ben ona tekrar yazarım yazdım da. Onların hepsi kolay. Emin ol bütün mesele benim çalışmam. Bunu da kendim ve senin için yapacağım. İşin başını tuttuk elimizde. Sonunu getirmeliyiz.

Ebatlar, resimler, her şeyi senin yazdığın gibi düşünüyorum. Y.S. kimseye ithaf olmayacak. Ford Mach I'ı bitirip

"OĞLUMA" diye ithaf edeceğim günü bekliyorum. Elfe de sırada, o da, Palyaço Ruşen'i ona ithaf edeyim istiyor. Onu da bana Karaca gösterdi o da Mach I'ın parçası, onu da ağabeyine ithaf edeceğim diyorum. Peki, diyor "Benimki başka biri olsun ama mutlaka olsun." Öperim, sevgiler.

Annen

OBCION lafının karşılığını bulamadık kontratta Not: Karaca, bana gönderdiğin kontrat örneğini temiz çektik, sana gönderiyorum, temiz olduğu için eksik ya da fazlalıklarını daha iyi görebilirsin kontrol edebilirsin, gerekirse tekrar yazılır. Şimdilik bir şey yok imza gününe kadar bir teklif yapılabilir?

Sana yazarım, soğuk havalar çok kötü sokağa çıkmaya korkuyorum, kış zorlu geçiyor...

Murathan Mungan'dan Karaca Borara

6 Mayıs 1984
Ankara

Sevgili KARACA BORAR,

5 Şubat tarihli mektubunuzu ancak yanıtlayabiliyorum. Hastalıklar, yakınlarımın ölümle şakalaşmaları, kendi yoğun çalışmalarım ve bunların hep birlikteliği bu mektubumu geciktirdi. Bağışlayın. Çok kısa itina çok yoğun, çok derin bir dostluğumuz oldu kendisiyle. Ankara'ya beni görmeye geldiğini söylüyordu. Çok az konuşarak çok şey anlatıyorduk birbirimize. Ben yeni çalışmalarımdan sözettim ona, o da yeni tasarılarından ve yasaya yasaya yaşlandıracağı romanından: FORD MACH I, diyordu. Elbette ki ölümü üstüne bir yazı yazacağım. Ama bekliyorum. Biraz zaman geçsin. (Babamın bugünlerde ölümle pençeleştiğini de eklemeliyim tüm bunlara) O zaman bir yazı yazacağım: On yedinci vay... Ölüm hep bir sonraki sayıyla gelir sevgili Sevim. Ölüm seninle de şakalaştı. Sandığın gibi onaltıncı değil onyedinci vaymış ölüm. Ama gene de ölümün elinden onaltıncı vayı kurtardın ya.

Şu an masamda bana armağan ettiği parfüm şişesi duruyor: Lauren... Bir Amerikan kokusuymuş... Çok sevdim diye akşam onu otele bıraktığımda şişeyi yukarıdan indirip bana armağan etti. Çok duygulanmıştım. Kullanmaya kıyamıyorum şimdilerde. Hep kalsın istiyorum. Orada ve öylece...

Sevgili Karaca bu yıl bir oyunum sahnelendi, annenin onu görmesini çok isterdim. Son oyunumu -yazmakta olduğum- uzun uzun konuşmuştuk, çok heyecanlanmıştı. Ona Asya'ya ait şeyler anlatmıştım. Onu TAZİYE'nin galasına çağıracaktım. Yetişemedi. Yetişemedik. Ama hep öyle olmaz mı Sevgili Karaca, hep öyle olmaz mı? Ankara'ya düşerse yolun, günün birinde tanımak isterim seni, ilgine teşekkür eder, sevgilerimi...

Murathan Mungan
PK. 216 Kızılay/Ankara

ALBÜM

·külerinde yer verdiği Kuzguncuklu Şadiye Bagana ile Beyoğlu Çiçek Pasajı'nda.

m Burak ve Radyo
m Burak, Moda Ayaşan Apartmanı, Borar ailesi evinin misafir odasında.

EXPRESS
KARACA BORAR.
185 WEST AND AVENUE
#27 N.
N.Y.C N.Y. 10023
U.S.A.
AIR MAIL
ÖZEL ULAK
EXPRÈS

Sevim Burak
Kuzguncuk Beylerk
no 36 ARSLAMI YALI
ISTANBU
KEY
NEW YORK, NY ANSONIA STA
NOV 8 1981
USPO
NEW YORK, NY ANSONIA STA
NOV 8 1981
USPO

PARIS
Les chimères de Notre-Dame

Sayın Memet Fuat
Dönüş oyun 10 unda. Ben,
hastalandım. Tedavi için Alman-
yaya geçiyorum. Paris'te,
Ah Yarab Yehova hikâyesinin
sonu çok açık. Çevirisi-
ni Güzin Dino yapıyor.
Bir film için de [illegible]
oldu. Fransaya geldiğimi-
çok memnunum. Keşke, kala-
bilseydim. Piyesi, İstanbulda
çekilmesi gereken resimler, var
tekrar geri getiriyorum. Velha-
sıl, burada, herşey umduğumdan daha
iyi.. Şiyin Joyce çevirisi şahesere..
[illegible]

Made in France

Bay Memet Fuat
De Yayınevi Vilâyet
Han. Kat 2 Cağaloğlu
İSTANBUL
TURQUI

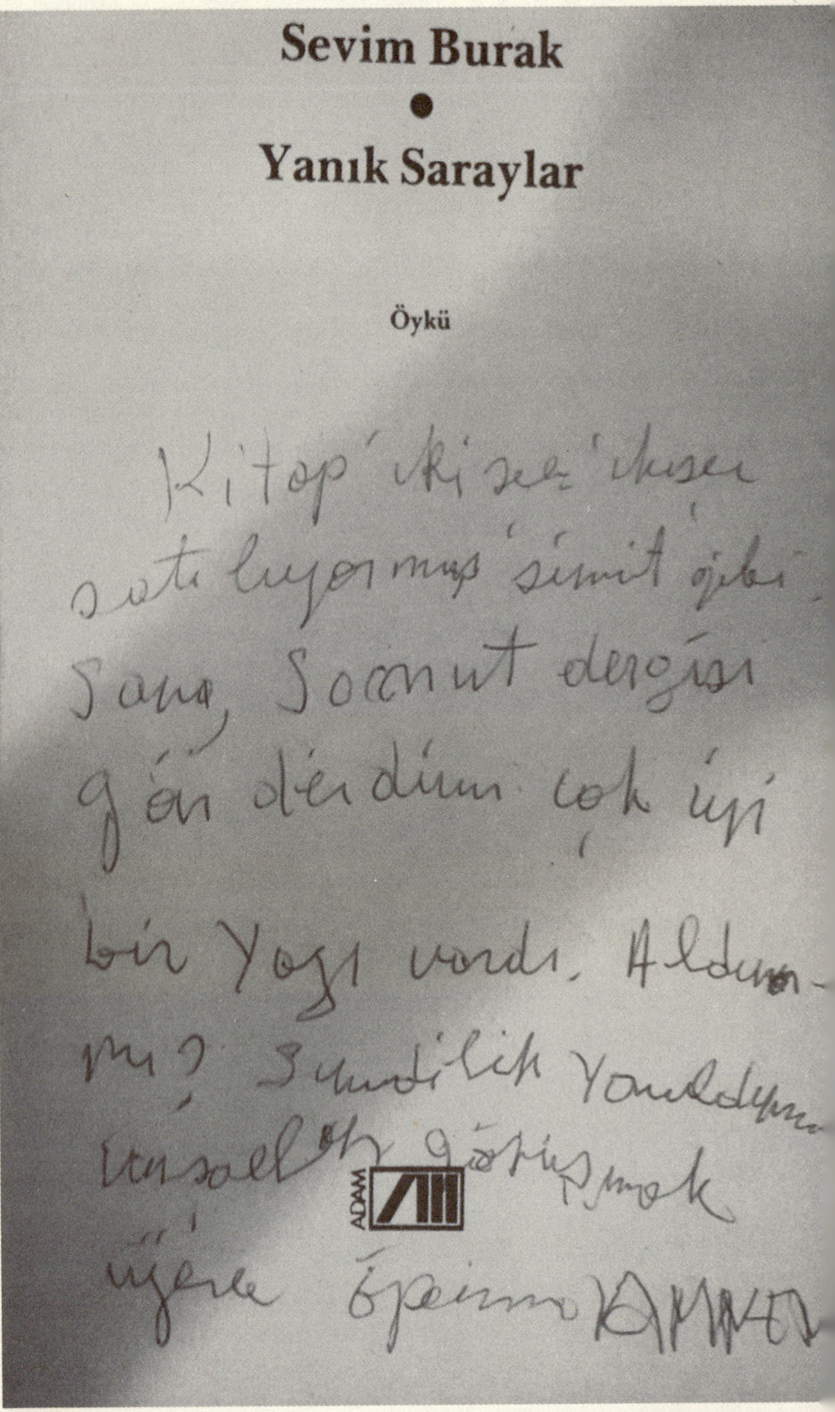

Sevim Burak

•

Yanık Saraylar

Öykü

ADAM

ıkaştepe, Delikoç Sokak No:15'teki aile evine Sevim Burak plaketi asma töreninde A. Karaca
ar plaketi asarken.

A. Karaca Borar, annesi Sevim Burak'a Ford Mach One'ı tanıtıyor.